1 MONTH OF
FREE
READING

at

www.ForgottenBooks.com

By purchasing this book you are eligible for one month membership to ForgottenBooks.com, giving you unlimited access to our entire collection of over 1,000,000 titles via our web site and mobile apps.

To claim your free month visit:

www.forgottenbooks.com/free1273198

ISBN 978-0-364-78336-8
PIBN 11273198

Fichte

Seine Persönlichkeit und seine Philosophie

Von

Dr. August Messer

o. Professor an der Universität Gießen
und hessischer Oberschulrat.

1 · 9 · 2 · 0

Verlag von Quelle & Meyer in Leipzig

Druck von Dr. Reinhold & Co., Leipzig.

Meinem Schwiegervater

Dr. WILHELM PLATZ

in Verehrung und Dankbarkeit

zugeeignet

Vorwort.

Schwerlich kann ein deutscher Philosoph der Vergangenheit unserem Volke in seiner gegenwärtigen Lage mehr geben als gerade Fichte.

Aber freilich, Fichtes Schriften selbst sind fast durchweg sehr schwer zu verstehen. Das gilt sogar für die — wohl mehr gepriesenen als gelesenen — „Reden an die deutsche Nation".

Ich habe es mir darum zur Aufgabe gemacht, in diesem Buche die Hauptgedanken Fichtes in möglichst verständlicher Fassung der Gegenwart nahe zu bringen. Das soll aber nicht geschehen auf Kosten der Gründlichkeit und des tieferen Eindringens. Deshalb sind auch allenthalben für Fichtes Lehren Belegstellen aus seinen Werken mitgeteilt. Dadurch ist zugleich erreicht, daß Fichte selbst möglichst oft zu Wort kommt, und zwar in Aussprüchen, die verhältnismäßig leichter zu verstehen sind.

Fichtes großer Gedanke, eine innere Erneuerung des deutschen Volkes durch Umgestaltung der Erziehung anzubahnen, ist infolge der unerwartet raschen Befreiung Deutschlands in den Jahren 1813/14 gar nicht ernstlich in Angriff genommen worden. Diesen Gedanken in seiner ganzen Schwere und nach seinem vollen Umfang wieder aufzunehmen sei unsere Lebensaufgabe. Möge es geschehen im Geiste Fichtes!

Gießen, im Juli 1919.   August Messer.

Inhaltsverzeichnis.

I. Kapitel. Fichtes Leben und Persönlichkeit 1

II. Kapitel. Die philosophischen Grundanschauungen Fichtes. Seine „Wissenschaftslehre" 31

III. Kapitel. Staats- und Rechtsphilosophie 57

IV. Kapitel. Moralphilosophie 94

V. Kapitel. Paedagogik 121

VI. Kapitel. Geschichtsphilosophie 136

VII. Kapitel. Religionsphilosophie 140

I. Kapitel.

Fichtes Leben und Persönlichkeit.[1]

Fichte stammt wie Lessing aus der sächsischen Oberlausitz. Die karge Natur nötigt dort die Bewohner zu harter Arbeit. Die Hausweberei war schon damals in jener Gegend heimisch. Auch Fichtes Großvater, im Dörfchen Rammenau ansässig, webte auf eigenen Stühlen schmale leinenen Bänder und trieb damit Handel. Sein Sohn Christian schickte er in die Lehre zu Johann Schurich, der in dem Nachbarstädtchen Pulsnitz eine nicht unansehnliche Band- und Leinwandfabrik betrieb. Dessen Tochter wurde schließlich Christians Frau. Mit ihrer Mitgift konnte er sich in Rammenau ein Haus kaufen. Das erste Kind aus seiner Ehe war Johann Gottlieb Fichte, geboren 19. Mai 1762. Noch sieben jüngere Geschwister folgen. Es ging knapp her in der Familie und die Kinder wurden zeitig zur Arbeit angehalten. Auch Johann Gottlieb hat als Junge die Gänse gehütet und am Webstuhl geholfen.

Im Aeußern und in der Geistesart soll er ganz das Ebenbild der Mutter gewesen sein, gescheit, behend im Auffassen wie im Antworten, selbständig in jedem Entschluß, zäh, ja starrsinnig im Wollen; dabei still und sich zurückhaltend von den Spielen der lebhafteren Geschwister. Man sah ihn oft einsam auf dem Feld, den Blick unverwandt in die Ferne richtend und träumend.

---

[1] Immanuel Hermann Fichte, Joh. Gottlieb Fichtes Leben und literarischer Briefwechsel, 2. A., 1862. Moritz Weinhold, 48 Briefe von Joh. Gottl. Fichte an seine Verwandten. 1863. Kuno Fischer, Fichtes Leben, Werke und Lehre, 3. A., 1900. Fritz Medicus, Fichtes Leben, 1914. Die Belegstellen für die einzelnen Angaben der folgenden Lebensbeschreibung sind der Raumersparnis halber weggeblieben. Sie können in den gen. Werken leicht gefunden werden. Die Werke zitieren wir nach den von Fichte dem Sohn hrsg. Sämtl. Werken (8 Bde., 1845) und Nachgelass. Werken (3 Bde. 1834 f.). Eine zeitlich geordnete Auswahl in 6 Bdn. (von Meiners Philos. Bibliothek) hat Medicus besorgt. Mehrere populäre Werke sind bei Reclam erschienen.

Noch ehe er die Schule besuchte, brachte ihm sein Vater das
Lesen bei und lehrte ihn fromme Lieder und Sprüche. Der
treffliche Dorfpastor wird frühzeitig auf die Begabung des Knaben,
besonders seine Fähigkeit, den Inhalt der Sonntagspredigt wieder-
zugeben, aufmerksam und erzählt davon auch der gräflichen Guts-
herrschaft. Eines Sonntags kommt zu dieser ein Freiherr
von Miltiz zu Besuch. Er hätte auch gern die Predigt gehört,
er trifft aber zu spät ein. Als er sein Bedauern darüber äußert,
schlägt man ihm halb im Scherz vor, er möge sich den Gänse-
jungen Fichte kommen lassen, der werde ihm die Predigt aus dem
Gedächtnis aufsagen. Der damals etwa acht oder neunjährige
Junge ward geholt — die Mutter gibt ihm noch rasch einen
Blumenstrauß aus dem Hausgärtchen für die gnädige Gutsherr-
schaft mit — und er macht in der Tat seine Sache so gut, daß
Miltiz sich entschließt, für seine Ausbildung zu sorgen. Nur un-
gern willigt die Mutter ein; sie fürchtet von dem üppigen Edelhof
Gefahren für das Seelenheil ihres Kindes. Aber schließlich geben
die Eltern zu, daß der Freiherr den Jungen gleich mitnimmt. Im
prächtig-düsteren Schlosse Oberau bei Meißen, wohin Miltiz seinen
Schützling zunächst bringt, wird dieser von solchem Heimweh ergriffen, daß sein Gönner ihn bald dem Prediger Krebel in dem
nahen Dorf Niederau anvertraut. Dort hat Fichte bei dem frommen kinderlosen Predigerpaar schöne Jahre verlebt. Dort erhält er auch von seinem Pflegevater den ersten Unterricht in den
alten Sprachen. Etwa zwölfjährig besucht er die Schule zu Meißen
und bald darauf (im Oktober 1774) wird er in der sog. Fürsten-
schule Pforta bei Naumburg aufgenommen, deren Zöglinge
auch Klopstock und Nietzsche gewesen sind. Es bestand hier die
Einrichtung, daß ein jüngerer Schüler der unmittelbaren Aufsicht
eines älteren, seines „Obergesellen", anvertraut war. Beide bewohnten dieselbe Zelle — die Schule war in einem ehemaligen
Kloster untergebracht —; der jüngere mußte die nötigen Dienst-
leistungen verrichten, der ältere hatte ihn bei seinen Schularbeiten
zu beaufsichtigen und zu unterstützen. Der junge Fichte wurde von
seinem Obergesellen derart mißhandelt, daß er zu fliehen beschloß.
Es widerstrebt ihm aber es heimlich zu tun. Er erklärt dem
Obergesellen, er werde demnächst davongehen, wenn er ihn nicht
besser behandle. Der verlacht die Drohung. Jetzt glaubt sich
Fichte berechtigt zu entweichen. Er will zunächst nach Hamburg,
um von dort nach einer fernen Insel zu gelangen, wo er wie
Robinson Crusoe einsam und frei leben möchte. Bald vermißt

man ihn in der Anstalt; er wird eingeholt, während er, an der Saale sitzend, seine Landkarte studiert. Der Rektor hat Verständnis für das Leiden des Knaben: er verschont ihn von jeder Strafe und weist ihm einen freundlicheren Obergesellen zu.

Aber auch sonst brachte das Internatsleben manches mit sich, was dem armen, ehrlichen Jungen wenig zusagte. So schreibt er z. B. nach halbjährigem Aufenthalt in Schulpforta den Eltern: „Es ist hier die fatale Gewohnheit, daß, wer eine gute Zensur bekommt, den sechs Obersten in seiner Klasse und fünf Obersten am Tische jedem ein ganz Stück Kuchen kaufen muß, welcher 1 Groschen 3 Pfennige kostet, also zusammen 13 Groschen 9 Pfennige. Ob ich nun gleich dieses Examen 5 Gr. 6 Pf. verdient habe, so bleibt doch noch 8 Gr. 3 Pf., welche mir auch schon mein Obergeselle, ein sehr hübscher Mensch, geborgt hat. Doch was ich übrigens verdiene, langt kaum zu den vielen Wasserkrügen, welche man hier kaufen muß, denn die Untersten müssen Wasser holen, und mausen sich einander die Krüge dazu ganz entsetzlich, welches ich aber nicht tun kann, denn es ist und bleibt gestohlen.“

Auch das man die Lehrer „bemogelte“ um bessere Noten zu bekommen, war dort üblich. Der ehrgeizige Junge hatte noch nicht die Kraft, jedes unehrliche Mittel zu verschmähen. Aber es verursachte ihm das schwere Gewissensbedenken. Innere Unbeugsamkeit war schon damals sein Ideal. In seine Bücher schrieb er als Wahlspruch das Horazische Wort: Si fractus illabatur orbis, impavidum ferient ruinae.[1]

Im Unterricht der damaligen Gymnasien bildete den Hauptgegenstand die Beschäftigung mit den lateinischen Schriftstellern. Fichte gewann sie lieb; der Sinn fürs Erhabene, der in der lateinischen Literatur vorherrscht, lebte stark in ihm. Klopstock war sein erster deutscher Lieblingsdichter. In der Primanerzeit zog ihn besonders Lessing an. Er war zwar — wie auch Goethe und Wieland — in Pforta verboten. Aber ein jüngerer Lehrer verschafft ihn Lessings Streitschriften gegen Götze. Lessings unerbittlicher Wahrheitssinn und kühner Kampfesmut — Fichte so wesensverwandt — begeistern ihn.

Nach vollendetem 18. Lebensjahr im Herbst 1780 bezieht Fichte die Universität Jena als Student der Theologie. Aber weder hier noch in Leipzig, wohin er 1781 geht, beschränkt er

---

[1] Selbst wenn der Himmel zusammenbricht, die stürzenden Trümmer schrecken ihn nicht.

sich auf dieses Fach; er hört auch Vorlesungen über alte Klassiker wie Aeschylus und selbst über Gegenstände der Rechtswissenschaft (später wollte er sogar einmal Jurist werden). Theologische Fragen führten ihn in die Philosophie; wahrscheinlich lernt er Schriften von Leibniz kennen. Unabweisbar scheint ihm der Gedanke, daß alles Geschehen, auch alles Wollen n o t w e n d i g erfolge, der Mensch insofern u n f r e i sei.[1] Diese Ansicht widerstrebt seiner innersten Natur, aber er hält sie lange Zeit für unwiderleglich.

Fichtes Gönner von Miltiz war bereits 1774 gestorben. In Schulpforta hatte der Knabe wohl eine Freistelle gehabt. Auf der Universität litt er unter drückender Armut. Stipendien werden ihm nicht zuteil. Er muß Privatstunden geben, Hauslehrerstellen annehmen. Es fehlt ihm die Zeit zum Studium, er kann sich nicht die nötigen Bücher kaufen. So vergehen allmählich acht Jahre Universitätszeit, ohne daß er Muße findet, sich für die Pfarramtsprüfung vorzubereiten. Auch ein besonderes Gesuch, in dem er den Präsidenten des sächsischen Konsistoriums bittet, ihm Unterstützung zu gewähren, damit er einige Monate sorgenfrei der Theologie sich widmen könne, wird abgelehnt, vermutlich weil man an der „Rechtgläubigkeit" Fichtes zweifelte. Er gilt als verbummelter Student und muß schwere Vorwürfe von seiten seiner reizbaren Mutter hören. Zeitweise ist er völlig mit seiner Familie zerfallen. Er ist der Verzweiflung nahe, da tritt eine glückliche Wendung ein. Am Vorabend seines 26. Geburtstages im Mai 1788 findet er einen Brief des ihm bekannten Steuereinnehmers und Dichters Weiße vor, der ihn zu sich bestellt. Er bietet ihm eine Hauslehrerstelle bei einem wohlhabenden Gasthofsbesitzer in Zürich an. Sie ist erst im Herbste anzutreten, aber der alte Weiße hilft ihm nun bis dahin.

Einen Teil dieser Frist bringt Fichte nach langer Abwesenheit im Elternhaus zu Rammenau zu, wo er besonders seinem jüngeren Bruder Gotthelf näher tritt. „Ich wünsche oft Dich zu mir," schreibt er ihm zwei Jahre später, „ um so ein Gespräch zu führen, wie wir es im Jahre 88 oft hatten. Mit den wenigsten Menschen komme ich im vertrauten Umgang zurechte. In Dir hat mir die

---

[1] Nach H. Nohl (Kant-Studien XVI (1911) S. 323 ff.) war F. zum Determinismus bekehrt worden durch das Buch: Ueber Belohnung und Bestrafung nach türkischen Gesetzen 1770, 2. A. 1772, das der Leipziger Jurist K. F. Hommel (unter dem Namen Alexander von Joch) herausgegeben hatte.

Natur einen Freund gegeben, wie ich ihn bedarf. Warum mußten so verschiedene Lebensarten und solche Entfernungen uns trennen."

In jenen Tagen entstanden auch Aufzeichnungen, die uns noch erhalten sind,[1] überschrieben: „Zufällige Gedanken in einer schlaflosen Nacht" (Rammenau, den 24. Juli 1788). Darin ist der Plan einer Schrift entwickelt, die „das ganze moralische Verderben der Zeit" in Staats-, Gesellschafts- und Wirtschaftsleben, in Religion und Erziehung schildern sollte. Lobend gedenkt er Pestalozzis Schrift „Lienhard und Gertrud". „Aber er hätte," bemerkt er, „noch weiter gehen: auch die höheren Stände ein bischen beleuchten sollen. Wäre also nicht noch immer ein Buch zu schreiben, welches das ganze Verderben unserer Regierungen und unserer Sitten, hier von seiner lächerlichen, hier von seiner schrecklichen Seite zeigte, . . und die Grundsätze einer besseren Regierung und besseren Sitten, nebst den Mitteln dazu zu gelangen, schildert?" Wir entdecken hier zuerst den Keim einer Reihe von späteren Werken Fichtes, seiner Schrift über die Denkfreiheit, über die französische Revolution, seines „Naturrechts", des „geschlossenen Handelsstaates", der „Grundzüge des gegenwärtigen Zeitalters", ja selbst seiner „Reden an die deutsche Nation".

Im August 1788 wandert Fichte zu Fuß nach Zürich und am 1. September tritt er die Hauslehrerstelle an. Er übernimmt in der Familie Ott, die den Gasthof „Zum Schwert" besitzt, die Erziehung eines 10jährigen Knaben und eines 7jährigen Mädchens. Er findet dabei Widerstände, besonders von seiten der Mutter. So beschließt er, die Erziehung der Eltern mit zu übernehmen; er führt ein „Tagebuch der auffallendsten Erziehungsfehler, die mir vorgekommen sind", das er den Eltern zu ihrer Belehrung und Besserung wöchentlich vorlegt. Man versteht, daß diese davon nicht erbaut waren — welcher Erwachsene möchte sich schulmeistern lassen, zumal von einem jüngeren Menschen? — Man muß sich wundern, daß sie diesen eigenartigen Hauslehrer bis Ostern 1790 ertrugen. „Ich verließ Zürich," schrieb Fichte später seinem Bruder Gotthelf, „weil es mir, wie ich mehrmals nach Hause geschrieben habe, in dem Hause, in welchem ich war, nicht ganz gefiel. Ich hatte von Anfang an eine Menge Vorurteile zu bekämpfen, ich hatte mit starrköpfigen Leuten zu tun. Endlich, da

---

[1] Veröffentlicht von W. Kabitz in den Kant-Studien Bd. VI (1901) S. 193—196.

ich durchgedrungen und sie gewaltiger Weise gezwungen hatte,
mich zu verehren, hatte ich meinen Abschied schon angekündigt,
welchen zu widerrufen i ch zu stolz und s i e zu furchtsam waren,
da sie nicht wissen konnten, ob ich ihre Vorschläge anhören würde.
Ich hätte sie aber angehört. Uebrigens bin ich mit großer Ehre
von ihnen weggegangen: man hat mich dringend empfohlen, und
noch jetzt stehe ich mit dem Hause in Briefwechsel."

In Zürich war Fichte mit dem protestantischen Pfarrer an der
dortigen Peterskirche Johann Kaspar L a v a t e r (1741—1801)
bekannt geworden, der als Prediger, Dichter, Verfasser von Er-
bauungsschriften und Physiognomiker einen großen Ruf genoß.
Dieser führte ihn in das Haus Hartmann R a h n s ein, das in
gewissem Sinne einen geselligen Mittelpunkt in Zürich bildete.
Rahn, bei dessen Eltern Klopstock 1750 als Gast geweilt hatte,
war der begeisterte Verehrer und Freund des Dichters geworden
und hatte dessen Schwester geheiratet. Ende der 80er Jahre war
Rahn Wagmeister im städtischen Kaufhaus; seine Frau war bereits gestorben. Aber sie hatte ihm eine Tochter Johanna hinter-
lassen. Diese, vier Jahre älter als Fichte, nicht schön, aber charak-
terfest, klug und hingebungsvoll, übte auf ihn eine starke Anziehung aus. „So wie ich Sie näher kennen lernte," schreibt er
an sie, „zog mein Verstand und mein Herz mich immer näher zu
Ihnen hin, und jetzt — zieht sich das Band immer enger zu! —
Wie machen Sie das? oder vielmehr, wie mache ich es? — O ich
weiß es nur zu wohl! In Ihnen ruht ein Schatz, der sich ... nicht
ohne Wahl vergeudet; und einer gleichgestimmten Seele eröffnet
er sich immer mehr und zieht sie an sich." Mit Johanna Rahn
hat sich Fichter bei seiner Abreise von Zürich, Ende März 1790,
verlobt.

Doppelt dringlich mußte es ihm jetzt sein, sich eine Lebens-
stellung zu schaffen. Er hatte eine Zeitlang daran gedacht, mit
Unterstützung Lavaters in Zürich eine Rednerschule zu errichten
und dadurch eine „anständige Subsistenz" zu finden. Unterrichts-
pläne, die er dafür entwarf, sind uns noch erhalten. Sie ergaben
sich ihm aus den Uebungen, die er selbst anstellte, um seine Sprach-
beherrschung und Redefreiheit zu steigern. Besonders wertvoll
schienen ihm dafür Uebersetzungen aus fremden Sprachen. So
hat er in Zürich den ganzen Sallust, einzelne Oden des Horaz in
poetischer Form und Stücke aus Montesquieu und Rousseau
übersetzt, und bis in seine letzten Lebensjahre hat er Uebersetzungen

angefertigt. Nicht ohne ausdauernde Uebung iſt er einer der gewaltigſten Redner geworden.

Der Plan der Rednerſchule kam nicht zur Verwirklichung. Lavater, der überaus einflußreiche Beziehungen zu Höfen hatte, gab ihm Empfehlungsſchreiben an Herrſchaften der Stuttgarter und Weimarer Hofgeſellſchaft. Auch Klopſtock, damals in Hamburg, und den däniſchen Hof, der ja auch Klopſtock ein Jahresgehalt zahlte, ſuchte man für ihn zu intereſſieren. Fichte hoffte Prinzenerzieher oder gar Mitglied einer Hofgeſellſchaft zu werden. Er weiß zwar, daß er zu offen iſt, daß ihm gänzlich die Fähigkeit mangelt, ſich anderen „zu akkommodieren”, „falſche oder ſeinem Charakter entgegengeſetzte Perſonen zu behandeln”, aber er tröſtet ſich damit, es könne gerade der Wille der Vorſehung ſein, dieſe Fähigkeit in ihm zu entwickeln. Nicht ſein „Glück”, aber einen bedeutſamen Wirkungskreis möchte er am Hofe finden. „Wenn Sie ſagen,” ſchreibt er damals an ſeine Braut, „am Hofe, und wenn ich ſelbſt Premierminiſter würde, wäre kein wahres Glück, ſo reden Sie aus meiner Seele. Das iſt unter dem Monde nirgends, beim Dorfpfarrer ebenſowenig als beim Premierminiſter. ... Glück iſt nur jenſeits des Grabes. Alles auf der Erde iſt unbeſchreiblich klein; das weiß ich: aber Glück iſt's auch nicht, was ich ſuche. Ich habe nur e i n e Leidenſchaft, nur ein Bedürfnis, nur ein volles Geſicht meiner ſelbſt, das: außer mir zu w i r k e n.”

Aber alle Pläne, einen Wirkungskreis zu finden, ſcheiterten; die Erſparniſſe, die er aus der Schweiz mitgebracht, waren bald aufgebraucht; Fichte mußte ſich wieder bequemen, Privatſtunden zu geben. Ein Student wünſcht von ihm Unterricht in der K a n t i ſ c h e n Philoſophie. Das veranlaßt Fichte ſich in die Werke Kants zu vertiefen. Dies Studium — im Sommer 1790 — bedeutete für den damals bereits 28jährigen d a s E r e i g n i s, d a s f ü r ſ e i n g a n z e s i n n e r e s w i e ä u ß e r e s L e b e n e n t ſ c h e i d e n d w a r. Seine Briefe geben uns noch ein lebendiges Bild von dem mächtigen, ja umwälzenden Eindruck, den Kants Werke, beſonders die „Kritik der praktiſchen Vernunft”, auf ihn machten. Dieſe Philoſophie gibt ihm „Ruhe vor ſeinem projektvollen Geiſt” und „eine edlere Moral”; ja „eine unbegreifliche Erhebung über alle irdiſche Dinge”. Noch ein halbes Jahr ſpäter ſchreibt er an ſeinen Bruder: „Von einem Tage zum anderen verlegen um Brot, war ich dennoch damals vielleicht einer der glücklichſten Menſchen auf dem weiten Runde der Erde”.

Hatte er bis dahin die deterministische Lehre von der Notwendigkeit aller menschlichen Handlungen für unwiderleglich angesehen,
so war ihm nunmehr „der Begriff einer absoluten Freiheit und
Pflicht bewiesen". Das bedeutete für seine nach Freiheit und
sittlichem Handeln dürstende Natur geradezu eine innere Erlösung.
„Es ist unbegreiflich, welche Achtung für die Menschheit, welche
Kraft uns dieses System gibt!" Er nimmt sich vor, der Kantischen Philosophie „wenigstens einige Jahre seines Lebens zu
widmen" und währenddessen nur über sie zu schreiben. Er will
versuchen, ihre Grundsätze populär und durch Beredsamkeit auf
das menschliche Herz wirksam zu machen. Die Entdeckung der
Kantischen Philosophie muß für Fichte die Bedeutung und Wucht
eines religiösen Erlebnisses gehabt haben, das ihn erlöst vom Druck des Naturalismus und Determinismus und ihn
sich selbst und die ihn überzeugende und befeuernde Weltanschau-
ung finden ließ. Seitdem steht ihm fest, daß die Welt kein blin-
der Mechanismus von bloßen S a ch e n ist, sondern daß aller Wirklichkeit zugrunde liegt: ein g e i s t i g - p e r s ö n l i ch e s L e b e n,
das das All durchwaltet und ins Unendliche weiter und höher sich
entwickelt, und das in freier Tat zu ergreifen die Aufgabe des
Menschen ist.
Im Frühjahr 1791 wird Fichte eine Hauslehrerstelle im Hause
des Grafen Platen in W a r s ch a u angeboten. Er sollte die Erziehung des Sohnes vollenden und diesen auf die Universität be-
gleiten. Dies war ihm sehr willkommen; er konnte hoffen, dabei
selbst zum Abschluß seiner Universitätsstudien zu gelangen. Er
verläßt Ende April 1791 Leipzig und reist, z. T. zu Fuß, nach
Warschau, wo er am 7. Juni eintrifft. Ein noch erhaltenes Reise-
tagebuch läßt die Vielseitigkeit seiner Interessen erkennen. Darin
charakterisiert er auch das gräfliche Ehepaar. „Er ist ein guter,
ehrlicher Mann, dick und träge, ein Ja-Herr;" „Madame eine Frau
der großen Welt", die ihm sofort „unausstehlich" vorkommt; „ihr
Blick hat etwas Leidenschaftliches, Gereiztes;" sie redet immer im
„Kommandierton". Auch sie wünscht sich Fichtes wieder zu ent-
ledigen, da er ihr nicht unterwürfig genug ist und ihr sein Fran-
zösisch nicht gefällt. Fichte ist bereit, den Vertrag zu lösen; er
fordert aber eine Entschädigungssumme; er erhält sie auch, freilich erst nach Drohung mit gerichtlicher Klage. Dadurch ist sein
Unterhalt wieder auf einige Zeit gesichert. Er reist nun nach
K ö n i g s b e r g, um den Mann, dem er seine Welt- und Lebensanschauung verdankt, persönlich kennen zu lernen.

Am 4. Juli 1791 beſucht er den damals 67jährigen K a n t. Dieſer, als weltberühmter Mann zu ſeinem Leidweſen von Fremden vielfach aufgeſucht, mit ſeiner Zeit ſparſam, empfängt ihn „nicht ſonderlich“. Auch ſeine Vorleſungen enttäuſchten Fichte; er findet den Vortrag ſchläfrig. Dennoch ſehnt er ſich danach, zu Kant in nähere Beziehung zu treten, und zwar durch eine Leiſtung, die ihn der Beachtung wert erſcheinen laſſe. Er verſaßt eine Schrift: „Kritik aller Offenbarung“, in der er verſucht, die Ergebniſſe der Kantiſchen Philoſophie auf die Theologie und die „Offenbarungs“-Religion anzuwenden. Mitte Auguſt iſt ſie vollendet; er verſieht ſie mit der Widmung „Dem Philoſophen“ und ſchickt ſie mit einem eindrucksvollen Begleitſchreiben Kant zur Beurteilung zu. Nach zwei Tagen erhielt er ſie zurück; Kant hatte nur die Widmung durchſtrichen, ſonſt keine Bemerkungen hinzugefügt. Geleſen hat er die Schrift wohl nur zum kleinen Teil; ſeine ſtrenge Tageseinteilung ließ ihm dazu keine Zeit. Aber bei einem zweiten Beſuch empfing er ihn „mit ausgezeichneter Güte“. Er lädt ihn auch zu Tiſch. „Erſt jetzt,“ ſchreibt Fichte in ſein Tagebuch, „erkannte ich Züge in ihm, die des großen in ſeinen Schriften niedergelegten Geiſtes würdig ſind.“

Inzwiſchen waren aber Fichtes knappe Mittel aufgebraucht; er ſtand wieder — wie er in einem Briefe ſich ausdrückt — „unter der unmittelbaren Vormundſchaft der Vorſehung“. Er entſchließt ſich ſchweren Herzens Kant brieflich um ein Darlehen zu bitten, das ihm ermöglichen ſoll, ins Elternhaus zurückzukehren, wo er durch ſchriftſtelleriſche Tätigkeit ſeinen Unterhalt zu erwerben hofft. Kant gewährt ihm das Darlehen nicht, aber er vermittelt ihm einen Verleger für ſeine Offenbarungskritik; auch erhält er durch einen Freund Kants eine Hauslehrerſtelle bei dem Grafen Krockow zu Krokow bei Danzig. Man verehrte in dieſer Familie Kant; man hatte Fichte, der von Kant empfohlen war, beſonders günſtige Bedingungen gewährt; und zum erſten Male fühlte dieſer ſich in einem ſolchen Wirkungskreiſe wohl.

Nach Ueberwindung mannigfacher Zenſurſchwierigkeiten erſchien Oſtern 1792 ſein „Verſuch einer Kritik aller Offenbarung“.[1] Man erwartete damals von Kant eine Schrift über die Religion. Der Verleger machte ſich dieſe Erwartung zu nutze; er ließ den Namen des Verfaſſers und die Vorrede, in der die Schrift als

---

[1] Sie iſt erſt 1793 erſchienen unter dem Titel „Religion innerhalb der Grenzen der bloßen Vernunft“.

Erſtlingsarbeit bezeichnet wurde, weg. Die Folge war, daß man das Buch Kant zuſchrieb, wofür auch der Titel, der Geiſt, der Verlag ſprachen. Eine angeſehene Zeitſchrift, die Jenaiſche Allgemeine Literaturzeitung brachte am 30. Juni 1792 eine Anzeige des „in aller Rückſicht höchſt wichtigen Werkes", worin mit Beſtimmtheit ausgeſprochen war: „Jeder, der nur die kleinſten derjenigen Schriften geleſen, durch welche der Philoſoph von Königsberg ſich unſterbliche Verdienſte um die Menſchheit erworben hat, wird ſogleich den erhabenen Verfaſſer jenes Werkes erkennen." Kant hat darauf in der Literaturzeitung Fichte, den er dabei einen „geſchickten Mann" nannte, als den Verfaſſer bezeichnet. Mit einem Kant verwechſelt zu werden, war für einen jungen Schriftſteller die glänzendſte Empfehlung. In wenig Monaten war eine zweite Auflage nötig. „Warum mußte ich," ſchreibt Fichte an ſeine Braut, „als Schriftſteller ein ſo ausgezeichnetes Glück machen? Hunderte, die mit nicht weniger Talent auftreten, werden unter der großen Flut begraben . . Mich hebt bei meinen erſten Schriften ein unglaublicher Zufall."

Im März 1793 tritt er die Reiſe nach der Schweiz an. Im Juni trifft er in Zürich ein, im Oktober — nach Erledigung langwieriger Formalitäten — feiert er ſeine Hochzeit mit Johanna Rahn. Sie iſt ihm bis zum Tode eine ſeiner würdige, hingebungsvolle und kluge Lebensgefährtin geweſen. Ein Sohn, der aus dieſer Ehe hervorgegangen, Immanuel Hermann Fichte (1797—1879) iſt Philoſophie-Profeſſor in Bonn und Tübingen und ein angeſehener philoſophiſcher Schriftſteller geworden. —

Schon bei ſeiner Reiſe nach der Schweiz hatte Fichte von Berlin aus an Kant geſchrieben, ſeine Seele glühe von dem Gedanken, das Problem der platoniſchen Republik, d. h. des vernüftigen Staates, in Angriff zu nehmen. Mit Kant iſt er einig, daß die Sicherung der Freiheit der Einzelnen der Sinn des Staates ſei; die ſtaatliche Rechtsordnung ſoll es ermöglichen, daß „jedes Freiheit mit der andern ihrer zuſammen beſtehen kann". Mögen die tatſächlichen Staaten durch „gewaltſame Unterdrückung" begründet ſein: die Rechtmäßigkeit des Staates muß an der Idee des „Staatsvertrags" gemeſſen werden, d. h. daran, ob der Einzelne vernünftigerweiſe und freiwillig dem Staate und ſeinen Einrichtungen zuſtimmen kann. Darin iſt Fichte mit Rouſſeau (1712 bis 1778) einig. Begeiſtert nimmt er auch die Ideen der franzöſiſchen Revolution auf. Er mochte von ihr die Verwirklichung des Vernunftſtaates und damit der menſchlichen Freiheit erwarten.

Unter dem Eindruck der Schreckensherrſchaft in Paris von 1793 beginnt man aber in Deutſchland die Revolution zu verurteilen. Fichte tritt nun als Verteidiger der Revolution auf in zwei anonym erſchienenen Schriften: „Zurückforderung der Denkfreiheit von den Fürſten Europas, die ſie bisher unterdrückten” und „Beitrag zur Berichtigung der Urteile des Publikums über die franzöſiſche Revolution”. (Eine Rede. Heliopolis, im letzten Jahre der alten Finſternis.) Daß Fichte der Verfaſſer war, wurde übrigens bald bekannt.

Das Problem des „Vernunftſtaates”, d. h. des idealen Staates, hat Fichte „mit unwiderſtehlicher Stärke” angezogen. Mit ihr beſchäftigen ſich auch die „Grundlage des Naturrechts” (1796), „Der geſchloſſene Handelsſtaat” (1800), die „Reden an die deutſche Nation” (1808); ferner, erſt aus dem Nachlaß veröffentlicht: die Dialoge „Der Patriotismus und ſein Gegenteil” 1807, die 1812 gehaltenen Vorleſungen über das Syſtem der Rechtslehre und die ſog. „Staatslehre” von 1813.

Zunächſt aber hat ſich Fichte, der mit ſeiner jungen Gattin vorläufig in Zürich bei dem Schwiegervater ganz zurückgezogen lebte, grundlegenden philoſophiſchen Fragen zugewendet. Anregung dazu bot ihm das Buch des Helmſtedter Profeſſors Gottlob Ernſt Schulze, das 1792 unter dem Titel „Aenesidemus” anonym erſchienen war. Es enthielt eine ſcharfſinnige Kritik der Philoſophie Kants und ſeines Anhängers Profeſſor Reinhold in Jena.

„Haben Sie den Aenesidemus geleſen?” heißt es in einem Briefe Fichtes aus dem Ende 1793, „Es hat mich eine geraume Zeit verwirrt, Reinhold bei mir geſtürzt, Kant mir verdächtig gemacht und mein ganzes Syſtem von Grund aus umgeſtürzt.” Aber er kann bereits hinzufügen: „Ich habe ein neues Fundament entdeckt, aus welchem die geſamte Philoſophie ſich ſehr leicht entwickeln läßt. Kant hat überhaupt die richtige Philoſophie, aber nur in ihren Reſultaten, nicht nach ihren Gründen... Wir werden, wie ich glaube, in ein paar Jahren eine Philoſophie haben, die es der Geometrie an Evidenz gleichtut.”

Nunmehr war Fichte über ſeine philoſophiſche Lebensaufgabe ins Klare gekommen. Er beabſichtigte die Kantſche Philoſophie noch tiefer zu begründen, als Kant ſelbſt es vermocht, und ihr durch logiſch-zwingende Ableitung aus einem einzigen Prinzip zugleich die Einheitlichkeit eines geſchloſſenen wiſſenſchaftlichen Syſtems zu verleihen. Fichte nannte dieſe ſeine Philoſophie „Wiſſenſchaftslehre”; er wollte „die Philoſophie als allgemein gültige Wiſſenschaft" gestalten und den einheitlichen Zusammenhang aller Einzelwissenschaften aufweisen. In seiner kritischen Besprechung des Aenesidemus, die 1794 in der Jenaischen Allgemeinen Literaturzeitung erschien (S. W. I 1—25), sind die Grundgedanken dieses Systems schon in ihrer einfachsten Gestalt enthalten. Im Winter 1793/4 hatte er in Zürich bereits eine Reihe von Vorträgen über die Wissenschaftslehre gehalten, nach deren Schluß ihn Lavater in einem Briefe als den schärfsten Denker bezeichnet, den er kenne. Die Ausgestaltung und die Umbildung der Wissenschaftslehre hat Fichte während seines ganzen Lebens beschäftigt. Die größte Anzahl seiner Schriften ist diesem Gegenstand gewidmet.[1]

Fichte hätte gern in der Züricher Muße sein philosophisches System ausgebaut, da erging Ende 1793 an ihn ein Ruf als a. o. Professor nach Jena.

In Jena hatte Reinhold mit großem Erfolg für die Kantsche Philosophie gewirkt. Er folgte nunmehr einem Ruf nach Kiel. Daß der „Demokrat" Fichte berufen wurde — zu einer Zeit, da in Frankreich Robespierre und in Preußen Wöllner regierte — war nur in einem Lande möglich, in dem ein Karl August Herzog und ein Goethe Minister war. Schon Ende Juli 1793 hatte der letztere an den Geh. Rat Voigt geschrieben: „Sollte Reinhold nicht bleiben, so wird sich Rat finden. Auf Magister Fichte haben Sie ja ein Auge."

Die Stellung war übrigens nichts weniger als glänzend: die Besoldung betrug nur 200 Taler; Sitz und Stimme im akademischen Senat waren mit der Professur als einer überzähligen nicht verbunden. Gleichwohl nahm Fichte den Ruf an. Den

---

[1] Von Fichte selbst wurden herausgegeben: Ueber d. Begriff d. Wissenschaftslehre oder d. sog. Philosophie 1794, 2 A. 1798 S. W I 27—81; Grundlage d. gesamten W. L. als Handschrift f. s. Zuhörer 1794, 2 A. 1802 S. W. I 83—328; Grundriß der Eigentümlichen der W. L. 1795, 2 A. 1802. S. W. I 329—411; Erste Einleitung in d. W. L. 1797, S. W. I 417—49; Zweite Einleitung in d. W. L. 1797. S. W. I 451—518; Vers. e. neuen Darstellg. d. W. L. 1797. S. W. I 519—34; D. Syst. d. Sittenlehre n. d. Prinz. der W. L. 1798. S. W. II 1—365; Die Bestimmg. des Menschen, 1800. S. W. II 165—319; Sonnenklarer Bericht üb. d. eigtl. Wes. d. neuest. Philos. E. Versuch d. Leser z. Verstehen z. zwingen, 1801. Aus dem Nachlaß wurden herausgegeben nicht weniger als 9 Schriften bzw. Vorlesungen über die W. L. aus den Jahren 1801—13 (S. W. II u. Nachgelass. W. I u. II; ferner e. System d. Rechtslehre u. der Sittenlehre (vorgetrag. im Sommer 1812). Nachgel. W. III.

18. Mai 1794, den Abend vor seinem 32. Geburtstag, traf er in
Jena ein. Es waren gerade sechs Jahr her, daß ihn das Angebot
der Hauslehrerstelle in Zürich aus größter Not erlöst hatte. Von
den Kollegen, zu denen auch Schiller gehörte, wurde er freundlich,
von den Studenten begeistert aufgenommen. Ueber seine erste
öffentliche Vorlesung — er las über: «Moral für Gelehrte» —
schreibt er an seine Frau, die vorläufig noch in Zürich war: «Das
größte Auditorium in Jena war zu eng; die ganze Hausflur, der
Hof stand voll, auf Tischen und Bänken standen sie übereinander...
Mein Vortrag ist, soviel ich gehört habe, mit allgemeinem Beifall
aufgenommen worden.» Seine Privatvorlesung behandelte die
Wissenschaftslehre. Und obwohl er schon in der Frühstunde von
6 bis 7 Uhr las, wurde sie von etwa 60 Hörern belegt. (Im zweiten
Semester betrug die Zahl der Hörer in der Privatvorlesung sogar 200.) Der Philosoph und Naturforscher Heinrich Steffens
(1773—1845) schilderte Fichte, den er im Herbst 1798 hörte, also:[1]
«Der kurze stämmige Mann mit seinen schneidenden gebietenden
Zügen imponierte mir, ich kann es nicht leugnen, als ich ihn das
erstemal sah. Seine Sprache selbst hatte eine schneidende Schärfe;
schon bekannt mit den Schwächen seiner Zuhörer, suchte er auf
jede Weise sich ihnen verständlich zu machen. Er gab sich alle mögliche Mühe, das, was er sagte, zu beweisen; aber dennoch schien
seine Rede gebietend zu sein, als wollte er durch einen Befehl,
dem man unbedingten Gehorsam leisten müsse, einen jeden Zweifel
entfernen. Fichtes Vortrag war vortrefflich, bestimmt, klar, und
ich wurde ganz von dem Gegenstand hingerissen und mußte ge-
stehen, daß ich nie eine ähnliche Vorlesung gehört hatte.»

Obwohl Fichte durch seine Vorlesungen und seine schriftstelle-
rische Tätigkeit eine ungeheure Arbeitslast zu bewältigen hatte,
pflegte er doch regen Verkehr, nicht sowohl mit seinen Kollegen,
die z. T. bald seine Lehrerfolge und seine überlegene Art als un-
bequem empfanden, als vielmehr mit den Studierenden. Zeigte
überhaupt das damalige Studentenleben viel Roheit und Ver-
kommenheit, so war gerade Jena berüchtigt durch die Rauflust
seiner Studenten. Einen Hauptherd des wüsten Treibens bildeten
die — damals geheimen — „Orden", die Vorläufer der Korps.
Fichte hat über sie in einer Denkschrift folgendes geschrieben: «Es
ist ihr Hauptgrundsatz, junge Leute von Vermögen, von guter
Geburt, von Verwandtschaft, die Einfluß hat, von seiner Er-

---

[1] „Was ich erlebte". Bd. IV, 79 f.

ziehung, von einnehmender Figur, von vorzüglichen Talenten an-
zuwerben. Auch das Verdienst, ein vorzüglich guter Fechter zu
sein, gilt statt anderer Verdienste... Sie machen, so gut sich's tun
läßt, einen in die Augen fallenden Aufwand, besuchen die besten
Zirkel, suchen freien Zutritt in die Häuser der Professoren, denen
ihre geheimen Verbindungen meist verborgen bleiben, unternehmen
die öffentlichen Lustbarkeiten, an denen meist die ganze gute Gesellschaft teilnimmt, die Bälle, die Picknicks, die Komödien, die
Schlittenfahrten. Es ist nicht unerhört, daß derjenige, der gestern
in der Nacht eure Fenster eingeworfen, heute am Tage euch und
die Eurigen mit aller möglichen Politesse zum Ball einladet. Das
zieht natürlich aller Augen auf sie und erregt den heimlichen Neid
und damit zugleich die Ehrfurcht der übrigen Studenten. Diesen
spiegeln sie öfters sehr erhabene Zwecke vor." Fichte spricht dann
auch von ihren nächtlichen Trinkgelagen und Ausschreitungen, von
ihrer Schmähsucht. Er sieht den Hauptgrund in der zu großen
Familiarität ihres Verbindungslebens, das durch keinen geistigen
Zweck veredelt werde. „Wer diejenigen, die ihn zunächst um-
geben, nicht scheut, der wird auch bald sich selbst nicht mehr scheuen."

Fichte nahm den Kampf auf gegen diese „Orden", deren Außen-
seite blendend und verführerisch, deren Wesen roh und wüst, gleichsam die organisierte Bummelei war. Er brachte es zunächst auch
durch persönlichen Einfluß auf die ihm bekannten Ordensmitglieder
dazu, daß Vertreter der drei Jenenser Orden bei ihm erschienen und
sich bereit erklärten, ihre Orden aufzulösen und in seine Hand den
Entsagungseid zu leisten. Fichte fühlte sich nicht berechtigt, ihn
entgegenzunehmen; ungeschickterweise verwies er die Studenten
an die Universitätsbehörden. Die Verhandlungen wurden sehr
schleppend geführt. Inzwischen verdächtigte man Fichte bei den
Orden. Einer von diesem trat von seinem Versprechen zurück,
und als dann Fichte in seinen öffentlichen Vorlesungen gegen
geheime Verbindungen sprach, wurden ihm in der Neujahrs-
nacht 1795 die Fenster eingeworfen; in den Osterferien wieder-
holte sich ein solcher nächtlicher Angriff in so schlimmer Form, daß
seine Frau einen schweren Nervenchok davontrug. Beim akademischen Senat fand Fichte keinen Schutz; man gab ihm sogar zu
verstehen, daß er sich überhaupt nicht in die Ordensangelegenheit,
die ihn doch gar nichts angehe, hätte einmischen sollen. Er ließ
sich darum von der Regierung für das Sommersemester 1795 be-
urlauben. Er brachte es in Osmanstädt bei Weimar unter eifriger
literarischer Tätigkeit zu.

Im Herbſt nahm Fichte ſeine Vorleſungen wieder auf. Ihr Beſuch blieb ſehr zahlreich; ſie ſollen ihm jährlich gegen 3000 Taler eingebracht haben.[1] So konnte er ſeine Angehörigen in Rammenau unterſtützen; insbeſondere ſetzte er durch Beteiligung mit Kapital ſeine Brüder Gotthelf und Gottlob inſtand, ein Haus zu kaufen und eine Bandweberei größeren Stils einzurichten. Fichtes Briefwechſel mit den Brüdern zeigt vielfach ein genaues Eingehen auf techniſche und kaufmänniſche Fragen. So eignete er ſich wirtſchaftliche Kenntniſſe an, die ihm für ſeine Schrift über den „Geſchloſſenen Handelsſtaat” von Wert ſein mußten. Im Jahre 1797 hat er ſich auch ſelbſt in Jena ein Haus gekauft. Da brach bald darauf ein S t r e i t aus, der ſeiner Wirkſamkeit in dieſer Stadt ein Ende machen ſollte.

Fichte gab mit ſeinem Kollegen Niethammer ein „philoſophiſches Journal” heraus. Ende 1797 ſandte ihn ein früherer Schüler, Forberg, der inzwiſchen Konrektor des Lyzeums in Saalfeld geworben war, einen Aufſatz „Entwicklung des Begriffs der Religion” zu. Darin ſtanden manche Sätze, die bei ben kirchlich Geſinnten Anſtoß erregen mußten. Z. B.: „Es iſt nicht Pflicht zu glauben, daß eine moraliſche Weltregierung oder ein Gott, als moraliſcher Weltregent, exiſtiert, ſondern es iſt bloß und allein dies Pflicht, zu haubeln, a l s o b man es glaubt. In den Augenblicken des Nachdenkens oder des Diſputierens kann man es halten, wie man will.”[2] „Es ſteht ihm frei, zu glauben, was er wünſcht und will.” Fichte war ſich darüber klar, daß „das Kantiſche „Als ob” ganz gegen ſein Syſtem ſei”. Er bat Forberg, den Aufſatz zurückzuziehen, aber auf deſſen Drängen, veröffentlichte er ihn doch im 8. Band ſeiner „Journals” 1798, ließ aber gleichzeitig darin einen Aufſatz „Ueber den Grund unſeres Glaubens an eine göttliche Weltregierung” erſcheinen (V 175—189), in dem er ſeine eigene Anſicht zu der Frage darlegte. Er wollte darin zeigen, daß die Religion auf die Vernunft, nicht auf dem frommen Wunſch eines guten Herzens beruhe (wie Forberg annahm). „Was zu der Vernunft gegründet iſt, iſt ſchlechthin notwendig; und was nicht notwendig iſt, iſt ebendarum vernunftwidrig.” Mit Forberg

---

[1] Das war für damals ſehr viel. Schelling ſchrieb am 9. Aug. 1799 an Fichte, er könne (als unverheirateter Privatdozent) in Jena während des Winters mit 200 Th. leben.

[2] Zu dieſer Auffaſſung finden ſich ſchon Anſätze bei Kant, auf die neuerdings H. Vaihinger in ſeiner „Philoſophie des Als — ob” (1911, 3. A. 18) mit beſonderem Nachdruck hingewieſen ſei.

und Kant iſt er einig, daß die Religion im ſittlichen Handeln be-
ſtehe, aber er will dartun, daß das ſittliche Handeln ſelbſt eins
ſei mit dem Glauben an eine überſinnliche moraliſche Weltordnung,
die ihrerſeits eins ſei mit Gott. Dieſer Glaube iſt Vernunftnot-
wendig; ich kann ihn nicht aufgeben ohne mich ſelbſt — als ſitt-
liches Weſen — aufzugeben. Gott iſt die lebendige Ordnung, die
in allem Geſchehen waltet; ohne ſie fällt kein Haar vom Haupte,
kein Sperling vom Dach. Alles Geſchehen in der Sinnenwelt
muß dazu beitragen, das Sittliche zu verwirklichen und dem Menſchen ſittliche Aufgaben zu ſtellen.

Man kann es verſtehen, daß dieſe Gedanken als Bekenntnis
zum Atheismus ausgedeutet wurden. War doch damit der per-
ſönliche Gott geleugnet, der nach der Kirchenlehre nicht mit der
ſittlichen Weltordnung eins, ſondern ihr Urheber iſt.

Die Aufſätze Fichtes und Forbergs waren zu Anfang des Sommerſemeſters 1798 veröffentlicht worden. Gegen Ende des Jahres
erſchien eine Flugſchrift: „Sendſchreiben eines Vaters an ſeinen
ſtudierenden Sohn über den Fichteſchen und Forbergſchen Atheismus” (ohne Namen des Verfaſſers, Verlegers und Druckorts).
Die Schrift wurde von Nürnberg aus, beſonders in Kurſachſen,
verbreitet, vielfach unentgeltlich. Der kurſächſiſchen Regierung
war Fichte wegen ſeiner demokratiſchen und freien religiöſen Geſinnung längſt verdächtig; ſie führte darum gegen ihn ſogleich einen
doppelten Schlag. Sie erließ eine Verfügung an ihre beiden Lan-
desuniverſitäten Leipzig und Wittenberg, wodurch das philoſophiſche Journal eingezogen und für die Zukunft verboten wurde.
Dieſe Verfügung wurde in allen deutſchen Zeitungen abgedruckt.

Kurz darauf wendete ſich dann die kurſächſiſche Regierung an
die Erhalterſtaaten der Univerſität Jena mit der Drohung, ſie
werde ihren Landeskindern den Beſuch dieſer Univerſität ver-
bieten, wenn nicht den Unweſen atheiſtiſcher Lehren geſteuert
werde.

Noch ehe Fichte von dieſem zweiten Schritt erfuhr, verfaßte
er die Schrift: „Fichtes Appellation an das Publikum
über die durch ein Churf. Sächſ. Confiſkationsreſcript ihm bei-
gemeſſenen atheiſtiſchen Aeußerungen. Eine Schrift, die man erſt
zu leſen bittet, ehe man ſie confisciert” (V 191—238). Fichte hält
darin ſeinen Gegnern vor, ſie wollten einen Gott haben, den ſie
aus der Sinnenwelt ableiten und von dem ſie für ihr ſinnliches
Daſein und Wohlſein etwas begehren und erhalten könnten. Dagegen ertöte die wahre religiöſe Empfindung das ſinnliche Be-

gehren in uns für immer. Wer in Gott nur den Geber der Glückseligkeit sehe und verehre, der wolle im Grund des Herzens nicht
Gott, sondern sich selbst. Solche Selbstsucht sei der wahre Atheismus. Im Gegensatz hierzu habe seine eigene Philosophie, die die
Realität des Zeitlichen und Vergänglichen leugne, um die des
Ewigen und Unvergänglichen in ihm ganze Würde einzusetzen,
denselben Sinn als das Christentum.

Diese „Appellation" wurde zn Beginn des Jahres 1799 veröffentlicht. Am 19. Januar übersandte Fichte sie dem Herzog
Karl August. Inzwischen hatte dieser auf die erwähnte Drohung
Kursachsens hin den akademischen Senat aufgefordert, die Herausgeber des „Philos. Journals", Fichte und Niethammer, zu vernehmen. Die Aufforderung des Senats, sich zu rechtfertigen,
erging an Fichte am 10. Januar 1799. Darauf verfaßte dieser
seine „Gerichtliche Verantwortungsschrift gegen die Anklage des
Atheismus" (V 239—333). Sie wurde von ihm und Niethammer
unterzeichnet und am 18. März 1799 unmittelbar an den Herzog
gesandt. Es war darin ausgeführt, man könne nicht über Religion
reden, ohne gegen die Religion irgend jemandes zu reden; es gebe
gegen den Atheismus kein Reichsgesetz, das die Schriftsteller hin-
dere. Aber selbst wenn atheistische Schriften strafwürdig seien,
so müsse erst nachgewiesen werden, daß die angeklagten Schriften
den Atheismus verträten. Das sei aber nicht der Fall; wofür
philosophische Beweise vorgebracht werden.

Wie sei es aber möglich, daß die kursächsische Regierung auf
ein lichtscheues literarisches Bubenstück hin, eine solche Anklage
gegen ihn erhoben habe. „Die Triebfeder ist klar . . . Ich bin
ihnen ein Demokrat, ein Jakobiner, dies ist's. Von einem solchen
glaubt man jeden Greuel ohne weitere Prüfung . . . Es ist mir
ein bei der gegenwärtigen Gelegenheit geschriebener Brief eines
kursächsischen Ministers bekannt, in welchem von unserem ver-
meinten Atheismus geradezu gesprochen wird als von einer neu
erfundenen Maßregel dieser Demokraten." Wenn es aber Wirklichkeit in Deutschland wird, daß „keine Ruhe und bürgerliche
Sicherheit mehr für den Schriftsteller wäre, daß alle durch das
Gesetz geschützt würden, nur er nicht, so bleibe ja nichts übrig, als
zu gehen, wohin man sie ausstoße". „Wo darauf zu rechnen ist,
daß nur Gewalt gelte, da kann man ja hoffen, selbst einen Teil
derselben an sich zu ziehen, um sich dadurch zu schützen. Ganz un-
leiblich ist nur der Zustand, da uns das Gesetz beschränkt, aber
nicht beschützt."

Der Regierung in Weimar wäre es am liebſten geweſen, die ihr
höchſt peinliche Angelegenheit möglichſt in der Stille beilegen zu
können. Man wünſchte ſehr die akademiſche Lehrfreiheit zu
ſchützen, anderſeits wollte man das von Kurſachſen gegen Jena
drohende Verbot abwenden. Goethe hat ſpäter in den „Annalen
oder Tag- und Jahresheften" (für das Jahr 1803) bemerkt, Fichte
habe die Sache zu einem ſchlimmen Eube getrieben, „weil er leiden-
ſchaftlich zu Werke ging, ohne Ahnung, wie gut man dieſſeits
für ihn geſinnt ſei, wie wohl man ſeine Gedanken, ſeine Worte
auszulegen wiſſe; welches man freilich ihm nicht gerade mit dürren
Worten zu erkennen geben konnte und ebenſowenig die Art und
Weiſe, wie man ihn auf das gelindeſte herauszuhelfen gedachte".

Tatſächlich aber hat Fichte die Abſichten der Weimarer Regierung ganz richtig erkannt. „Es mußte vermittelt, es mußte ein
Seitenweg eingeſchlagen werden," erklärt er in einem Sendſchreiben an Prof. Reinhold vom 21. Mai 1799, „der die beiden inter-
eſſierten Parteien, Kurſachſen und das große Publikum, ſchonte;
und dieſem Seitenweg ſolite ich mich fügen. Recht gegen ben mächtigen Ankläger erhalten konnte ich bei ihnen nicht; vielleicht ſolite
ich auch ſo wenig wie möglich verletzt werden, aber dieſe Schonung
müßte als Gnade erſcheinen. So konnte wohl der H o f rechnen,
aber nicht i ch . . . Ich glaubte, es der Wahrheit ſchuldig zu ſein,
glaubte, es ſei von unüberſehbar wichtigen Folgen, daß die Höfe
zu einem reinen Rechtsurteile genötigt würden, daß ich wenigſtens
von meiner Seite nichts täte, um ihnen die Abweichung davon
möglich zu machen. Fiele dieſes reine Urteil f ü r mich aus, ſo
habe die Wahrheit einen wichtigen, dem großen Haufen impo-
nierenden Sieg erfochten. Fiele es g e g e n mich aus, ſo wüßten
von nun an alle freien Denker, wie ſie mit den gegenwärtigen
Regierungen daran waren, und was ſie von denſelben zu erwarten
hätten."

In Weimar war man ſchou über die Veröffentlichung von
Fichtes „Appellation an das Publikum" verſtimmt; über die
ſtolze, ja faſt herausfordernde Sprache ſeiner „Verantwortungs-
ſchrift" war man geradezu entrüſtet. Immerhin wäre man wohl
an der Notwendigkeit, ein reines R e c h t s urteil zu fällen, nicht
vorbei gekommen, wenn nicht Fichte — wohl durch den Rat ſeines
theologiſchen Kollegen Paulus — ſich zu einem unklugen Schritt
hätte hinreißen laſſen, den er ſelbſt ſpäter bereute. Er hatte ge-
rüchtweiſe gehört, die Weimarer Regierung habe beſchloſſen, ihm
durch den akademiſchen Senat einen Verweis wegen Unvorſichtig-

keit zu erteilen. Darauf ſandte er einen Brief an den Geh. Rat
Voigt, deſſen Text er vorher mit Paulus beraten hatte. Darin
erklärte er, einen ſolchen Verweis dürfe er in ſeiner Lage unmöglich hinnehmen.[1] „Jener Verweis würde in kurzer Zeit in allen
Zeitungen abgedruckt erſcheinen und mit lautem Hohngelächter und
Schadenfreude von meinen Feinden aufgenommen werden. Jeder
rechtliche Menſch würde fühlen, daß es mir die Ehre verböte,
Regierungen, die mich eines ſolchen Verweiſes für wert geachtet
hätten, länger unterworfen zu ſein, und die allgemeine Verachtung
würde mich treffen, wenn ich es bliebe. Es würde mir nichts
übrig ſein, als den Verweis durch Abgebung meiner Demiſſion zu
beantworten und dieſen Brief . . . der allgemeinſten Publizität zu
übergeben.”

Er fügte hinzu, mehrere angeſehene Kollegen würden „in der
Verletzung ſeiner Lehrfreiheit die ihrige als mit verletzt anſehen”
und hätten ihm das Wort gegeben, die Univerſität gleichfalls zu
verlaſſen, wenn man ihn durch den Verweis dazu nötige. „Es iſt
von einem neuen Inſtitut die Rede; unſer Plan iſt fertig, und
wir können dort denſelben Wirkungskreis wieder zu finden
hoffen.” Tatſächlich ſtand damals Fichte in Verhandlungen mit
Mainz, das ſeit 1797 im Beſitz der Franzoſen war und deſſen
Univerſität neu geſtaltet werden ſollte. Daß dieſe Verhandlungen
nicht ausſichtsreich waren, konnte Fichte freilich ſchon wiſſen, als
er jenen Brief an Voigt ſchrieb. Dieſer Brief hatte zwar der
Form nach p r i v a t e n Charakter gehabt. Aber der Empfänger
war der Kurator der Univerſität Jena, und der Inhalt ſollte zur
Kenntnis der Regierung kommen; auch hatte Fichte ausdrücklich
es Voigt anheimgeſtellt, „weiteren Gebrauch davon zu machen”.

Am 22. März 1799 wurde dieſer Brief geſchrieben. Ein paar
Tage darauf fand die entſcheidende Sitzung des Weimarer Staats-
rats ſtatt. Goethe erklärte darin mit aller Beſtimmtheit, eine
Regierung dürfe ſich nicht auf ſolche Weiſe drohen laſſen, er ſetzte
durch, daß man gegen Fichte den Verweis m i t d e r E n t -
l a ſ ſ u n g zugleich beſchloß. „Ich würde gegen meinen Sohn
votieren,” ſchrieb er ſpäter an ſeinen Schwager Schloſſer, „wenn

---

[1] Forberg hatte einen Verweis ruhig hingenommen. Als er ſpäter
Fichte ſagte, er hätte dies auch tun ſollen („Sie konnten ſo ruhig auf
ihrem Poſten bleiben wie ich auf dem meinigen.”), antwortete ihm
Fichte: „Wenn ich Parmenio wäre, ſo hätte ich's getan: da ich aber
Alexander bin, ſo konnte ich nicht.” (F. Medicus, J. G. Fichte,
Berlin 1905, S. 149).

er ſich eine ſolche Sprache gegen ein Gouvernement erlauben
würde". Vergebens ſuchte Fichte durch einen zweiten Brief an
Voigt, der den erſten erklären und abſchwächen ſollte, den Schlag
abzuwenden. Vergebens war es auch, daß die Studenten Bitt-
ſchriften für Fichte einreichten. —

Es ſchien Fichte unerträglich, als Privatmann in Jena zu
bleiben. „Sie können ſich kaum denken, wie man ſich gegen mich
beträgt," ſchrieb er Ende April an Reinhold. Zufällig kam nun
damals der preußiſche Miniſter von Dohm auf einer Reiſe durch
Jena; er bezeichnete in der Geſellſchaft offen das Verfahren gegen
Fichte als eine Rechtsverletzung und ließ dieſem den Rat zu-
kommen, er möge ſich nach Preußen begeben; er wolle ſchon dafür
ſorgen, daß keine Schwierigkeiten entſtänden. Fichte ſchrieb nun
an Friedrich Schlegel, der damals in Berlin wohnte. Dieſer redete
ihm auch zu. Auf ſeinen Rat kam Fichte zunächſt ohne Familie
und möglichſt unauffällig. Gleichwohl wurde im preußiſchen
Miniſterrat beſchloſſen, den verdächtigen Ankömmling polizeilich
beobachten zu laſſen, und den Fall dem König, der gerade verreiſt
war, nach ſeiner Rückkehr zur Entſcheidung vorzulegen. Friedrich
Wilhelm III. aber erklärte: „Iſt Fichte ein ſo ruhiger Bürger, als
aus allem hervorgeht, und ſo entfernt von geſährlichen Verbindungen, ſo kann ihm der Aufenthalt in meinen Staaten ruhig
geſtattet werden. Iſt es wahr, daß er mit dem lieben Gott in
Feindſeligkeiten begriffen iſt, ſo mag das der liebe Gott mit ihm
abmachen, mir tut das nichts."

In Berlin trat Fichte ſogleich in regen Verkehr mit dem Kreis
der Romantiker: Friedrich Schlegel und deſſen Freundin Dorothea
Veit, dem Urbild der „Lucinde", mit Ludwig Tieck und Friedrich
Schleiermacher. Auch mit einer Reihe anderer geiſtig hoch-
ſtehender Perſönlichkeiten wird er bekannt. Seine Zugehörigkeit
zum Freimaurerorden erleichterte es ihm ſehr, in Berlin feſten
Fuß faſſen. Er konnte von dem Ertrag ſeiner Schriftſtellerei —
beſcheiden — leben. Im Jahre 1800 erſchienen: „Der geſchloſſene
Handelsſtaat" und „Die Beſtimmung des Menſchen", im folgenden
Jahr der „Sonnenklare Bericht über das eigentliche Weſen der
neueſten Philoſophie" und die Satire „Friedrich Nicolais Leben
und ſonderbare Meinungen" (VIII, 1—94), worin er dieſen ſchreib-
ſeligen Vertreter philiſterhafter ſog. „Aufklärung" in ſehr derber
Weiſe geißelte.

Damals vollzieht ſich ein gewiſſer Frontwechſel Fichtes. Hatte
er bisher im Sinne der „Aufklärung" gegen den Despotismus im

Staat und gegen Orthodoxie und Obskurantismus in der Kirche
gekämpft, so kommt ihm nunmehr zum Bewußtsein, wie sehr
sein tief religiös-sittlicher Sinn ihn in Gegensatz bringt zu dem
irreligiösen Rationalismus und zu der rein aufs Diesseits und seine
Güter gerichteten Sinnesart vieler Vertreter der „Aufklärungszeit". Daher treten jetzt die Züge stärker hervor, die ihn mit dem
Glaubensphilosophen J a c o b i (1743—1819) und den Roman-
tikern verbinden, wobei er freilich gegen Schwärmerei und Phan-
tasterei (wie er sie z. B. in der romantischen Naturphilosophie des
von ihm anfangs hochgeschätzten S c h e l l i n g [1775—1854] erlebt)
entschieden ankämpft. Bald folgte Fichte der an ihn ergehenden
Aufforderung, private Vorlesungen in Berlin zu halten — die
Universität bestand ja damals noch nicht —. Die Teilnahme daran
wuchs. Hörten anfangs vorwiegend jüngere Männer, Gelehrte
und Beamte, so fanden sich allmählich auch literarische Größen,
angesehene politische Persönlichkeiten, selbst Minister ein. Im
Winter 1804/05 hielt Fichte seine Vorlesungen über „Die Grundzüge des gegenwärtigen Zeitalters", in benen er sich scharf kritisch
über den Geist seiner Zeit, der „Aufklärungsperiode", aussprach.
Unter den Hörern befand sich regelmäßig Metternich, damals
österreichischer Gesandter in Berlin. Es gehörte jetzt schon zum
guten Ton, Fichtes Vorlesungen zu besuchen. Dieser ist nun ganz
R e d n e r geworden. Was er noch drucken läßt, sind fast nur
Reden. Auch die späteren Bearbeitungen der „Wissenschaftslehre" sind fast ausnahmslos Vorlesungen, die man erst nach
seinem Tode aus seinen Kollegienheften, z. T. unter Benutzung
von Nachschriften, veröffentlicht hat. Den Grund, warum Fichte
die eigentliche Schriftstellerei aufgab, kann man aus einer Bemerkung in den „Grundzügen des gegenwärtigen Zeitalters" ersehen: „Das Zeitalter kann nicht mehr lesen, und darum ist alles
Schreiben vergeblich." Man versetzt sich durch das Lesen „in den
behaglichen Halbzustand zwischen Schlafen und Wachen". „Wer
einmal die Süßigkeit dieses Zustandes geschmeckt hat, der will sie
immerfort genießen." Mit dieser reinen Leserei hört das Lesen
und demnach auch das Schriftstellern auf, einen vernünftigen Sinn
zu haben. Verstimmend wirkte auch auf Fichte, daß die früheren
literarischen Darstellungen seiner „Wissenschaftslehre" mißver-
standen worden waren, selbst von dem ihm früher nahe befreun-
deten Schelling.[1] So zog er es jetzt vor (wie er in einer Denk-

---

[1] Vgl. Fichtes u. Schellings philos. Briefwechsel, Stuttgart 1856.

schrift 1804 sagt), „sich auf mündliche Mitteilung zu beschränken, indem hierbei das Mißverständnis auf der Stelle erscheinen und gehoben werden kann". Er hoffte dabei, „durch mündliche Vorträge eine Schule zu stiften".

Fichte selbst war übrigens in seiner inneren Entwicklung noch nicht zum Stillstand gelangt. Schon die „Bestimmung des Menschen" (1800) zeigt seine Hinwendung zu den r e l i g i ö s e n Problemen und dabei eine s t ä r k e r e A n n ä h e r u n g a n d e n c h r i s t l i c h e n G l a u b e n. Diese Entwicklung setzt sich fort. Besonders belehrend ist die Darstellung der „Wissenschaftslehre" aus dem Jahre 1804 und „Die Anweisungen zum seligen Leben oder auch die Religionslehre". (In Vorlesungen, gehalten zu Berlin im Jahre 1806.) Fichte schloß sich dabei — in freier Weise — an das Johannisevangelium an. Er nennt es die „lauterste Urkunde des Christentums". Es verkündet die Göttlichkeit des „Logos", d. h. der Vernunft. Damit ist aus Gott alles Irrationale, alles Willkürliche entfernt. Gott ist Vernunft; das bedeutet in der Sprache der Wissenschaftslehre: er ist das „absolute Ich". Wenn Fichte so die „Vernünftigkeit" des religiösen Lebens betont, so versteht man, daß er mit der romantischen Art Schleiermachers für den die Religion wesentlich „Gefühl" war, nie zu wirklichem Einklang kommen konnte. Gewiß will auch Fichte nicht das Gefühl aus der Religion ausschalten, aber es soll von der Vernunft durchleuchtet werden; das Göttliche soll uns nicht etwas Irrationales, sondern lichte Geistigkeit sein, unser Verhältnis zu ihm nicht „schlechthinnige Abhängigkeit", sondern innere Stärkung, Befreiung und Beseligung. Fragt man aber: was Gott sei, so antwortet Fichte: „Er ist dasjenige, was der ihm Ergebene und von ihm Begeisterte tut". Es gibt kein anderes wahrhaftes Leben als das Leben Gottes: das Leben Gottes aber ist die Liebe — Liebe nicht als naturhafter Trieb und Affekt, sondern als tätiges Gemeinschaftsbewußtsein.

Das Vorwalten religiöser Lebensauffassung hat Fichte damals veranlaßt, die christliche Sitte gemeinsamer Hausandachten, an denen auch das Gesinde teilnahm, in seiner Familie einzuführen.

Schon 1804 eröffnete sich Fichte wieder die Aussicht auf a k a - d e m i s c h e Wirksamkeit: die russische Regierung wollte ihn für Charkow, die kurbayerische für Landshut gewinnen. Doch blieben die Verhandlungen darüber ergebnislos. Dagegen erhielt Fichte im April 1805 eine Anstellung als ordentlicher Professor an der damals preußischen Universität Erlangen mit der Erlaubnis, im

Winter ſeine gewohnten Vorleſungen in Berlin zu halten. Die Erlanger Studenten fanden freilich ſeine Vorleſungen zu ſchwer verſtändlich, und ſein Hörſaal leerte ſich bald. Fichte hat darum in einer Denkſchrift, die er dem Miniſter von Hardenberg ein- reichte, vorgeſchlagen, „eine Schule der Kunſt des wiſſenſchaft- lichen Verſtandesgebrauchs" — wir würden heute ſagen: ein philoſophiſches Seminar — einzurichten. Soll die Akademie wirklich exiſtieren, ſo muß ſie etwas leiſten, das durchaus weder ein Buch, noch irgend etwas anderes in der Welt außer ihr zu leiſten vermag. Sie muß ſchlechthin alles, was im Buche, theore- tiſch und tot, auch ſtehen kann, praktiſch und zu einem lebendigen Beſitztum des Schülers machen. Zur Verwirklichung dieſes Ge- dankens kam es nicht.

Wegen des mit Napoleon drohenden Krieges ließ ſich Fichte für das Sommerſemeſter 1806 von ſeiner Lehrtätigkeit in Erlangen entbinden, und als der Krieg durch den Tilſiter Frieden von 1807 beendet wurde, war Erlangen nicht mehr preußiſch.

Von der ungeheuren Bedeutung des Krieges zwiſchen Preußen und Napoleon war Fichte von vornherein durch- drungen. „Es ſoll durch ihn die Frage entſchieden werden, ob dasjenige, was die Menſchheit ſeit ihrem Beginne durch tauſend- fache Aufopferungen an Ordnung und Geſchicklichkeit, an Sitte, Kunſt und Wiſſenſchaft und fröhlichem Aufheben der Augen zum Himmel errungen, fortdauern und nach den Geſetzen menſchlicher Entwicklung fortwachſen werde; oder ob alles, was Dichter ge- ſungen, Weiſe gedacht und Helden vollendet haben, verſinken ſolle in dem bodenloſen Schlund einer Willkür, die durchaus nicht weiß, was ſie will, außer daß ſie eben unbegrenzt und eiſern iſt."

Fichte bot der Regierung an, er wolle als Redner mit ins Feld ziehen. „Die Erſten des Heeres und die Beſten, die der reinen und klaren Beſtimmung fähig ſind", ſollten an gewiſſen Tagen „zu ernſter und friedlicher Betrachtung über die nächſte große Beſtimmung" ſich um ihn verſammeln. „Schwerter und Blitze" wolle er reden und Wahrheiten ausſprechen, die vor dem Gerichte des Feindes des Todes ſchuldig ſeien. Als alter Theologe ſei er bereit, im Talar des Predigers aufzutreten, lieber aber in der „freieren Form eines weltlichen Staatsredners", als ein „Ge- ſandter der Wiſſenſchaft und des Talentes". Höflich dankend lehnte die Regierung ſein Anerbieten ab. Auf die Kunde von der vernichtenden preußiſchen Niederlage bei Jena und dem Heran- nahen des franzöſiſchen Heeres verließ Fichte Mitte Oktober 1806

Berlin; er wollte nicht unter Fremdherrſchaft leben. In Königsberg erhielt er eine Profeſſur „bis zur Wiederherſtellung
der Ruhe", und er lieſt dort im Winterſemeſter 1806/7
über ſeine „Wiſſenſchaftslehre". Er fand freilich, daß auch dort
die Studenten dafür nicht reif ſeien. So las er im Sommerſemeſter
1807 nicht. Er beſchäftigte ſich damals eingehend mit Peſtalozzi.
Anfang Juni 1807 ſchrieb er an ſeine Frau, die in Berlin ge-
blieben war: „Kannſt Du Peſtalozzis ‚Wie Gertrud ihre Kinder
lehrt‘ bekommen, ſo lies es ja. Ich ſtudiere jetzt das Erziehungs-
ſyſtem dieſes Mannes und finde darin das wahre Heilmittel für
die kranke Menſchheit ſowie auch das einzige Mittel, dieſelbe zum
Verſtehen der Wiſſenſchaftslehre tauglich zu machen."

Auch dem Vaterland mit ſeiner Feder zu dienen war er bemüht.
Er wurde Mitarbeiter an der patriotiſchen Zeitſchrift „V e s t a",
deren einer Herausgeber Max von Schenkendorff war. Schon das
erſte Heft brachte von Fichte den Beitrag „Ueber Macchiavell als
Schriftſteller und Stellen aus ſeinen Schriften". Er will damit
auch den König beeinfluſſen. Macchiavells Buch vom Fürſten
„ſolle ein Not- und Hilfsbuch ſein für jeden Fürſten in jeder Lage".
Dem Fürſten ſeien die höchſten Güter der Nation anvertraut; er
dürfe ſie nicht wie Privatangelegenheiten behandeln, indem er auf
die Treue und Redlichkeit der anderen Mächte baue. „Mehr als
die Hälfte der Kriege ſeien durch große Staatsfehler der An-
gegriffenen entſtanden, welche dem Angreifer die Hoffnung eines
möglichen Erfolgs gaben." Stark betont er den Unterſchied von
Privat- und Staatsmoral. Privatperſonen hätten die Rechtsordnung des Staates über ſich: im Verhältnis der Staaten untereinander aber gebe es nur das Recht des Stärkeren.

Nach der Schlacht bei Friedland, drei Tage vor dem Einzug der
Franzoſen in Königsberg, am 13. Juni 1807, verläßt Fichte dieſe
Stadt. Er reiſt zunächſt nach Memel, und bei dem weiteren Vor-
dringen der Franzoſen nach Dänemark. Am 9. Juli, am Tage
des Tilſiter Friedens, kommt er in Kopenhagen an. Am liebſten
hätte er ſich hier aufgehalten, bis die Franzoſen wieder Berlin
geräumt hätten. Aber im Friedensvertrag war beſtimmt, daß dies
bis zur Bezahlung der hohen Kriegskoſten beſetzt bleiben ſolle.
Da ſich dieſer Zeitpunkt nicht abſehen ließ, kehrte Fichte auf
Bitten ſeiner Frau im Auguſt 1807 nach Berlin zurück.

Varnhagen von Enſe hat in ſeinen „Denkwürdigkeiten des
eigenen Lebens" (2. A. I, 469 f.) die damalige Lage der Hauptſtadt
anſchaulich geſchildert. „Berlin empfand von dem Frieden nichts.

Königs-
stellung
806/7
ch dort
elter
o33l.
tun ge-
Kinder
iehungs-

Eine teilweise Fensterbeleuchtung in mehreren Straßen der Stadt gab mir ein schlechtes Bild dürftiger Freude, wo in der Tat mehr Ursache zum tiefsten Schmerz vorhanden war. Einige preußische Offiziere hatten sich die Befriedigung nicht versagt, ihre bis dahin geächtete Uniform wieder anzulegen, allein schnell belehrte ein strenges Verbot des Kommandanten die Voreiligen, daß hier noch niemand sich unterstehen dürfe, wieder ein Preuße zu sein. Französische Verwaltung, französische Besatzung, die letztere noch die wenigst feindliche, setzten ihr Wesen fort, als habe der Krieg noch nicht aufgehört, sie richteten sich auf längere Zeit nur noch bequemer und drückender ein und verhehlten es nicht, daß sie nun erst recht alle Hilfsmittel des Landes noch erschöpfen wollten. Vor-

emüht.
esta',
)on das
)ell als
damit
Fürsten
Lage".

stellungen der städtische Behörde, der ständischen Körperschaften, der Gemeinden, nichts fruchtete, die Lasten stiegen ins Ungeheure. In dieser Zeit des Jammers fühlte man sich gewaltsam auf das geistige Leben hingeworfen, man vereinte und ergötzte sich in Ideen und Empfindungen, welche das Gegenteil dieser Wirklichkeit sein wollten. Nicht wenig verstärkt wurde dieser Sinn durch das Wiedererscheinen Fichtes."

er auf
ehr als

Schon im Juli hatte dieser durch einen Brief seiner Frau von dem Plane gehört, in Berlin (statt der verlorenen Universität Halle) eine Hochschule zu gründen. Nach seiner Rückkehr verfaßte er auf eine Aufforderung der Unterrichtsverwaltung seinen

g eines
ied von
Rechts-
unter-

„Deduzierten Plan einer zu Berlin zu errichtenden höheren Lehranstalt, die in gehöriger Verbindung mit einer Akademie der Wissenschaften stehe." Was Fichte vorschlug, war von den bestehenden Universitäten sehr verschieden: sein Grundgedanke war, die Universität zu einer wirklichen Erziehungsanstalt zum

ug der
e diese
Vor-
Lage

wissenschaftlichen Denken fortzubilden. Die Studierenden sollen gemeinsam wohnen und beköstigt werden; sie erhalten Kleider, Bücher, Schreibmaterialien und noch ein kleines Taschengeld. Sie sollen unter „angemessener liberaler Aufsicht stehen", „fortdauernd erforscht und in ihrem Geistesgang beobachtet werden".

Berlin
3 dies
solle.
e auf

Der Gedanke, durch Neugestaltung der Erziehung das deutsche Volk selbst zu erneuern, also ein noch viel umfassenderer pädagogischer Reformplan, bildet auch den wesentlichen Sinn der

1 des

„Reden an die deutsche Nation", die Fichte während des Winters 1807/8 im Akademiegebäude zu Berlin hielt. Noch war die Stadt von den Franzosen besetzt; Napoleon hatte 1806 den

uichts.

Nürnberger Buchhändler Palm wegen einer von ihm verlegten Schrift „Deutschland in seiner tiefsten Erniedrigung" erschießen

laſſen. Fichte war ſich der Gefahr wohl bewußt, aber er troßte ihr.
„Ich weiß recht gut, was ich wage,” heißt es in einem Briefe vom
Januar 1808, „ich weiß, daß ebenſo wie Palm ein Blei mich treffen
kann. Aber dies iſt es nicht, was ich fürchte, und für den Zweck,
den ich habe, würde ich auch gern ſterben.” Denen, die für ihn
bangten, ruft er in einer ſeiner Reden zu: „Soll denn wirklich
Einem zu gefallen, dem damit gedient iſt, und ihnen zu gefallen,
die ſich fürchten, das Menſchengeſchlecht herabgewürdigt werden
und verſinken, und ſoll keinem, dem ſein Herz es gebietet, erlaubt
ſein, ſie vor dem Verfall zu warnen?”

Oftmals ging das Gerücht, er ſei verhaftet, aber tatſächlich
widerfuhr ihm nichts. Vielleicht ſchützte es ihn gerade, daß er
offen und kühn für ſeine patriotiſchen Pläne eintrat und an der
Geheimbündelei jener Jahre grundſätzlich keinen Anteil nahm.

Im Sommer 1808 wurde Fichte — zum erſtenmal in ſeinem
Leben — von ſchwerer Erkrankung heimgeſucht. Die Aerzte
konnten aus den verſchiedenartigen Symptomen: Hautausſchlag,
rheumatiſchen Beſchwerden, Augenentzündungen nicht recht klug
werden. Er war längere Zeit arbeitsunfähig. Die Bäder von
Warmbrunn und Teplitz, die er in den Sommern 1807 bis 1811
beſuchte, brachten Beſſerung, aber nicht völlige Geneſung.

Im Herbſt 1810 wurde die Univerſität Berlin eröffnet.
Der Unterrichtsminiſter Wilhelm von Humboldt war auf den
Reformplan Fichtes nicht eingegangen; nicht ſowohl durch Verwandlung der Univerſität in eine Art Internat, als durch Berufung
hervorragender Lehrer ſuchte er der neuen Hochſchule ihre geiſtige
Bedeutung zu verleihen. Der Rektor und die Dekane wurden für
das erſtemal vom König ernannt: Fichte wurde Dekan der philoſophiſchen Fakultät. Für das nächſte Studienjahr wurde er vom
Senat zum Rektor gewählt. Noch war alles unfertig, und die vor-
geſetzte Behörde, an deren Spitze damals Miniſter Schuckmann
ſtand, wenig wohlwollend. Man hatte gerade Fichte gewählt, weil
man von ſeinem unbeugſamen Charakter die zäheſte Verteidigung
der Anſprüche der Univerſität erwartete. Fichtes Rektorat war
in der Tat eine Kette von Konflikten, nicht allein mit der Behörde,
ſondern auch mit dem Senat ſelbſt. In ſeiner Rektoratsrede
„Ueber die einzig möglich Störung der akademiſchen Freiheit”
hatte er ausgeführt, dieſe Störung könne nur bei „jener bekannten
Menſchenart” liegen, „die, da ſie in den übrigen menſchlichen
Verhältniſſen nirgends geduldet wird, ſich für Studierende aus-
gibt”, und ein bloßes Schmarotzer- und Bummelleben führt. Die

feudale Auffaſſung von Ehre, der „Rittergeiſt", wie er in Duellen und Verrufserklärungen—ſich äußere, iſt nach Fichte undeutſch, weil dieſer „ritterliche" Geiſt „keinen Beruf und keine Pflicht" anerkennt. „Der deutſche Geiſt aber beſteht in der Anerkennung eines ſolchen Berufs. Der point d'honneur, ber immer aufmerkt, was a n d e r e von ihm denken oder ſagen, zeigt, daß er bloß zum Scheine und um des Scheines willen lebt. Der deutſche Sinn geht aus auf S e i n und iſt unbekümmert um den S c h e i n."

Die überwiegende Mehrheit der Profeſſoren, geführt von Schleiermacher, der allmählich in eine kleinlich gehäſſige Geguer-ſchaft gegen Fichte geraten war,[1] vertrat die Meinung, man dürfe dieſe Dinge nicht ſo ernſt nehmen; ja man hinderte Fichte daran, ſolche Studierende, die ſich nicht duellieren wollten, wirkſam zu ſchützen. Aus Anlaß eines ſolchen Falles erbat Fichte, der noch nicht ein halbes Jahr Rektor war, im Februar 1812 ſeine Ent-hebung von dieſem Amte. Schuckman berichtete dem Kanzler von Hardenberg, das Geſuch ſei anzunehmen, „da Fichte wegen ſeiner Redeu an die deutſche Nation ohnehin bei den franzöſiſchen Be-hörden übel notiert ſei."

In demſelben Jahre noch fand die große Armee Napoleons in Rußland ihren Untergang; der Abfall Yorks von Napoleon, Ende 1812, und die Ueberſiedlung des preußiſchen Königs von Berlin nach Breslau am 25. Januar 1813 gaben das Zeichen zum Beginn ber Erhebung des preußiſchen Volkes.

Am 19. Januar 1813 brach Fichte ſeine Vorleſungen über die Wiſſenſchaftslehre ab. „Wer möchte," ſagte er in ſeinem Ab-ſchiedswort, „in dem Falle, daß das Unternehmen ſcheitern ſollte.. den Gedanken auf ſich laben, daß durch ſein Sichausſchließen und durch das Beiſpiel, das er dadurch gegeben habe, das Mißlingen veranlaßt ſei? Das Bewußtſein, meine Streitkraft iſt nur klein, wenn es auch ganz begründet wäre, könnte dabei nicht beruhigen: denn wie, wenn nicht ſowohl auf die Streitkraft, als auf den durch das Ganze zu verbreitenden Geiſt gerechnet wäre, der hoffentlich aus den Schulen der Wiſſenſchaft ausgehend ein guter Geiſt ſein wird; wie, wenn gerechnet wäre auf das große, den verbrüderten deutſchen Stämmen zu gebende Beiſpiel eines Stammes, der ein-mütig in allen ſeinen Stänben ohne Ausnahme ſich erhebt, um ſich zu befreien?"

Wteber wie 1806 bietet ſich Fichte an, als religiöſer Redner mit-

---

[1] Belege bei Medicus, Fichtes Leben, S. 124 f.

zugehen; „heiligen, ernſten Sinn" möchte er befördern. Wiederum
wird ſein Anerbieten abgelehnt. Er hat dann wenigſtens trotz
ſeiner 51 Jahre und ſeiner rheumatiſchen Beſchwerden mit größtem
Eifer die militäriſchen Uebungen als Landſturmmann mitgemacht.
Oft hat er während des Sommerſemeſters 1813 den Hörſaal mit
den Abzeichen des Landſturmmannes betreten. Er hielt damals
Vorträge verſchiedenen Inhalts aus der angewendeten Philoſophie. Sie ſind aus dem Nachlaß unter dem nicht recht zutreffen-
den Titel „Staatslehre" herausgegeben worden. Ihre Form ober
vielmehr Formloſigkeit verriet die ungeheure Spannung jener
Zeit; ihr Inhalt iſt von größtem Wert. Den zweiten Abſchnitt
bilden die Vorleſungen „über den Begriff des wahren Krieges",
worin es gilt, „des Volkes Freiheit und Selbſtändigkeit" zu verteidigen.

Ein ſolcher „wahrer" Krieg iſt der Kampf der Deutſchen gegen
Napoleon. Dieſen Gegner ſelbſt hat er mit einer gewiſſen Be-
wunderung charakteriſiert. In der Tat fühlte er ſich weſensver-
wandt mit dem gewaltigen Willen, der in Napoleon lebte,
mit dem Willen, der alles an ein höchſtes Ziel ſetzte. Freilich dies
Ziel ſei falſch, es ſei die höchſte Selbſtſucht. Dieſen Mann nieder-
zuwerfen, müſſe ſich mit gleicher Gewalt die Hingebung für einen
ſittlichen Zweck, die reinſte, opferfreudigſte Geſinnung erheben. An dieſer Macht allein, die ihm fremd ſei, werde er
ſcheitern.

Berlin war ſchon im März 1813 von den Franzoſen geräumt
worden. Die Siege von Großbeeren am 23. Auguſt und von
Dennewitz am 6. September retteten es vor erneuter Beſetzung.
Aber die Hoſpitäler der Stadt waren mit Verwundeten und
Kranken überfüllt. Jetzt kam die Zeit für weiblichen Helden-
mut. Fichtes Frau, die ihres Mannes hingebungsvolle Begeiſte-
rung ganz teilte, war eine der erſten, die ſich als freiwillige
Krankenpflegerin der Behörde zur Verfügung ſtellte. Es iſt ihr
nicht leicht geworden, denn ſie war zart und ſchwächlich, aber ihr
tiefer, ſittlich-religiöſer Sinn, der nicht nur körperliches, ſondern
auch ſeeliſches Leiden zu lindern ſuchte, gab ihr ungeahnte Kraft.
Indeſſen nach fünf Monaten unermüdlichen Dienſtes brach ſie am
3. Januar 1814, von einem bösartigen Fieber ergriffen, zuſammen.
Gerade in den Tagen, da die Krankheit ihren Höhepunkt erreicht
hat und kaum noch Hoffnung auf Geneſung beſteht, ſoll Fichte nach
Ablauf der Weihnachtsferien ſeine Vorleſungen wieder eröffnen.
Er nimmt von ſeiner Frau Abſchied mit der Sorge im Herzen, ſie

icht lebend wiederzuſehen. Mit ungeheurer Selbſtbeherrſchung
leſt er zwei Stunden über die abſtrakten Gegenſtände der
Wiſſenſchaftslehre". Als er heimkommt, iſt die Kriſis vorüber.
Von freudiger Rührung überwältigt, umarmt er die Gerettete —
nd empfängt dabei ſelbſt den Keim des Todes. Kurz darauf er-
rankt er. Tagelang liegt er im Fieber. Seine Phantaſie führt
ihn aufs Schlachtfeld, wo er ſiegesfreudig mitzukämpfen wähnt,
bald gegen den Feind, bald gegen ſeine körperliche Natur, die
gegen ſein höheres Geiſtiges im Aufruhr ſei. In einem der letzten
lichten Augenblicke erfährt er zu ſeiner innigen Freude, daß
Blücher über den Rhein gegangen ſei. Am 29. Januar 1814 iſt
Fichte geſtorben.

In Fichtes Perſönlichkeit walten zwei Grundtriebe,
die ſich ſelten — zumal in ſolcher Stärke — beiſammen finden:
das tiefe Bedürfnis nach theoretiſcher Erkenntnis, ja ab-
ſtrakteſter Spekulation, und anderſeits ein ungeſtümer Drang nach
praktiſcher Betätigung, nach Wirkung auf die Mitmenſchen.
„Ich ſelbſt habe zum Gelehrten von métier," ſchreibt der 28jährige
an ſeine Braut, „ſo wenig Geſchick als möglich. Ich will nicht bloß
denken; ich will handeln". Und mit gleicher Wahrheit kann er
von ſich ſagen, daß er eine „entſchiedene Liebe zu einem ſpekula-
tivem Leben" habe, und doch wieder von ſich bekennen: „Ich habe
nur eine Leidenſchaft, ein Bedürfnis...: das außer mir zu
wirken!" Dieſe beiden ſcheinbar entgegengeſetzten Triebe be-
dingen aber bei Fichte nicht innere Zerriſſenheit, Zwieſpältigkeit,
unſicheres Schwanken. Er iſt nicht in dem Sinne eine grübleriſche
Natur, daß die Reflexion bei ihm je den Willen gelähmt, das
Handeln unentſchieden gemacht hätte. Ja, in letzter Linie dient
bei ihm alle philoſophiſche Spekulation dem Handeln. Es
kennzeichnet ihn tief, daß er am Freiheitsproblem ſeine grund-
legende philoſophiſche Ueberzeugung erringt. Solange ihm die
deterministiſche Lehre von der Notwendigkeit alles Handelns unwiderleglich ſcheint, bedeutet ihm das einen Zwieſpalt zwiſchen dem
ſcheinbaren Ergebnis theoretiſcher Einſicht und dem unausrott-
baren Drang nach eigenſter, freieſter Wirkſamkeit. Wie tief er
unter dieſem Zwieſpalt gelitten, erkennt man daran, daß die
Kantſche Philoſophie, die ihn auch theoretiſch von der Freiheit
überzeugte, geradezu Erlöſung und Beſeligung für ihn bedeutete.
Es bleibt nun ein Grundzug ſeines geſamten Philoſophierens, die
Freiheit und ſchöpferiſche Wirkſamkeit des Geiſteslebens zu

predigen. Der Geiſt iſt nicht abhängig oder auch nur eingeſchränkt
durch eine gegebenen ungeiſtige Wirklichkeit, vielmehr iſt er berufen und imſtande, alles bloß Tatſächliche ſeinen ſittlichen Ideen
entſprechend zu geſtalten. Die Erziehung zum Handeln aus
freieſter Geiſtigkeit heraus iſt ihm darum der Sinn aller Pädagogik. Die Wertideen aber, in deren Dienſt er ſein Leben ſtellt,
ergreifen ihn mit der ganzen Gefühlsgewalt religiöſer Macht. Das
ſchöpferiſche, ins Unendliche empor dringende Geiſtesleben, in dem
er den Weſensgehalt alles Wirklichen ſchaut, erlebt er als ein
göttliches; aus ihm glaubt er den Antrieb, die Miſſion empfangen
zu haben, als ſittlich religiöſer Reformator aufzutreten.

Zum Wirken nach außen brachte nun freilich Fichte wenig mit
von praktiſchem, techniſchem, organiſatoriſchem Geſchick, von diplo-
matiſcher Klugheit, von der Fähigkeit, die Menſchen zu nehmen,
wie ſie ſind, und ſie doch in den Dienſt der eigenen Zwecke zu
ſtellen: das einzige Mittel des Wirkens war ihm (abgeſehen von
dem perſönlichen Beiſpiel) ſeine Rednergabe, die Kraft des
geſprochenen Wortes. Unermüdlich und durch planmäßige Uebung
hat er dieſe Naturgabe an ſich ausgebildet. Er iſt darum aber nie
ein Rede „künſtler" geworden. Ueberhaupt ſpielt die Kunſt in
ihren mannigfachen Geſtalten in ſeinem Leben ſo gut wie keine
Rolle. Der Sinn fürs Erhabene iſt ihm eigen, aber der Sinn fürs
Schöne tritt kaum hervor. Auch von ſeiner Art, zu reden, erzählt
ſein Schüler Forberg[1]: „Er ſpricht nicht ſchön, aber ſeine Worte
haben Gewicht und Schwere... Sein öffentlicher Vortrag rauſcht
daher wie ein Gewitter, das ſich ſeines Feuers in einzelnen
Schlägen entladet; er erhebt die Seele, er will nicht bloß gute, ſondern große Menſchen machen; ſein Auge iſt ſtrafend, ſein Gang
trotzig, er will durch ſeine Philoſophie den Geiſt des Zeitalters
leiten, ſeine Phantaſie iſt nicht blühend, aber energiſch und mächtig,
ſeine Bilder nicht reizend, aber kühn und groß. Er bringt in die
tiefſten Tiefen des Gegenſtandes und ſchaltet im Reich der Begriffe mit einer Unbefangenheit, welche verrät, daß er in dieſem
unſichtbaren Lande nicht bloß wohnt, ſondern herrſcht."

Dieſes ſouveräne Schalten im Reich der Begriffe ſtellte an ſeine
Hörer hohe Anforderungen. Das gilt zum Teil auch für ſeine
populären Reben. Jean Paul führt einmal ein Zitat aus
Fichte mit den Worten ein: „Fichte ſagt populär, und eben darum
unverſtändlich."

---

[1] „Fragmente aus m. Papieren" (Jena 1790); angeführt bei K. Fiſcher.
S. 127.

Wenn er gleichwohl als Redner ſo gewaltig gewirkt, ſeine Zuhörer tiefinnerlich gepackt, fortgeriſſen und begeiſtert hat, ſo war
es die Glut des Gefühls, die Wucht der Leidenſchaft, die ſeine
Worte beſeelte, endlich die Lauterkeit der ganzen Perſönlichkeit,
die verwirklichte, was ſie lehrte. Auch als akademiſcher Lehrer
wollte er nicht lediglich unterichten, die Köpfe aufhellen, ſondern
die Herzen packen, die Menſchen beſſern und bekehren. Zwar iſt
es ihm nie darum zu tun, bloße Gefühle in ſeinen Hörern wach-
zurufen, lediglich auf die Stimmung zu wirken. „Bei mir,“ ſagt
er einmal, „geht die Bewegung des Herzens nur aus vollkommener
Klarheit hervor, es kann nicht fehlen, daß die errungene Klarheit
zugleich mein Herz ergreift.“ Damit iſt aber auch zugleich geſagt,
daß ſeine Philoſophie ſelbſt nicht nur Sache des Kopfes, ſondern
auch Sache des Herzens war, daß ſich ihm am Lichte des Gedankens das Feuer des Gefühls, der Leidenſchaft entzündete.
Seine philoſophiſchen Anſichten waren ihm Ueberzeugungen, die
ſeine ganze Perſönlichkeit durchdrangen, für die er mit Leidenſchaft
eintrat und mit Leidenſchaft die anderen zu gewinnen ſuchte. Er
war nicht nur Denker und Lehrer, er war auch Bekenner; er war
Bekenner von der Unerſchütterlichkeit der Ueberzeugung, wie ſie
aus Luthers Wort ſpricht: „Hier ſteh’ ich, ich kann nicht anders!“
„Sie ſagen,“ ſchreibt er einmal an Reinhold, „der Philoſoph ſolle
denken, daß er als Individuum irren könne, daß er als ſolcher von
anderen lernen könne und müſſe. Wiſſen Sie, lieber Reinhold,
welche Stimmung Sie da beſchreiben: die eines Menſchen, der in
ſeinem ganzen Leben noch nie von etwas überzeugt war!“

Ueberzeugungen von ſolcher Tiefe und Kraft mußten aber nicht
nur in Rede und Schrift, ſie mußten auch in ſeiner ganzen
Lebensgeſtaltung zum Ausdruck kommen. Nie hat Fichte
eine Moral gepredigt, die er nicht ſelbſt zu üben aufs ernſteſte be-
fliſſen war. Der tiefſte Grund ſeiner erzieheriſchen Wirkung auf
die Jugend, ja auf die Nation, lag darin, daß er unermüdlich an ſich
ſelbſt erzog. Schon von früheſter Jugend an finden wir ihn ringend
mit dem Ungeſtüm ſeines Strebens, der Leidenſchaftlichkeit ſeines
ganzen Weſens. In ihm war „viel Chaos“ (um ein Wort Nietzſches
anzuwenden); „ſein Grundcharakter war die Ueberkraft“, wie ſein
Arzt und Freund Hufeland geſagt hat. Leicht iſt ihm darum der
Kampf mit der eigenen Natur nicht geworden, und voller Sieg iſt
ihm wohl nie beſchieden geweſen. Man verſteht es, daß manche
ſeiner Zeitgenoſſen, auch geiſtig und ſittlich hochſtehende, hart über
ihn geurteilt haben. Der geniale Juriſt Anſelm Feuerbach

(1775—1833), ein Schüler Reinholds, ſpäter Profeſſor in Jena,
ſchreibt kurz vor dem Ausgang des Atheismusſtreites einem
Freunde: „Ich bin ein geſchworener Feind von Fichte, als einem
unmoraliſchen Menſchen, und von ſeiner Philoſophie, als der ab-
ſcheulichſten Ausgeburt des Aberwitzes, die die Vernunft ver-
krüppelt und Einfälle einer gährenden Phantaſie für Philoſophie
verkauft.“ „Daß du von dieſem Urteil über Fichte nichts bekannt
werden läſſeſt, bitte ich dich angelegentlichſt. Es iſt gefährlich, mit
Fichte Händel zu bekommen. Er iſt ein unbändiges Tier, das
keinen Widerſpruch verträgt, und jeden Feind ſeines Unſinns für
einen Feind ſeiner Perſon hält. Ich bin überzeugt, daß er fähig
wäre, einen Mahomet zu ſpielen, wenn noch Mahomets Zeit wäre,
und mit Schwert und Zuchthaus ſeine Wiſſenſchaftslehre einzuführen, wenn ſein Katheder ein Königsthron wäre.“[1]

Mag hier ein perſönlicher Gegner in zorniger Stimmung
manches verzerrt geſehen und übertrieben haben, mag insbeſondere
das Urteil über Fichtes Philoſophie ungerecht ſein: überſtarkes
Selbſtbewußtſein, rückſichtsloſe Schärfe im Kampfe gegen perſön-
liche und ſachliche Gegner, ein gewaltiger „Wille zur Macht“ tritt
tatſächlich im Leben Fichtes wie in ſeinen Schriften unverkennbar
hervor. Auch Goethe,[2] der ihn wahrhaftig mit den günſtigſten Er-
wartungen empfing und anfangs freundſchaftlich mit ihm ver-
kehrte, zog ſich allmählich enttäuſcht von ihm zurück. Dazu mochte
beitragen, daß auch Goethe die Wiſſenſchaftslehre, von der er ſich
viel verſprochen, nicht verſtanden hat, wie gelegentliche Witzeleien
beweiſen. Daß tatſächlich Goethe Fichtes Welt und Lebensauf-
faſſung ſehr nahe ſtand, beweiſen Sätze wie die folgenden aus
„Wilhelm Meiſters Lehrjahren“ (B. VI): „Des Menſchen größtes
Verdienſt bleibt wohl, wenn er die Umſtände ſo viel als möglich
beſtimmt und ſich ſo wenig als möglich von ihnen beſtimmen
läßt. Das ganze Weltweſen leigt vor uns wie ein großer
Steinbruch vor dem Baumeiſter, der nur dann den Namen
verdient, wenn er aus dieſen zufälligen Naturmaſſen ein
ſeinem Geiſt entſprungenes Urbild mit der größten Oekonomie,
Zweckmäßigkeit und Feſtigkeit zuſammenſtellt. Alles außer uns
iſt nur Element, ja ich darf wohl ſagen, auch alles an uns; aber
tief in uns liegt dieſe ſchöpferiſche Kraft, die das zu erſchaffen ver-

---

[1] Leben und Wirken A. von Feuerbachs, hg. v. Ludw. Feuerbach
(1852), Bd. I 51 f. (angeführt bei K. Fiſcher, S. 133).
[2] Vgl. E. Bergmann, Fichte und Goethe. Kant-Studien (1919),
347—56.

in Jena,
nem
nem
; der ab-
ver-
pilosophie

mag, was sein soll und uns nicht ruhen und raften läßt, bis wir es außer uns oder an uns, auf die eine oder die andere Weise dargestellt haben." Aber der tiefere Grund war, daß ihm das Gewaltsame, Schroffe, Rücksichtslose, Selbstbewußte in Fichtes Wesen nicht gefiel. Schon vor Beginn des Atheismusstreites schreibt er an Schiller (am 27. Aug. 1798): „An eine engere Verbindung mit ihm ist nicht zu denken." In dem Betragen des Lausitzer Bauernsohnes sieht er „etwas Fratzenhaftes" (an Voigt, 12. März 1800), er vermißt an ihm die „eigentliche Lebensweisheit".

er fähig
eit wäre,
te einzu-

Aber es scheint, daß gerade die bitteren Erfahrungen des Atheismusstreites auf Fichte läuternd und mäßigend gewirkt haben. Die „Bestimmung des Menschen", die im Sommer und Herbst 1799 verfaßt wird, ist — zumal in ihrem 3. Teil, der die Ueberschrift „Glauben" trägt — Zeugnis einer abgeklärten, alles Bittere und Feindliche innerlich überwindenden religiösen Stimmung.

timmung
befondere

„Ich habe bei der Ausarbeitung meiner gegenwärtigen Schrift," schrieb er damals an seine Frau, „einen tieferen Blick in die Religion getan als noch je.... Glaube mir, daß diese Stimmung an meiner unerschütterlichen Freudigkeit und an der Milde, womit ich die Ungerechtigkeit meiner Gegner ansehe, großen Anteil hat. Ich glaube nicht, daß ich ohne diesen fatalen Streit und ohne die bösen Folgen desselben, jemals zu dieser klaren Einsicht und zu dieser Herzensstimmung gekommen wäre." Daß diese Stimmung auch wirklich sein Verhalten bestimmte, zeigt ein bemerkenswerter Vorfall, die Abwehr eines literarischen Angriffs, der für Fichte besonders bitter sein mußte. Kant ließ in der Jenaer Allgemeinen Literaturzeitung eine vom 7. August 1799 batterte Erklärung gegen die „Wissenschaftslehre" veröffentlichen, in der er diese als ein „gänzlich unhaltbares System" bezeichnete. Kant hatte höchstwahrscheinlich nie eine Schrift Fichtes gelesen und von seiner „Wissenschaftslehre" wohl nur durch andere gehört. Der 75jährige litt damals schon sehr an Altersschwäche, und er ist wohl von seiten seiner Anhänger, die zu Fichte zumeist in schroffen Gegensatz traten, zu dieser Erklärung gedrängt worden. Fichte hat darauf im Intelligenzblatt der „Allgemeinen Literaturzeitung" 1799, Nr. 122[1] dem „ehrwürdigen" Mann so ruhig und ohne alle persönlichen Spitzen geantwortet, daß der vornehm-sachliche Ton seiner Erklärung gerade bei einer solchen Kampfesnatur höchste Anerkennung verdient. Auch Goethe hat später wieder

n perfön-
acht" tritt
rkennbar

ihm ver-
zu mochte

bensauf-
iden aus

t großer
Namen
ffen ein
konomie,

ns; aber
ffen ver-

Feuerbach

---

[1] Abgedruckt bei J. H. Fichte, II., 163 f.

Messer, Fichte.

günstiger über Fichte geurteilt. Im Sommer 1810 sieht er den
Redner an die deutsche Nation zu Teplitz die Promenade herunter-
schreiten und spricht zu Zelter: „Da geht der Mann, dem wir alles
verdanken.“ Im Jahre 1817 schreibt er die Bemerkung nieder:
„Glückliche Zeit, da der treffliche Fichte, dieser kräftige und ent-
schiedene Mann, noch persönlich unter uns lebte und wirkte!“ Im
Jahre 1820 endlich trägt er in den „Tag- und Jahresheften ein:
„Er war eine der tüchtigsten Persönlichkeiten, die man je gesehen,
und an seinen Gesinnungen in höherem Betracht nichts aus-
zusetzen.“

Wenn man daran denkt, wie nachhaltig das verklärte Bild
seiner Persönlichkeit auf unser Volk gewirkt hat und noch wirkt,
so erscheint es wie eine Prophezeiung, daß man als Inschrift für
sein Grabmal das Wort aus dem Buche Daniel (12,3) gewählt hat:
„Die Lehrer aber werden leuchten, wie des Himmels Glanz, und
die, so viele zur Gerechtigkeit weisen, wie die Sterne immer und
ewiglich.“

II. Kapitel.

Die philosophischen Grundanschauungen Fichtes.
„Seine Wissenschaftslehre“.[1]

Die Grundgedanken von Fichtes „Wissenschaftslehre“ sind
keimhaft zuerst in der kritischen Besprechung des „Aenesi-
deums“ (Sämtl. Werke I 3—25 s. ob. S. 11 f.) enthalten. Soll
Kants Philosophie zu einem geschlossenen System umgebildet
werden, so ist von einem obersten Prinzip auszugehen. Aber dieses kann nicht (wie Reinhold meinte), als eine Tat s a c h e , sondern muß als eine Tat h a n d l u n g gedacht werden (I 8). Jede
Tatsache setzt das Bewußtsein, das Ich, voraus. Dies aber ist
keine Tatsache, im Sinne einer Sache, eines Dings, eines ruhen-
den Seins, sondern es ist Leben, Tun, freies Handeln, „Tat-

---

[1] Am f a ß l i c h s t e n ist sie dargestellt in der „Bestimmung des Men-
schen“, s. u. S. 42—54. Vgl. zu diesem und den folg. Kapiteln das oben
S. 1 gen. Werk von K. Fischer; ferner: Fritz M e d i c u s , J. G. Fichte
(13 Vorlesungen) 1905; Hans H i e l s c h e r , D. Denksystem Fichtes
(Berlin, C. Curtius, ohne Jahr); Dietrich Heinrich K e r l e r , D. Fichte-
Schellingsche Wissenschaftslehre, Erläuterung u. Kritik. 1917.

andlung". Neben diesem Ich aber steht nicht etwa ein Nicht-
ch, als „ganz von ihm Unabhängiges"; mit diesem „alten Un-
g" eines „Dings an sich" muß aufgeräumt werden.[1] Damit
ntscheidet sich Fichte für den sog. Idealismus. Nach ihm sind
lle Gegenstände des Erkennens „Ideen", d. h. Bewußtseinsin-
alte, nicht „Realitäten" im Sinne von Dingen, die „an sich",
. h. ganz unabhängig von jeglichem Bewußtsein, jeder Intelligenz
ristierten. „Man denkt allemal sich selbst als Intelligenz, die
as Ding zu erkennen strebt, mit hinzu." Jegliches Ding, d. h.
lle Wirklichkeit, ist also f ü r ein Ich; ebendarum ist sie nicht
„Schein", sondern „real", da sie sich für jede Intelligenz so dar-
ellen muß (I 19 f., vgl. II 448). „Real" ist also das f ü r u n s
ristierende, nicht etwas a n s i ch Vorhandenes.

Ehe Fichte 1794 in Jena seine Vorlesungen begann, veröffent-
chte er als Vorbericht über sein System die kurze Abhandlung.
U e b e r d e n B e g r i f f d e r W i s s e n s c h a f t s l e h r e oder
er sog. Philosophie (I 27—81). Hier hat er den Namen „Wissen-
chaftslehre" (im folgenden: W. L.) für seine Philosophie zuerst
ffentlich gebraucht. Er führt darin aus: Philosophie ist zunächst
elbst Wissenschaft, d. h. ein System von Sätzen, „die in einem
.inzigen Grundsatz zusammenhängen und sich in ihm zu einem
Ganzen vereinigen" (I 38). Dieser Grundsatz muß in sich gewiß
ein. Das gilt für alle Wissenschaften. Sie alle ruhen auf Grund-
ätzen. So ist z. B. der Satz, daß alles Geschehene verursacht
st (das „Kausalprinzip"), ein Grundsatz der gesamten Natur-
vissenschaft. Man kann nun untersuchen, welches die Grund-
ätze der Einzelwissenschaften sind, wie es mit deren Gewißheit
teht; ferner wie diese Gewißheit auf die anderen Sätze über-
ragen wird. „Dasjenige, von dem man etwas weiß, heiße der
Gehalt, und das, was man davon weiß, ist die Form des Satzes"[2]
I 49). Zur Form gehört auch die Ableitung der Sätze aus dem
Grundsatz. Bei jeder Wissenschaft läßt sich fragen, wie ist ihr
Gehalt und ihre Form möglich. Die Philosophie, die diese Fragen

---

Fichte meinte, daß Kant von „Dingen an sich" nur in Anbequemung
n die populäre Auffassung und ihren „naiven Realismus" rede und
ber diese Auffassung hinausführen wolle. Jedoch hat Fichte hier seine
igenen Gedanken in Kant hineingelegt.

In dem Satz, Gold ist ein Körper, ist Gold und Körper der Gehalt,
»as man von ihnen weiß, daß sie nämlich in gewisser Beziehung gleich
eien, die Form.

aufwirst, ist deshalb als W. L. zu bezeichnen; sie ist „die Wissenschaft von einer Wissenschaft überhaupt" und damit von den notwendigen und gesetzmäßigen Handlungen des menschlichen Geistes, auf benen alles Wissen beruht (I 43).

Eine übersichtliche Darstellung seines Systems gab Fichte in der „Grundlage der gesamten Wissenschaftslehre" von 1794 (I 83—328). [1] Er erklärt diese Darstellung selbst für „höchst unvollkommen und mangelhaft", teils weil sie für seine Zuhörer bestimmt, die „Nachhilfe des mündlichen Vortrags" voraussetze, teils weil sie einer festen Terminologie entbehre.

Fichte will hier vor allem „den absolut ersten, schlechthin unbedingten Grundsatz alles menschlichen Wissens aufsuchen". „Er soll diejenige Tathandlung ausdrücken, welche ... allem Bewußtsein zum Grunde liegt und allein es möglich macht" (I 91). Er geht dabei aus von einem Satz, den jeder als gewiß ansieht. Ein solcher ist der Satz: A ist A. Das bedeutet: wenn A ist, so ist es A. Ob A ist, banach wird nicht gefragt; es kommt nicht auf den Gehalt, sondern bloß auf die Form des Satzes an. Diese Form, d. h. dieser Zusammenhang von „Wenn" und „so", ist „im Ich und durch das Ich" „schlechthin und ohne allen Grund gesetzt". Es wird also gesetzt (geurteilt), daß im Ich „etwas sei, das sich stets gleich, stets ein und dasselbe sei"; und somit kann man auch sagen: Ich = Ich; Ich bin Ich. Dieser Satz gilt nicht nur der Form, sondern auch dem Gehalt nach. In ihm ist das Ich, nicht unter Bedingung, sondern schlechthin, als gleich mit sich selbst gesetzt; der Satz läßt sich also auch ausdrücken: „Ich bin" (I 94 f.).

Dieser Satz besagt, daß zu allem Wissen ein Ich gehört, das sich als Ich (als Subjekt), und zwar stets als dasselbe („identisch") weiß. [2] Zum Wissen, zum Wesen des Wissens, gehört aber auch

---

[1] Eine Ergänzung dazu bildet der „Grundriß des Eigentümlichen der W. L. in Rücksicht auf das theoretische Vermögen v. 1795 (I 329—411).

[2] Da dies für jegliches Wissen gilt, so ist mit dem „Ich" natürlich nicht Fichte oder irgendein Individuum als solches, sondern überhaupt das Subjekt des Wissens gemeint. — Am Anfang des Philosophierens steht so für Fichte eine „Tathandlung", die der Einzelne zu vollziehen hat. Es ist also von ihm gefordert: „Setze dein Ich, werde du deiner bewußt, wolle selbständig sein, mache dich frei, und fortan sei alles, was du denkst und tust, in Wahrheit deine eigne Tat." (Vgl. K. Fischer a. a. O. S. 320.) — Uebrigens vermischt Fichte die logische Betrachtung des Inhalts von Sätzen mit der psychologischen der Akte, wodurch Sätze

ets etwas Gewußtes, das als Objekt dem Subjekt, als Nicht-
ch dem Ich entgegengesetzt wird. Davon zeigt sich eine zweite
rundlegende „Tathandlung", das Entgegensetzen, die Ver-
einung. Somit gilt als zweiter Grundsatz alles menschlichen
issens: das Ich setzt dem Ich schlechthin ein Nicht-Ich entgegen
104).

Dies Nicht-Ich wird aber selbst im Ich, d. h. in dem mit sich
dentischen Bewußtsein, gesetzt. „Außer" dem Ich (dem Bewußt-
ein, dem Wissen), gibt es ja nichts. Ein außerbewußtes „Ding
n sich" ist nach Fichte ein absurder Gedanke. Die Welt ist
nser Weltbewußtsein. Sind nun Ich und Nicht-Ich ursprüng-
che, aber entgegengesetzte „Produkte ursprünglicher Handlun-
en des Ich", und sollen sie sich nicht gegenseitig aufheben, so
üssen sie sich wenigstens „gegenseitig einschränken" (I 107 f.).
Etwas einschränken heißt: die Realität derselben durch Negation
cht gänzlich, sondern nur zum Teil aufheben. Mithin liegt im
egriffe der Schranke, außer dem der Realität und der Nega-
on[1], noch der der Teilbarkeit (der Quantitätsfähigkeit
erhaupt, nicht eben einer bestimmten Quantität). In diesem
egriffe offenbart sich eine dritte „Tathandlung", die sich in dem
atze aussprechen läßt: „Ich setze im Ich dem teilbaren Ich ein teil-
ares Nicht-Ich entgegen" (I 110).

Was immer wir dem Ich entgegensetzen, sei es, daß wir von unserem Subjekt unsere Mitmenschen oder unseren Körper oder die
Außenwelt unterscheiden, oder daß wir einen uns fremden Gegenstand untersuchen usw., stets gehört doch auch das, was wir
uns jeweils entgegensetzen oder zum Forschungsobjekt machen, zu
unserem Bewußtsein, also zum „Ich" (im Sinne des ersten Grundsatzes); es ist nicht „Ding an sich". In diesem „Ich", das schlechthin oberste, absolute Voraussetzung ist, also vollzieht sich wiederum
die Entgegensetzung von Ich (in engerem Sinne) und Nicht-Ich
(zweiter Grundsatz), und dabei ist der Umfang dessen, was wir
jeweils zum Ich und zum Nicht-Ich rechnen, verschieden; die beiden Sphären sind also „quantitätsfähig" (I 108) oder wie Fichte

---

gedacht werden. Ferner ist: im Ich gesetzt sein, soviel wie gedacht sein.
Aber nicht soviel wie „existieren". Endlich folgt aus Ich = Ich nicht:
Ich bin. Sonst folgte auch aus: Engel = Engel, daß Engel existierten.
Aus der mit dem Satz A = A gegebenen Tathandlung des Setzens folgt
nicht „jenes mystische Gott und Welt in sich fassende Ichwesen" (Kerler
a. a. O. S. 230).

[1] Diese beiden Grundbegriffe (Kategorien) sind durch die beiden ersten
Tathandlungen (das „Setzen" und das „Entgegensetzen") erzeugt.

auch (weniger treffend) sagt: „teilbar". So kann man z. B. jede
Entdeckung oder jede Erfindung, indem sie Wissen oder Macht
des Ich mehrt, als eine Erweiterung des Ich und Einschränkung
des Nicht-Ich auffassen. Ich und Nicht-Ich teilen sich also gleichsam in die Welt. „Welt" aber ist nach Fichte nichts Außerbewußtes, kein „Ding" an sich, sondern Bewußtsein, absolutes
Ich (sofern dieses alles Wissen und allen Wissensinhalt mit-
umfaßt).

Die wechselseitige Bestimmung von Ich und Nicht-Ich besteht
sowohl darin, daß das Ich sich als bestimmt durch das Nicht-
Ich, als auch darin, daß es sich als das Nicht-Ich bestimmend
setzt. Jenes begründet den theoretischen, dies den praktischen Teil
der W. L. Das „theoretische Ich" ist der Mensch, sofern er erkennt, das praktische, sofern er sich sittlich betätigt. Da es hier
nur auf das allgemeine Wesen des theoretischen und praktisch-
sittlichen Verhaltens überhaupt ankommt, so kann Fichte zunächst
noch von den individuellen Ichen absehen und vom Ich schlechthin
reden.

Fichtes (regressive) Methode stimmt mit der Kants überein.
Die Tathandlungen sind es, die nach ihm das Ich (d. h. das Selbst-
bewußtsein) möglich machen, wie bei Kant das a priori (d. h. die
Voraussetzung von Raum, Zeit, Ursächlichkeit usw.) es ist, das die
Erfahrung ermöglicht.

Die „Erfahrung" ist, also gelten auch deren apriorische
Bedingungen: so schließt Kant. Das „Ich" ist, also gelten die
Tathandlungen, die es möglich machen: so argumentiert Fichte,
wobei er noch auf das Ich als Voraussetzung aller Erfahrung
(über Kant) zurückgeht.

Der Gang durch Setzung (Thesis), Entgegensetzung (Antithesis)
und Vereinigung von Gegensätzen (Synthesis), wie er in der Ableitung der drei ersten Grundsätze sich zeigt, ist für die Methode
Fichtes (und Hegels) überhaupt charakteristisch.

Ohne das Nicht-Ich würde das Ich sich seiner selbst nicht bewußt werden; es ermöglicht erst das Selbstbewußtsein. Aber wozu
es sich seiner bewußt werden muß, ist theoretisch nicht einzusehen; das theoretische Ich bedarf dazu eines „Anstoßes"[1], d. h.

---

[1] Dieser „Anstoß" ist ebensowenig wie das „Setzen" zeitlich gemeint. Alle diese Ausdrücke und Ausführungen beziehen sich auf das
Wesen des Bewußtseins (das wir ohne Zeitbestimmung denken). Es
soll klar gemacht werden: was ist eigentlich Bewußtsein? Dabei bleibt
ganz außer Betracht, wann und wie oft es tatsächlich vorkommt.

ines außertheoretischen Grundes oder vielmehr Zweckes. Dieser liegt im praktischen Ich, das als Streben zum Unendlichen zu denken ist. Streben fordert seinem Wesen nach Widerstand; das praktische Ich braucht also ein Nicht-Ich, eine Welt, mit der es erfolgreich ringt, ohne sie je ganz zu besiegen oder zunichte zu machen. Der Sinn des Lebens für das einzelne Ich aber ist es, frei in den Dienst dieses unendlichen Strebens des Ich sich zu stellen.

Fichte hat den wesentlichen Gehalt seiner W. L. stets festgehalten. Aber er hat im einzelnen manches geändert; er hat sich z. B. auch in späteren Darstellungen der Ausdrücke „Ich", „Nicht-Ich", „Anstoß" nicht mehr bedient. Er betonte, daß sich seine Gedanken „auf unendlich verschiedene Weise ausdrücken ließen".

Der Versuch einer neuen Darstellung der W. L. (die aber nicht über den Anfang hinaus gekommen ist) enthält die sog. „Erste Einleitung in die W. L." (von 1797, I 417—449).

Als Hauptaufgabe der Philosophie bezeichnet Fichte es hier, den Grund aller — äußeren und inneren — Erfahrung anzugeben (I 423). Dieser Grund muß außerhalb der Erfahrung liegen. Aus ihr erheben wir uns, wenn wir durch Freiheit des Denkens das trennen, was in aller Erfahrung verbunden ist; das Ding, nach dem unsere Erkenntnis sich richten, und die Intelligenz[1], welche erkennen soll.

Es gibt nur zwei Typen des Philosophierens: entweder man sieht ab von der Intelligenz und sucht aus dem Ding, das man als „Ding an sich"[2] faßt, die Erfahrung zu erklären; dies ergibt „Dogmatismus (am reinsten bei Spinoza).[3] Oder man erklärt die Erfahrung aus der „Intelligenz". Das ist „Idealismus" (wie er — nach Fichte — vorbildlich in Kants System vorliegt).[4]

---

[1] Dieser Zweiheit entspricht das Nicht-Ich und das Ich der früheren Darstellung.

[2] D. h. als etwas ohne Beziehung auf eine Intelligenz, ein Ich.

[3] Vgl. m. Geschichte d. Philosophie, Bd. II. 3. Aufl. 1918.

[4] In einer Schrift aus dem J. 1795 (Vergleichung des von Hrn. Prof. Schmid aufgestellten Systems mit d. W. L. II 421—58) hat Fichte dargelegt, wie er diesen „Idealismus" auffaßt: In der absoluten Identität von Subjekt und Objekt besteht das Ich. Ich ist dasjenige, was nicht Subjekt sein kann, ohne in demselben Akt Objekt zu sein. Aus dieser Identität geht die ganze Philosophie hervor. „Durch sie wird der kritische Idealismus gleich zu Anfang aufgestellt, die Identität der Idea-

Keines dieser Systeme kann das andere widerlegen.

Denn jedes bestreitet dem anberen seine oberste Voraussetzung. Der Dogmatiker leugnet, daß das Freiheitsbewußtsein eine wirklich frei handelnde Intelligenz bekunde; er hält es für Illusion. Er ist Fatalist, ja Materialist. Er hat nur Verständnis für die handgreifliche dingliche Welt mit ihrer durchgehenden Notwendigkeit. Der Idealist dagegen bestreitet, daß man sinnvoll von einem „Ding an sich", einem Objekt ohne Subjekt reden kann, und er leitet die Erfahrung nicht aus einem „Ding an sich", sondern aus einer freien Intelligenz[1] ab.

Der Streit zwischen den beiden Systemen dreht sich eigentlich darum, „ob der Selbständigkeit des Ich die Selbständigkeit des Dinges oder umgekehrt der Selbständigkeit des Dinges die des Ich aufgeopfert werden soll" (I 432).

Man hat neuerdings[2] den Unterschied von Intelligenz und Ding an sich als den von „Person" und „Sache" bezeichnet. Den Menschen, „die sich noch nicht zum vollen Gefühl ihrer Freiheit und absoluten Selbständigkeit erhoben haben" (I 433), neigen dazu, alles — auch sich selbst — für dinglich, für sachlich zu halten. „Die meisten Menschen (sagt F. schon in der W. L. von 1794, I 175) würden leichter dahin zu bringen sein, sich für ein Stück Lava im Monde als für ein Ich zu halten." Tatsächlich aber ist das Ich, die Vernunft, dasjenige, was nie objektiv, nie als Ding, als Sache aufgefaßt werden kann. „Wer seiner Selbständigkeit und Unabhängigkeit von allem, was außer ihm ist, sich bewußt ist ... der bedarf der Dinge nicht zur Stütze seines Selbst." „Das Ich, das er besitzt und welches ihn interessiert, hebt seinen Glauben an die Dinge auf; er glaubt an seine Selbständigkeit aus Neigung, ergreift sie mit Affekt."

---

lität und Realität; der kein Idealismus ist, nach welchem das Ich n u r als Subjekt, und kein Dogmatismus, nach welchem es nur als Objekt betrachtet wird" (1452). Die W. L. ist in diesem Sinne k r i t i s c h e r Idealismus. Denkt man das Ich als Objekt, so hat man die Dinge (was Kant die Anschauung nennt), denkt man es als Subjekt, so hat man den Begriff. Die W. L. stellt das Ich als Subjekt und Objekt zugleich auf, läßt sonach Anschauung und Begriff zugleich entstehen, d. h. macht erkennbar, daß beides Eins ist, nur von verschiedenen Seiten angesehen (II 444). (Man sieht aus der Stelle auch, daß Identität hier nicht Dieselbigkeit, sondern Zusammengehörigkeit bedeutet.)

[1] Die frühere Formulierung war: aus den Tathandlungen eines absoluten Ich.

[2] So W. S t e r n , Person und Sache I 1906.

So wurzelt die Entscheidung zwischen dogmatischer und idealistischer Philosophie in der Tiefe der Persönlichkeit.[1] „Was für eine Philosophie man wähle, hängt sonach davon ab, was man für ein Mensch ist: denn ein philosophisches System ist nicht ein toter Hausrat, den man ablegen oder annehmen könnte, wie es uns beliebte, sondern er ist beseelt durch die Seele des Menschen, der es hat. Ein von Natur schlaffer oder durch Geistesknechtschaft, gelehrten Luxus und Eitelkeit erschlaffter und gekrümmter Charakter wird sich nie zum Idealismus erheben" (I 434).

In der „Zweiten Einleitung in die W. L." (vom Jahre 1797; I 451—518) spricht sich Fichte über die Erkenntnisquelle der Philosophie näher aus.

Wir hörten früher (S. 34) von „Tathandlungen des Ich" (d. h. der Intelligenz, der Vernunft). Die W. L. will das ganze System dieser Tathandlungen darstellen. Sie will dadurch den vernunftnotwendigen Zusammenhang aufweisen, der zwischen den Grundleistungen des Geisteslebens (und damit der Kultur) besteht. Der Philosoph muß dazu seine Vernunft in zweckmäßige Tätigkeit versetzen, „dieser Tätigkeit zusehen, sie auffassen und als Eins begreifen" (I 454). „Dieses dem Philosophen angemutete Anschauen seiner selbst im Vollziehen des Aktes, wodurch ihm das Ich und mit ihm die Welt der Erfahrung entsteht, nenne ich intellektuelle Anschauung.[2] Sie ist das unmittelbare Bewußtsein, daß ich handle und was ich handle: sie ist das, wodurch ich etwas weiß, weil ich es tue. Daß es ein solches Vermögen der intellektuellen Anschauung gibt, läßt sich nicht durch Begriffe demonstrieren. Jeder muß es unmittelbar in sich kennen lernen" (I 413).

In der intellektuellen Anschauung erfasse ich mich als absolut selbsttätig, als frei, als nicht kausal bestimmt. Was verbürgt mir aber die Untrüglichkeit dieser Anschauung? Das Sittengesetz; denn durch das wird dem Ich „ein absolutes, nur in ihm und schlechthin in nichts anderem begründetes Handeln angemutet und

---

[1] Freilich scheitert der Dogmatismus auch daran, daß er aus seinem Prinzip (dem Ding an sich) nicht die Erkenntnis erklären kann. Also kann er auch sich selbst nicht erklären, da er doch ein Erkenntnissystem sein will.

[2] Kant hatte darunter das Vermögen verstanden, Dinge an sich unmittelbar (ohne Vermittlung der Sinne) anzuschauen — ein Vermögen, das er dem Menschen absprach. Für F. ist eine „i. A." in diesem Sinne undenkbar, weil er überhaupt „Dinge an sich" leugnet.

es sonach als ein absolut Tätiges charakterisiert". Wäre ich bloß Ding unter Dingen, kausal bestimmte „Sache", wie der Dogmatismus meint, so wäre ich der Sittlichkeit unfähig. Die intellektuelle Anschauung und die darauf sich bauende Philosophie, der „transzendentale Idealismus" ist demnach „die einzig p f l i c h t m ä ß i g e Denkart". „Ich s o l l in meinem Denken vom reinen Ich ausgehen und dasselbe selbsttätig denken, nicht als bestimmt durch die Dinge, sondern als die Dinge bestimmend ... Was meinem Handeln entgegensteht — etwas entgegensetzen muß ich ihm, denn ich bin e n d l i c h — ist die s i n n l i c h e, was durch mein Handeln entstehen soll, ist die i n t e l l i g e n t e Welt"[1] (I 467). Diese letztere ist also nicht eine schon vorhandene, etwa hinter der sinnlichen Welt verborgene Wirklichkeit, sondern die von uns zu schaffende Welt des Wertvollen, der Ideale. —

Am verständlichsten und in packendster, geradezu dramatischer Form hat Fichte seine Grundanschauungen in der Schrift „D i e B e s t i m m u n g d e s M e n s c h e n" (1800. II 165—319) zur Darstellung gebracht. Man erlebt mit ihm den quälenden Z w e i f e l, ja die Verzweiflung, in die er während seiner Jugend durch die naturalistisch - deterministische Denkweise mit ihrer Leugnung der Freiheit geraten war, man fühlt nicht minder mit ihm die innere Erhebung und Beseligung, die er der Kantschen Philosophie verdankte, dadurch, daß sie ihn die Schranken des W i s s e n s erkennen läßt und ihm den Weg frei macht zum G l a u b e n an die Freiheit und die erhabene sittliche Bestimmung der Menschen. „Zweifel", „Wissen', „Glauben" heißen die drei Teile der Schrift.

Woher der Z w e i f e l? Aus der einseitigen Versenkung in das n a t u r wissenschaftliche Denken. Alles in der Natur faßt es als streng bestimmt, den Eigenschaften, dem Grade nach. Auch aller Wechsel der Bestimmungen, d. h. alles Geschehen, ist völlig bestimmt und insofern notwendig und unfrei. Ich selbst bin ein Glied in der Kette der Naturdinge und also ebenfalls unfrei. Die Zeit meines Entstehens, die Eigenschaften, mit denen ich entstehe, die Bedingungen und Einflüsse, unter denen ich aufwachse, alles ist ohne mein Zutun bestimmt. Ich m u ß in jedem Augenblick meines Daseins so sein und so haubeln, wie es wirklich der Fall ist. Ich bin das Erzeugnis von Naturkräften wie Pflanzen und Tiere. (II 169—183.)

---

[1] Damit ist der Grundgedanke der Sittenlehre ausgesprochen (vgl. u.).

Zwar fühle ich mich in meinem unmittelbaren Selbstbewußtsein als frei. Und dies ist wohl erklärlich. Ich bin Produkt einer ursprünglichen selbständigen Naturkraft und diese ist frei, sofern sie sich frei von Hemmungen auswirkt. Aber genau diese Freiheit besitzt auch der Baum, der ungehindert wachsen kann, wie es seiner Naturkraft entspricht — im Gegensatz etwa zu einem Spalierobstbaum, dessen Zweige man an Stäbe bindet. Das unmittelbare Freiheits g e f ü h l enthüllt sich aber als Täuschung vor meinem D e n k e n, wenn sich dieses auf die Natur im G a n z e n richtet; dabei erweist sich, wie wir sahen, Freiheit als unmöglich. (II 183 f.)

Die klare Einsicht in den festen Zusammenhang, in die umfassende Ordnung, die in der ganzen Natur waltet, befriedigt meinen Verstand in hohem Grade. Er erklärt mir auch mich selbst. Ich bin kein Frembling in der Natur. Diese stellt einen Stufenbau dar, der im Menschen gipfelt, insofern die Natur im Menschen zum Bewußtsein gelangt, und zwar in jedem Individuum in besonderer Weise. »Dieses Bewußtsein aller Individuen zusammengenommen macht das vollendete Bewußtsein des Universums von sich selbst aus.« Alles Denken und Erkennen des Menschen erklärt sich aus seiner individuellen Beschaffenheit und aus seinem besonderen Standpunkt in der Natur, ebenso all sein Wollen und die Erlebnisse s i t t l i c h e r Art. Die Naturkräfte unseres Innern kommen als Neigungen oder Begierden uns zum Bewußtsein. Diejenigen, die uns mit den Tieren gemeinsam sind, können wir als die „niederen" bezeichnen; die wir vor ihnen voraus haben, als die „höheren". „Sittlich gut" ist, was dem Begehren unserer g e s a m t e n Natur entsprach. Einzelne —zumal niedere — Begehrungen können damit in Widerstreit geraten; siegen sie, so entsteht das Böse. Was jeweils siegt, siegt notwendig. Also Tugend und Laster der Menschen sind durch den gesetzmäßigen Zusammenhang der Welt unwiderruflich bestimmt. Deshalb besteht doch ihr Wertunterschied: Tugend bleibt „Tugend", Laster „Laster", wenn sie auch naturnotwendig sind. Der Tugendhafte ist eben ein Mensch von edler Natur. Auch die Erlebnisse des „Gewissens- und der „Reue" lassen sich erklären; sie entstammen dem Bewußtsein unserer höheren Natur, des eigentlich „menschlichen" Strebens. „Nur die Begriffe Verschuldung und Zurechnung haben keinen Sinn, außer den für das äußere Recht. Verschuldet hat sich derjenige, und ihm wird sein Vorgehen zugerechnet, der die Gesellschaft nötigt, künstliche äußere Kräfte

anzuwenden, um die Wirksamkeit seiner der allgemeinen Sicherheit nachteiligen Triebe zu verhindern."

Durch alle diese Einsichten wird mein Handeln nicht anders.
„Denn ich „handle" ja überhaupt nicht, sondern in mir „handelt"
die Natur. Ich werde, wozu sie mich bestimmt hat. Also ist es
wohl das Beruhigendste, alle meine Wünsche der Natur zu unterwerfen. (II 183—190.) —

Wenn nur diese widerstrebenden Wünsche nicht wären! Denn
was soll ich mir länger verhehlen, daß dies Gesamtergebnis meines
naturwissenschaftlichen Denkens mich mit Wehmut, Abscheu, Entsetzen erfüllt, dem Zweck und Sinn meines Daseins widerspricht!

Und was ist es, das mich daran so abstößt? Daß ich naturnotwendig bestimmt sein soll, ein Weiser und Guter oder ein
Tor und Lasterhafter zu sein! Daß ich unfähig sein soll daran
etwas zu ändern! Daß ich keine Schuld haben soll!

Aber „ich selbst, dasjenige, dessen ich mir als meiner selbst, als
meiner Person bewußt bin . . . ich selbst will selbständig, —
nicht an einem anderen und durch ein anderes, sondern für mich
selbst etwas sein; und will als solches, selbst der letzte Grund
meiner Bestimmungen sein". ((II 191.) Ich will nicht einfach gemacht und bestimmt sein durch Aeußeres. Ich will frei in meinem
Denken entworfene Zweckbegriffe mit Freiheit wollen, und dieser Wille als schlechthin letzter, höchster Grund soll zunächst meinen
Körper und vermittelst dessen die umgebende Welt beeinflussen.
Ich will der Herr der Natur sein, und sie soll mein Diener sein.

Es soll ein schlechthin Wertvolles, ein Gutes — aber auch ein
Böses — geben nach geistigen Gesetzen. Ich soll das Vermögen haben, dies Gute mit Freiheit zu suchen und anzuerkennen,
ebenso es zu wollen und zu tun, andernfalls soll mich Schuld
treffen.

Dies alles fordert mein sittliches Bewußtsein. Aber zu völlig
entgegengesetztem Ergebnis hat die Untersuchung geführt, die
meinen Verstand befriedigte. Wem soll ich da folgen, dem Herz
oder dem Kopfe? Das System der Unfreiheit tötet und vernichtet
mein Herz. Kalt und tot dastehen im Wechsel der Begebenheiten,
diesen nur zusehen: ein solches Dasein scheint mir unerträglich. Ich
will lieben und aus der Liebe heraus frei handeln. Aber „kalt
und frech" tritt der Naturalismus und Determinismus mir entgegen. Er spottet meiner Liebe und meines Triebes liebevoll zu
handeln. Ich handle ja nicht, in mir handelt die Natur, eine
fremde, mir ganz unbekannte Kraft. Und diese Lehre der Natur-

notwendigkeit, trocken und herzlos, aber unerschöpflich im Erklären", erklärt mir alles: mich selbst, meine Liebe, mein Interesse an Freiheit, ja schließlich meinen Abscheu gegen den Determinismus.

Für wem soll ich mich da entscheiden? Weise ich die Ver-
standserkenntnis zurück und bejahe ich die Freiheit, so erscheine
ich mir unüberlegt und töricht. Folge ich dem Verstand und
leugne ich die Freiheit, so fühle ich mich unbeschreiblich elend.
Unerträglicher Zustand der Ungewißheit und des Zweifels!
(II 190—198). —

In dieser Gewissensnot erscheint Fichte ein „Geist" — es ist der
Geist der Kantschen Philosophie. — In nächtlicher Zwiesprache
führt ihn dieser zur Einsicht in das Wesen der Natur und des
Wissens um die Natur. Und was besagt diese Einsicht? Ich setzte
bisher als selbstverständlich voraus, daß alle Dinge um mich, deren
Gesamtheit die Natur ausmacht, wirklich „außer mir" vorhanden
seien. Aber woher weiß ich das? Durch meine Sinne. Unmittelbar bin ich mir also nicht der Dinge selbst bewußt, sondern nur
meines Sehens, Tastens, Riechens usw. der Dinge. In aller Wahrnehmung nehme ich also „zunächst"[1] nur m i c h selbst und meinen
eigenen Zustand wahr (II 201); denn das rot, blau, glatt usw. sind
meine Empfindungen, also Bewußtseinsinhalte, Innenzustände.
Zwar nehme ich sie als Eigenschaften der Dinge wahr und unterscheide von ihnen die Dinge als ihre Träger. Aber wie komme ich
zur Annahme von Dingen? Doch wohl indem ich einen G r u n d
zu meinen Empfindungen hinzudenke. Mein Bewußtsein geht
indessen nie über sich hinaus und was ich für ein Bewußtsein des
Gegenstandes halte, ist nichts als ein Bewußtsein meines „Setzens
eines Gegenstandes, welches ich nach dem Gesetze meines Denkens
mit der Empfindung zugleich vollziehe. (II 213—222.)

Und zwar wird — wenn man den Sachverhalt noch zutreffender
beschreibt — das Ding nicht erschlossen und zu den Empfindungen
bloß als deren Grund hinzugedacht, sondern es stellt sich mir selbst

---

[1] Z e i t l i c h aufgefaßt, läßt sich dies „zunächst" nicht halten; denn
ehe der Mensch sich seines Sehens, Tastens usw. bewußt wird, wird er
sich der Dinge bewußt. Wohl aber wird er, wenn das kritische Denken
erwacht, auf den Gedanken kommen: ob es — von mir unabhängige —
Dinge gibt, kann ich bezweifeln, daß ich die Zustände des Sehens usw.
erlebe, kann ich nicht bezweifeln. Sie sind also das zunächst Sichere.
Die Betrachtung ist also nicht eine psychologische der E n t w i c k l u n g,
sondern eine erkenntnistheoretische der G e l t u n g der Erkenntnis.

leibhaftig dar. Es wird von mir gleichsam hinausgeschaut, so daß ich mir seiner nicht als meines Zustandes oder Erzeugnisses bewußt bin, sondern als eines Seins außer mir, daß „es mir unmittelbar vorschwebt" und „schlechthin vor meinem Bewußtsein steht". „Ich vergesse mich selbst gänzlich und verliere mich in der Anschauung; werde mir meines Zustandes gar nicht, sondern nur eines Seins außer mir bewußt", das im Grunde nichts anderes ist als die Vergegenständlichung meines Tuns. (II 222—230.)

Und welches ist der Sinn und Zweck dieses Hinausprojizierens der Dinge? Es liegt im Wesen alles Bewußtseins, daß Subjekt und Objekt sich scheiden, denn Bewußtsein heißt: ich weiß etwas. Dies „Wissen" wäre unmöglich, wenn das Ding im eigentlichen Sinne „außerhalb" des Bewußtseins wäre, ihm in keiner Weise zugehörte. Soll es also überhaupt Bewußtsein geben, so muß dieses zustande kommen durch ein Auseinandertreten von Ich und Gegenstand; durch ein Hinausschauen der Dinge in den Raum. Erst indem ich mich von den Gegenständen unterscheide werde ich Ich (II 225), aber diese Gegenstände bleiben dabei doch meine Setzungen, meine Erzeugnisse, mein „Wissen" (im Sinne von bloßem Wissens i n h a l t).

Man wird einwenden: die Dinge w i r k e n doch auf mich. Das bedeutet aber nur: dazu, daß ich gewisse Empfindungen erlebe, denke ich eine Ursache hinzu, indem ich den Dingen Kräfte beilege. Die Dinge werden also von mir nicht bloß im Raume „angeschaut", sondern auch als Kraftzentren „gedacht". Aber dies Denken ist doch m e i n Denken; ich komme über mein Bewußtsein nicht um Haaresbreite hinaus, so wenig ich über mich selbst hinwegspringen kann. Und wenn ich mir ein Ding „an sich", eine Natur „an sich" „außerhalb" meines Bewußtseins denke, so bleibt das eben doch nur — mein Gedanke.

Fassen wir das alles zusammen, so ergibt sich: alle Dinge, die ganze sog. Außenwelt ist absolut nichts weiter als ein Geschöpf unseres eigenen Vorstellungsvermögens; „die Welt ist meine Vorstellung" (wie Schopenhauer, der ja auch Fichtes Hörer gewesen ist, dies ausgedrückt hat). Sie ist „Herausschauen meiner selbst aus mir selbst" (II 229), also Selbstanschauung.[1]

---

[1] So gibt Novalis zutreffend den Grundgedanken Fichtes wieder in dem Epigramm: „Einem gelang es — er hob den Schleier der Göttin von Sais. Aber was sah er? — er sah — Wunder des Wunders! sich selbst." Freilich nicht das Einzel-Ich, sondern das „absolute Ich" ist es, das nach Fichte „in unseren Gemütern eine Welt erschafft" (II 303).

Und mit dieser Einsicht, Sterblicher (so spricht der „Geist" zu Fichte) sei f r e i, und auf ewig erlöst von der Furcht, die dich erniedrigte und quälte. Du wirst nun nicht länger vor einer Notwendigkeit zittern, die nur in deinem Denken ist; nicht länger fürchten, von Dingen unterdrückt zu werden, die deine eignen Produkte sind; nicht länger dich, den Denkenden, mit dem aus dir selbst hervorgehenden Gedachten in e i n e Klasse stellen. So lange du glauben konntest, daß ein solches System der Dinge, wie du es dir beschrieben (vgl. S. 42 f. ob.), unabhängig von dir, außer dir wirklich existiere, und daß du selbst ein Glied in der Kette dieses Systemes. sein möchtest, war diese Furcht gegründet. Jetzt, nachdem du eingesehen hast, daß alles dies nur in dir selbst und durch dich selbst ist, wirst du ohne Zweifel nicht vor dem dich fürchten, was du für dein eigenes Geschöpf erkannt hast" (II 240). —

Aber ist diese „Freiheit", diese Erlösung von dem Druck der Naturnotwendigkeit nicht zu teuer erkauft? Alle Notwendigkeit und damit meine Unfreiheit ist aufgehoben, aber auch alles Sein, alle Wirklichkeit, Realität ist verflüchtigt. Alles, was ich empfinde, räumlich anschaue, denke, soll ja b l o ß Bewußtseinsinhalt, n u r Vorstellung sein. Niemals erfaßt mein Denken eine Realität; ja, es gibt keine Wirklichkeit. Nicht bloß die Außenwelt wird zu einem wesenlosen Schatten, auch — ich selbst. Ich kann nicht einmal mehr sagen: „Ich denke." Ich selbst bin ja auch nur ein Gedanke. Man muß sagen: es denkt — und insofern man das Denken als ein Abbilden faßt, gibt es nur Bilder, aber kein Abgebildetes. „Ich weiß überall von keinem Sein, und auch nicht von meinem eigenen. Es ist kein Sein. I c h s e l b s t weiß überhaupt nicht und bin nicht. B i l d e r sind: sie sind das Einzige,

---

„Das Individuum stellt nicht vor die Welt, sondern in der Person schaut nur das eine unteilbare Ich die Welt an . . . Ein Ofen ist hier. Ich habe nicht darauf acht gehabt für meine Person; dies lassen wir gelten. Wer ist dieser Ich? Der freie, individuelle. Du darfst aber nicht sagen: weil ich den Ofen nicht bemerkt habe, darum ist er nicht und war nicht; denn wir sagen, er ist und war. Hier versetzt das urteilende Ich aus seiner Individualität sich heraus in das eine gemeinsame Ich, es tritt wieder das allgemeine Weltbewußtsein ein, welches ganz unabhängig ist von der persönlichen Selbstbestimmung zur Wahrnehmung" (Tatsachen d. Bewußtseins", 1813, N. W. I 519). Die Vielheit der Individuen wird in dieser Schrift so zu deduzieren gesucht: „Die Grundanschauung aller Wirklichkeit ist nur die Ichform. Ist nun der Grundcharakter der Wirklichkeit Mannigfaltigkeit, so ist das Ich auch ein Mannigfaltiges, und wirklich ist kein Ich als Eines, sondern es sind nur Iche" (a. a. O. 546).

was da ist, und sie wissen von sich nach Weise der Bilder: —
Bilder, die vorüberschweben, ohne daß etwas sei, dem sie vorüber=
schweben... Bilder, ohne etwas in ihnen Abgebildetes, ohne
Bedeutung und Zweck... Alle Realität verwandelt sich in einen
wunderbaren Traum ohne ein Leben, von welchem geträumt wird,
und ohne einen Geist, dem da träumt... Das A n s c h a u e n ist
der Traum; das D e n k e n, — die Quelle alles Seins und aller
Realität, die ich mir einbilde, m e i n e s Seins, meiner Kraft,
meiner Zwecke, — ist der Traum von jenem Traum" (II 245).

Voll Entsetzen verflucht Fichte bei dieser Einsicht den „Geist".
Aber dieser entgegnet ihm: Kurzsichtiger, du wolltest w i s s e n,
und wissen von deinem Wissen. Alles Wissen ist Abbilden, und
immer wird etwas gefordert, das dem Bilde entspreche. Aber das
Wissen kommt nie über sich hinaus. So ist ein System des Wissens
ein System bloßer Bilder, ohne Realität, Bedeutung, Zweck.
Wahrheit geben kann es nicht, denn es ist in sich absolut leer.
Suchst du etwas außer dem bloßen Bilde liegendes Reales, so
mußt du es mit einem anderen Organe ergreifen als mit dem
bloßen Wissen (II 246). Dies Organ ist der G l a u b e.[1]

Und was ist dieses außerhalb Liegende? Die Antwort tönt aus
dem Innersten deiner Seele: „Nicht bloßes Wissen, sondern nach
deinem Wissen T u n ist deine Bestimmung... Nicht zum
müßigen Beschauen und Betrachten deiner selbst oder zum Brüten
über andächtige Empfindungen, — nein, zum H a n d e l n bist du
da; dein Handeln und allein dein Handeln bestimmt deinen Wert"
(II 249).

Woher aber diese Stimme in meinem Innern? Sie stammt aus
meinem Freiheitstrieb, meinem „Trieb zu absoluter, unabhängiger
Selbsttätigkeit". „Nichts ist mir unausstehlicher als nur an einem
Andern, für ein anderes und durch ein anderes zu sein: ich will
für und durch mich etwas sein und werden. Diesen Trieb fühle
ich, so wie ich nur mich selbst wahrnehme; er ist unzertrennlich
vereinigt mit dem Bewußtsein meiner selbst" (II 249).

---

[1] Man kann diese für Fichte besonders bedeutsamen Gedanken auch
so ausdrücken: Das Wissen für sich ist unfähig, das eigentlich R e a l e
(das ihm mit dem W e r t v o l l e n zusammenfließt) zu ergreifen. Rea=
lität gibt es nur im Leben; Wissen ist recht eigentlich Nicht-Leben. So ist
z. B. Wissen um die Religion (also auch Religionsphilosophie), nicht Reli=
gion. Echte Religion wie auch echte Freiheit will geglaubt, d. h. erlebt
sein. (Vgl. Fr. Medicus. J. G. Fichte 1905 S. 171 f.) Die Philosophie
kann kein Leben erwecken oder andemonstrieren, sie setzt es allenthalben
voraus.

Ich soll infolge dieses Triebes als ein schlechthin selbständiges Wesen handeln. Wie ist das möglich? Ich schreibe mir das Vermögen zu, schlechthin Begriffe, Zweckbegriffe zu entwerfen, und sie, die nicht Nachbilder, sondern Vorbilder sind, durch eine reale Kraft zu verwirklichen. Hier, in meinem zweckvollen Wollen und Wirken habe ich die gesuchte Realität, mag es sich mit der Realität der Sinnenwelt wie auch immer verhalten.

Jedoch aufs neue regt sich der Zweifel: Ist denn dies mein Vermögen, Zweckbegriffe zu entwerfen und danach zu handeln, wirklich real? Ist es nicht auch bloß ein Gedanke?

Allein, wenn ich nicht überzeugt wäre, wirklich zu handeln, so wäre aller Ernst und alles Interesse aus meinem Leben vertilgt; es wäre in ein nichtiges Spiel verwandelt. Die innere Stimme aber gebietet mir, zu handeln. Soll ich ihr den Gehorsam versagen? Ich will es nicht tun. Ich will freiwillig dem Gewissensgebot folgen; will darum auf dem realistischen Standpunkt des natürlichen Denkens, des gesunden Menschenverstandes bleiben; ich will aller skeptischen Klügelei entsagen und festhalten, daß mein Handeln wirklich ist, und ebenso wirklich alles, was zum Handeln gehört. „Ich verstehe dich jetzt, erhabener Geist.” Nicht das Wissen ist das Organ, die Realität zu ergreifen. „Der Glaube ist es; dieses freiwillige Beruhen bei der sich uns natürlich darbietenden Ansicht, weil wir nur bei dieser Ansicht unsere Bestimmung erfüllen können.” „Alle meine Ueberzeugung ist nur Glaube,[1] und sie kommt aus der Gesinnung, nicht aus dem Verstande.” „Wer meine Gesinnung hat, den redlichen guten Willen, der wird auch meine Ueberzeugung erhalten” (II 253). Aus dem Gewissen allein stammt die Wahrheit, und was dem Gewissen und dem, was es fordert, widerspricht, ist sicher falsch. „Von jenem Bedürfnisse des Handelns geht das Bewußtsein der wirklichen Welt aus, nicht umgekehrt von dem Bewußtsein der Welt das Bedürfnis des Handelns: dieses ist das erste, nicht jenes; jenes ist das abgeleitete.

---

[1] „Auch ohne sich dessen bewußt zu sein, fassen die Menschen alle Realität, welche für sie da ist, lediglich durch den Glauben, und dieser Glaube dringt sich ihnen auf mit ihrem Dasein zugleich, ist ihnen insgesamt angeboren.” „Wir werden alle im Glauben geboren” (II 254 f.). Man beachte, wie dieser (auf das Wollen begründet) Glauben an Realität den erkenntnistheoretischen Idealismus Fichtes überwindet und zu der realistischen Ueberzeugung führt, daß wir es mit einer wirklichen, von uns unabhängig existierenden Welt zu tun haben.

Wir handeln nicht, weil wir erkennen, sondern wir erkennen, weil wir zu handeln bestimmt sind. Die praktische Vernunft [d. h. die Fähigkeit, sinnvoll zu handeln] ist die Wurzel aller Vernunft" (II 263). In ähnlichem Sinne hatte bereits Kant den „Primat der praktischen Vernunft" gelehrt.

Was gebietet mir aber mein Gewissen? Was soll ich tun? Das wird jetzt der Punkt, auf den ich unablässig mein Nachdenken richten muß. Auf mein Tun muß sich mein Denken beziehen, sonst wird es zur leeren Spielerei.

„Die Stimme meines Gewissens gebietet mir in jeder besonderen Lage meines Daseins, was ich bestimmt in dieser Lage zu tun, was ich in ihr zu meiden habe." „Auf sie zu hören, ihr redlich und unbefangen ohne Furcht und Klügelei zu gehorchen, dies ist meine einzige Bestimmung, dies der ganze Zweck meines Daseins" (II 258 ff.).

So muß mir auch die Außenwelt mit meinen Mitmenschen real sein als Stätte meines Handelns, „als Objekt und Sphäre meiner Pflichten" (II 261).

Ich kann mir nun aber die tatsächlich gegebene Lage der Welt und der Menschheit nicht denken als diejenige, die sein soll und bleiben kann. Es erhebt sich in mir „der Wunsch, das Sehnen — nein, kein bloßes Sehnen —, die absolute Forderung einer besseren Welt". Nur wenn ich den gegenwärtigen Zustand betrachte „als Mittel eines besseren, als Durchgangspunkt zu einem höheren und vollkommenen, erhält er Wert für mich" (II 266).

Und nun entwirft Fichte das Idealbild einer besseren Welt der Zukunft, in der die Einzelnen sich nicht mehr unterdrücken und ausbeuten, die Völker sich nicht mehr bekriegen, die vereinten Menschenkräfte die Natur in ihren Dienst gezwungen haben (II 266—78). —

Indessen neue Bedenken drängen sich auf. Wenn dieser Zustand erreicht ist, soll dann die Menschheit stille stehen und kein weiteres Ziel mehr vor sich erblicken? Und sind die vom Gewissen gebotenen Handlungen die einzigen und unfehlbaren Mittel, jenen Zustand zu verwirklichen? Führen nicht oft verächtliche Leidenschaften das Welt-Beste sicherer herbei als die Bemühungen der Rechtschaffenen? Ja, gilt nicht in der Sinnenwelt, in der Kette der materiellen Ursachen und Wirkungen ganz allgemein der Satz: „es kommt nie darauf an, wie, mit welchen Absichten und Gesinnungen eine Tat unternommen wurde, sondern nur, welches die Tat sei." Wäre es die ganze Bestimmung der Menschen, irgendeinen irdischen Zustand der Menschheit herbeizuführen, „so bedurfte es lediglich eines unfehlbaren Mechanismus, der unser äußeres Handeln bestimmte, und wir brauchten nichts mehr zu sein als der ganzen Maschine wohleingepaßte Räder. Die Freiheit wäre dann nicht bloß vergebens, sondern zweckwidrig; der gute Wille vollkommen überflüssig". „Aber ich bin frei... ich soll frei sein; denn nicht die mechanisch hervorgebrachte Tat, sondern die freie Bestimmung der Freiheit lediglich um des Gebotes und schlechthin um keines andern Zweckes willen — so sagt uns die innere Stimme des Gewissens —, diese allein macht unsern wahren Wert aus." Ist das Handeln nach dem Gewissen nicht für die Zwecke dieser irdischen Welt bestimmt, so muß es einer andern, einer überirdischen Welt dienen und dort seine eigentlichen Wirkungen haben.

„Der Nebel der Verblendung fällt von meinem Auge; ich erhalte ein neues Organ, und eine neue Welt geht in demselben mir auf. Sie geht mir auf lediglich durch das Vernunft- [das Gewissens] gebot, und schließt nur an dieses in meinem Geiste sich an." Nicht um eine bessere, idealere Zukunft unserer Welt handelt es sich, sondern um eine höhere.

Für diese überirdische Welt kommt es lediglich auf meine Gesinnung, auf meinen freien, sittlichen Willen an. Er ist für sie erstes Glied einer Kette von Folgen, die durch das ganze unsichtbare Reich der Geister hindurchläuft. Der Wille als solcher ist das Wirkende und Lebendige in dieser „Vernunftwelt", so wie die Körperbewegung das Wirkende und Lebendige in der Sinnenwelt ist. „Ich stehe im Mittelpunkte zweier gerade entgegengesetzter Welten, einer sichtbaren, in der die Tat, einer unsichtbaren und schlechthin unbegreiflichen, in der der Wille entscheidet", in der er wirkt, und „Neues, ewig Dauerndes" hervorbringt (II 278—285).

Mein Wille ist mein; er ist das Einzige, das ganz mein ist und vollkommen von mir abhängt. Durch diesen meinen Willen bin ich schon jetzt Mitbürger dieses übersinnlichen Reiches der Freiheit und der Vernunft. Nicht erst bei meinem Tode, bei meinem Scheiden aus der irdischen Welt werde ich in die überirdische eintreten. Mag ich durch mein ganzes irdisches Leben das Gute in dieser Welt nicht um eines Haares Breite weiter bringen, aufgeben darf ich es doch nicht; nach jedem mißlungenen Schritt muß ich glauben, daß doch der nächste gelingen könne; für jene überirdische Welt aber ist kein Schritt verloren. „Ich lebe und wirke sonach schon hier, meinem eigentlichsten Wesen und meinem

nächsten Zwecke nach, nur für die a n d e r e Welt, und die Wirksamkeit für dieselbe ist die einzige, der ich ganz sicher bin; für
die S i n n e n welt wirke ich nur um der andern willen, und darum
weil ich für die andere (Welt) g a r n i c h t w i r k e n k a n n, ohne
für d i e s e wenigstens wirken zu w o l l e n." (II 285.)

So bleibt trotz — oder gerade wegen seiner Weltüberwindung
Fichte die Weltflucht fern. Den Gedanken eines persönlichen
Fortlebens nach dem Tode hält er dabei fest. „Soll dieses Leben
nicht völlig vergebens und unnütz sein in der Reihe unseres Daseins, so muß es sich zu einem künftigen Leben wenigstens verhalten wie Mittel zum Zweck. Welche Folgen mein guter Wille
für jenes künftige Leben haben werde, weiß ich nicht, kann ich
nicht einmal denken, aber daß es w e r t v o l l e sein werden,
g l a u b e ich, denn dieser gute Wille ist durch das Gewissen von
mir gefordert und „die Vernunft kann nichts Zweckloses gebieten"
(II 286). Im künftigen Leben werden wir diese Folgen besitzen,
denn wir werden mit unserer Wirksamkeit von ihnen ausgehen
und auf sie fortbauen. Vielleicht schließen sich weitere Leben
an; denn das endliche Wesen, „das nicht die Vernunftwelt selbst,
sondern nur ein einzelnes unter mehreren Gliedern derselben ist,
lebt notwendig zugleich in einer sinnlichen Ordnung. Aber dieser
entspricht „vom ersten Augenblick der Entwicklung einer tätigen
Vernunft an" eine übersinnliche Ordnung. Darum gilt der Satz:
„Ich b i n unsterblich, unvergänglich, ewig, sobald ich den Entschluß
fasse, dem Vernunftgesetz zu gehorchen; ich soll es nicht erst w e r -
d e n. Die übersinnliche Welt ist (insofern) keine zukünftige Welt,
sie ist gegenwärtig; sie kann in keinem Punkte des endlichen
Daseins gegenwärtiger sein als in dem andern; nach einem Dasein
von Myriaden [Zehntausenden] Lebenslängen nicht gegenwärtiger
sein als in diesem Augenblick" (II 289). Lediglich durch meinen
Entschluß, dem Gewissen zu gehorchen, ergreife ich die Ewigkeit
und streife das Leben im Staube und alle anderen sinnlichen
Leben, die mir noch bevorstehen können ab und versetze mich
„hoch über sie". Mein sittliches Wollen, das ich selbst frei ge-
stalte, ist „die Quelle des wahren Lebens und der Ewigkeit".
(II 289.) Sobald ich meinen Willen frei zum Guten lenke, erhalte ich die Gewißheit und den Besitz jener übersinnlichen Welt.
Halten wir aber nicht mehr fest an unserer Freiheit und dem
Gehorsam gegen das Gewissen, so geht uns jene andere Welt und
der Sinn für sie verloren.

Wenn ich nun aber glaube, daß man gutes Wollen in jener

überſinnlichen Welt wertvolle Folgen habe, ſo ſetze ich für jene Welt ein G e ſ e t z voraus. Dieſes Geſetz kann ich mir nur denken als einen ewigen und unveränderlichen, einen g ö t t l i c h e n Willen, der über allen endlichen Vernunftwillen waltet und ſie alle verbindet. Die Stimme des Gewiſſens iſt es, die dieſen Willen Gottes kündet. „So ſtehe ich mit dem E i n e n, d a s d a i ſt, in Verbindung und nehme teil an ſeinem Sein.[1] Er iſt nichts wahrhaft Reelles, Dauerndes, Unvergängliches an mir als dieſe beiden Stücke: die Stimme meines Gewiſſens und mein freier Gehorſam. Durch die erſte neigt die geiſtige Welt ſich zu mir herab und umfaßt mich als eins ihrer Glieder; durch den zweiten erhebe ich mich ſelbſt in dieſe Welt, ergreiſe ſie und wirke in ihr. Jener unendlicher Wille aber iſt der Vermittler zwiſchen ihr und mir.“ Er iſt auch der Vermittler zwiſchen allen endlichen Willen und er iſt es, der die Welt ſchafft[2] — aber nicht aus einer trägen, lebloſen, außergeiſtigen Materie. Die materielle Welt nach der gewöhnlichen Auffaſſung exiſtiert gar nicht — Gott ſchafft die Welt nur i n den endlichen Geiſtern; wenigſtens erſchafft er das, woraus wir ſie entwickeln, und das, wodurch wir ſie entwickeln: — „den Ruf zur Pflicht; und übereinſtimmende Gefühle (Empfindungen), Anſchauungen und Denkgeſetze“. Im Bewußtſein eines jeden von uns erhält Gott die Welt, bis er ihn genug für ein höheres Leben geprüft hat, dann läßt er ſie für uns ſchwinden — wir nennen das: Tod — und führt uns in eine neue Welt, „das Produkt unſeres pflichtmäßigen Handelns in dieſer“. Alles unſer Leben iſt ſein Leben. Wir ſind in ſeiner Hand und bleiben in derſelben und niemand kann uns daraus reißen. Wir ſind ewig, weil Er es iſt“ (II 294—503).

Was Gott an ſich ſelbſt iſt, können wir nicht begreiſen. Alles was wir begreiſen, ziehen wir durch unſere Begriffe ins Endliche herab. Und mögen wir das Endliche noch ſo ſehr ſteigern: es bleibt endlich. Auch im Begriff der Perſönlichkeit liegen Schranken. Wie dürfte ich ihn auf Gott übertragen? (II 304 f.).

Auch meine g a n z e, vollſtändige Beſtimmung begreiſe ich nicht: was ich alles noch werden ſoll, iſt mir verborgen. Aber in jedem Augenblick weiß ich, was ich t u n ſoll: d i e s i ſt m e i n e g a n z e B e ſ t i m m u n g, ſofern ſie von mir abhängt. Ich ſoll in mir

---

[1] Es iſt leicht zu erkennen, wie in dem Begriff des göttlichen („ewigen“) Seins der Begriff des realen S e i n s und des höchſten W e r t e s verſchmolzen iſt.

[2] Das abſolute Ich, welches das Nicht-Ich ſetzt, iſt alſo — Gott.

die Menschheit in ihrer ganzen Fülle darstellen, soweit ich es vermag. Ueber mein persönliches Schicksal aber und über die Ereignisse der Welt bin ich innerlich ruhig; denn es ist ja Gottes Welt. Nichts kann mich beirren, befremden oder zaghaft machen, so gewiß Gott lebt und ich sein Leben schaue (II 309).

Nachdem sich so mein Herz dem Irdischen und aller Begierde danach verschlossen hat, erscheint meinem Auge das All in verklärter Gestalt. „Die tote lastende Masse, die nur den Raum ausstopfte, ist verschwunden, und an ihrer Stelle fließt und woget und rauscht der ewige Strom von Leben und Kraft und Tat — vom ursprünglichen Leben, von deinem Leben, Unendlicher: denn alles Leben ist dein Leben, und nur das religiöse Auge dringt ein in das Reich der wahren Schönheit." „Ich weiß, daß ich in der Welt der höchsten Weisheit und Güte mich befinde, der ihren Plan ganz durchschaut und ihn unfehlbar ausführt; und in dieser Ueberzeugung ruhe ich und bin selig" (II 315). —

In dem Werk über „die Bestimmung des Menschen zeigt sich besonders deutlich, wie der sittlich-religiöse Glaube und Trieb Fichtes ganzes Philosophieren beherrscht. Während für viele Menschen die den Sinnen gegebene Welt die einzig gewisse ist, die Existenz Gottes und die Geltung sittlicher Werte als Wahn oder unsichere Vermutung erscheint, ist für Fichte Gott und das Gute das Sicherste und erst von diesem religiös-sittlichen Glauben aus gewinnt er den Glauben an die Realität der Sinnenwelt. —

In der Darstellung der W. L. von 1801 (II 1—163) wird „der wahre Geist" der W. L. so charakterisiert: „Alles Sein ist Wissen. Die Grundlage des Universums ist nicht Ungeist, Widergeist, dessen Verbindung mit dem Geiste sich nie begreifen ließe, sondern selbst Geist. Kein Tod, keine leblose Materie, sondern überall Leben, Geist, Intelligenz: ein Geisterreich, durchaus nichts anderes. Wiederum alles Wissen, wenn es nur Wissen ist, ist geich Sein (setzt absolute „Realität und Objektivität" II 35), ist gleich Gott (II 51).

Es wird auch betont: „Man irrt sich, wenn man glaubt, der transzendentale Idealismus [so nennt Fichte seine und die Kantsche Philosophie] leugne die empirische Realität (die Erfahrungswirklichkeit) der Sinnenwelt u. dgl.: er weist in ihr bloß die Formen des Wissens nach und vernichtet sie darum als ein für sich Bestehendes und Absolutes." Als Beispiel führt F. folgendes an: „Wie kanust du jemals zu einer Linie kommen als dadurch, daß

du die Punkte außer einander hältst (sonst fallen sie zusammen);
sie aber auch in einem Blick zugleich zusammenfassest und ihr
Außersichtsein aufhebst (sonst kommen sie gar nicht aneinander).
Du begreifst doch aber, daß diese Einheit der Mannigfaltigkeit,
dies Setzen und Wiederaufheben einer Diskretion (Sonderung)
nur im Wissen sein kann .., daß es die Grundform des Wissens
(Bewußtseins) ist. Nun solltest du zugleich begreifen, daß Raum und
Materie ganz gleicher Weise in einer solchen A u s e i n a n d e r -
h a l t u n g der Punkte, in der E i n h e i t jedoch bestehen, daß sie
demnach nur in einem Wissen und a l s Wissen möglich sind —
daß sie eben die e i g e n t l i c h e F o r m d e s W i s s e n s s e l b s t
s i n d" (II 103 f.).

In dieser Darstellung liegt so wenig wie im „Sonnenklaren
Bericht" aus demselben Jahr eine Aenderung des Grund-
gedankens vor; wohl aber treten manche Probleme, die vorher
kaum berührt wurden, in den Vordergrund.[1]

So wird z. B. jetzt von Fichte betont: All unser Verstandeswissen bleibt auf die Oberfläche der Wirklichkeit gebannt. Zwar
meinen wir z. B. mit dem Verstandesbegriff des „Dings" (der
„Substanz") etwas, was die Eigenschaften und damit das an der
Oberfläche Liegende trägt. Aber versuchen wir in das Innere des
Dings einzudringen, etwa indem wir es zerlegen, so bieten sich uns
immer nur neue und neue Oberflächen.

Die Weltwirklichkeit ist aber nicht bloß Oberfläche. Die Leistung
wie die Schranken des Verstandes werden erkannt, wenn wir
diesen selbst zum Gegenstand machen. Das geschieht durch die
„intellektuelle Anschauung" (welchen Ausdruck Fichte in der
W. L. von 1801 und später meist durch „Vernunft"[2] ersetzt).
Während nun in den früheren Darstellungen der W. L. der Verstand in seinen grundlegenden „Tathandlungen" den eigentlichen
Gegenstand bildet, ist in den späteren das Hauptinteresse auf jene
wahrhafte Realität gerichtet, von der der Verstand nichts wissen
kann: die Freiheit, die sittliche Weltordnung, Gott. Wenn es
dabei heißt: „Der Anfang des Wissens ist r e i n e s (d. h. nicht
sinnlich wahrnehmbares) S e i n" (II 63), so bedeutet „Sein" hier
nicht mehr (wie oben) die sinnlich feststellbare Existenz („Dasein").

---

[1] Vgl. hierzu und zum Folgenden Medicus, Fichte 169 ff.
[2] „Das bloße einfache Wissen, ohne daß es wiederum als Wissen sich
fasse ... ist Verstand". das „Wissen des Wissens von sich selbst" ist
Vernunft" II 72 f. Der Verstand erhebt sich nie zum Unbedingten,
Absoluten (II 160).

Dabei wird aber auch jetzt das Wissen auf freies Tun gegründet. Denn jenes reine oder absolute Sein ist nie die zureichende Ursache dafür, daß etwas gewußt wird; es enthält nur die Möglichkeit, daß Wissen sich erschaffe. Erst F r e i h e i t macht diese Möglichkeit wirklich und läßt den ewigen Gehalt der Weltwirklichkeit in der Sinnenwelt und im Wissen sich darstellen. Das Wissen schafft dabei frei sich selbst, aber nur der Form nach — eben als „Wissen" —, den Gehalt (die „Materie") empfängt es vom absoluten Sein.[1] Alles Verstandeswissen bleibt im Formalen, gleichsam im Oberflächlichen stecken; den (göttlichen) Gehalt ergreifen wir nur in unserer sittlichen Ueberzeugung von der Pflicht. So versteht man auch den Ausdruck Fichtes: „Wenn man von einer besten Welt und den Spuren Gottes in dieser Welt redet, so ist die Antwort: die Welt ist die allerschlimmste, die da sein kann, sofern sie an sich selbst völlig nichtig ist.[2] Doch liegt in ihr eben darum die ganze mögliche Güte Gottes verbreitet, daß von ihr und allen Bedingungen derselben aus die Intelligenz sich zum Entschlusse erheben kann, sie besser zu machen. Weiter kann auch Gott uns nichts angedeihen lassen; denn wenn er auch wollen könnte, so vermag er nicht es an uns zu bringen, wenn wir nicht selbst aus ihm schöpfen. Wir können aber ins Unendliche hin schöpfen" (II 157).

[1] Dieses Sein kommt also doppelt vor: „teils als a l l e m Wissen vorausgesetzt: die substantielle Grundlage und das ursprünglich Bindende desselben; teils im freien Wissen, in welchem das Sein sich selber . . . völlig sichtbar wird und ins Licht tritt. (Der Sitz des absoluten Wissens ist demnach zwischen Freiheit und Sein. II 62). Das Sein (im ersten Sinn), das „reine" Sein ist Nichtsein des W.ssens und zugleich der „im Wissen ergriffene absolute U r s p r u n g desselben" (II 63). „Die absolute Schöpfung, als Erschaffung, nicht etwa als Erschaffenes, ist Standpunkt des absoluten W.ssens; dies erschafft sich eben selbst aus seiner reinen Möglichkeit, als das einzig ihm vorausgegebene, und dies eben ist das reine Sein" (II 63). Dieses absolute S e i n setzt Fichte ohne Begründung auch dem absoluten W e r t (und damit dem Sein - S o l l e n d e n) gleich — eine Begriffsvermischung, die bei Philosophen und Theologen sehr häufig, aber darum doch nicht statthaft ist. (S. oben S. 53 A. 1.) Ueber das Verhältnis des „Wissens" (und damit des „Dase.ns", der „Welt") zum „Sein" hat sich Fichte sehr schwankend ausgedrückt: bald erscheint es lediglich als Ausfluß, als Erscheinung des absoluten Seins, bald als etwas diesem gegenüber Selbständiges, Freies. (Belege bei Kerler a. a. O. S. 1 ff., 99 f.)

[2] Hinsichtlich der W e l t ist also Fichte ebenso Pessimist wie Schopenhauer und Hartmann (über diese vgl. m. „Gesch. d. Phil." Bd. III). Jedoch erhebt er sich zur Anerkennung eines überweltlichen, absoluten Wertes, d. h. Gottes.

Wenn in dieser Schrift ü b e r das Wissen mit seiner Sonderung von Subjekt und Objekt, Ich und Nicht-Ich noch das außerhalb des Wissens liegende, also unerkennbare „Sein" gestellt wird, so liegt darin doch eine gewisse Weiterbildung der W. L. vor. Es offenbart sich darin schärfer die m y s t i s c h e Tendenz von Fichtes (durchaus religiös gestimmtem) Philosophieren. Denn die Mystik pflegt ihr religiöses Objekt als gänzlich unerkennbar zu bezeichnen. Aber auch das ist charakteristisch für sie (und für Fichte), daß sie gleichwohl über dieses „Unerkennbare" vieles zu sagen weiß, es als „Gott" bezeichnet und in ihm die höchsten Werte verwirklicht sieht oder es als den ewigen Endzweck alles Geschehens und Handelns betrachtet. —

Im „S o n n e n k l a r e n B e r i c h t", der wesentlich Mißverständnisse abwehren will (erschienen 1801, II 323—420), erklärt Fichte, es sei „der innerste Geist und die Seele" seiner Philosophie: „Der Mensch hat überhaupt nichts als die Erfahrung, und er kommt zu allem, wozu er kommt, nur durch die Erfahrung, durch das Leben selbst. Alles sein Denken... geht von der Erfahrung aus und beabsichtigt hinwiederum Erfahrung.[1] Nichts hat unbedingten Wert und Bedeutung als das Leben; alles übrige Denken, Dichten, Wissen hat nur Wert, insofern es auf irgendeine Weise sich auf das Lebendige bezieht." Dies sei die „Tendenz" seiner Philosophie ebenso wie die der Kantschen (II 333 f.).

Die Wirklichkeit, die wir erfahren, ist freilich kein „absolutes Sein", keine „Realität an und für sich" (kein „Ding an sich"), sondern eine „Realität f ü r uns", denn ich kann von keiner Realität reden, ohne von ihr zu wissen. Diese Realität entsteht „durch das Einsenken und Vergessen unseres Selbst in gewisse Bestimmungen unseres Lebens" (das „Selbstvergessen ist Charakter der Wirklichkeit" II 338). Diese Grundbestimmungen nennt man „Realität, Tatsache des Bewußtseins, Erfahrung. Sie stellen gleichsam ein System erster Potenz dar. Aber wir haben das Vermögen unser in jenen Bestimmungen vergessenes Selbst von

[1] So heißt es schon in der „Vergleichung des von Prof. Schmid aufgestellten Systems mit d. W. L." aus d. J. 1795 (II 455 f.): „Die W. L. geht von dem letzten Grunde, den sie hat, zu dem Begründeten herunter; von dem Absoluten zu dem darin enthaltenen begründeten, zu den wirklichen wahren Tatsachen des Bewußtseins ... Die W. L. endet mit Aufstellung d e r r e i n e n E m p i r i e, sie bringt ans Licht, was wir w i r k - l i c h e r f a h r e n k ö n n e n, notwendig erfahren müssen, begründet sonach wahrhaft die Möglichkeit der Erfahrung."

ihnen loszureißen; wir können z. B. uns als das Wissende in jenem Grundbewußtsein, das Lebende in jenem Grundleben denken und ergreifen" (II 344 f.).

Man vermag, wenn man den Zweck eines mechanischen Kunstwerkes, z. B. einer Uhr, kennt, aus der Kenntnis e i n e s Rades alle übrigen Bestandteile abzuleiten, indem man fragt: welche Teile sind noch außer dem Bekannten notwendig, damit die Maschine ihren Zweck erfülle? Ebenso will die W. L. aus irgend einer im wirklichen Bewußtsein gegebenen Bestimmung, das ganze Bewußtsein seinen Grundbestimmungen nach ableiten (II 349). Diese Grundbestimmungen sind das für alle Vernunft Gültige (nicht das in den Individuen Verschiedene), sie sind das Kantsche a priori (d. h. das unabhängig von der Erfahrung Geltende).

Da es aber der Philosoph nicht mit der toten Materie eines Kunstwerks, sondern mit etwas Lebendigem zu tun hat, das unter Gesetzen steht, so läßt er dieses gleichsam unter seinen Augen sich selbst erzeugen. Er geht dabei von der Voraussetzung aus, „daß das letzte und höchste Resultat des Bewußtseins, d. i. dasjenige, zu welchem alle Mannigfaltigkeit desselben sich verhalte, wie Bedingung zum Bedingten oder wie die Räder, Federn und Ketten in der Uhr zum Zeiger der Stunde nichts anderes sei als das klare und vollständige Selbstbewußtsein", das wir alle — in uns gleichmäßig vorfinden, wenn wir von allen individuellen Unterschieden absehen. Das Charakteristische des Selbstbewußtseins aber ist „die Ichheit, die Subjekt-Objektivität, das Setzen des Subjektiven und seines Objektiven, des Bewußtseins und seines Bewußtseins als Eins", als „Identität" (II 361 ff.; vgl. oben S. 40 A.).

Diese Eigenart des Selbstbewußtseins ist uns unmittelbar klar, evident (keines Beweises fähig, II 366 f.), und von ihr hebt die W. L. an und „geht in der Voraussetzung, daß das vollständig bestimmte Selbstbewußtsein[1] letztes Resultat aller anderen Bestimmungen des Bewußtseins sei, fort, bis dieses abgeleitet ist". So „konstruiert sie das gesamte gemeinsame Bewußtsein aller vernünftigen Wesen schlechthin a priori, seinen Grundzügen nach, ebenso wie die Geometrie die allgemeinen Begrenzungsweisen des Raumes durch alle vernünftigen Wesen schlechthin a priori konstruiert" (II 379 f.). In dieser Ableitung kann nichts vorkommen, als was im wirklichen (unphilosophischen, naiven) Bewußtsein liegt; die W. L. will sein „ein getroffenes Bild dieses Grund-

---

[1] Wozu auch die vom Ich vorgestellte Welt gehört. („Kannst du ein durchaus bestimmtes Bewußtsein ohne sein Ding denken?" II 400.)

wußtseins und damit des Lebens; zugleich ist sie die höchste
Potenz der Reflexion, zu der sich unser Geist erheben kann".
II 394 ff.).

Gegenüber den stets wiederholten Bedenken des gesunden
Menschenverstandes, die Welt werde doch von uns als daseiend
vorgefunden und nicht hervorgebracht, erklärt Fichte, wenn von
einer „Erzeugung" geredet werden solle, so „müßte das Ganze mit
allen seinen einzelnen Teilen schlechthin durch Einen Schlag erzeugt werden". Aber warum von Erzeugung reden: Unser wirkliches Bewußtsein und die bestehende Welt sind „fertig", und unser
wirkliches Leben kann dieser Welt nur inne werden, sie durch-
laufen, beurteilen. „Das Leben ist kein Erzeugen, sondern ein
Finden." Aber dieses „absolut Vorhandene" läßt sich zufolge der
W. L. „im wirklichen Leben behandeln und beurteilen,
gleich als ob es durch eine ursprüngliche Konstruktion, so wie
die W. L. eine vollzieht, entstanden sei". Eine wirkliche
Weltschöpfung, eine Kosmogonie, wird damit nicht behauptet
(II 379 ff.).

Die W. L. ist ferner nicht das Leben selbst, sondern nur seine
„Abbildung", auch nicht Lebens- oder Weltweisheit, sondern nur
Wissenschaft, und sie will die, die sich ihr widmen, nur wissenschaftlich machen. „Was sie über Weisheit, Tugend, Religion
sagt, muß erst wirklich erlebt und gelebt werden, um in
wirkliche Weisheit, Tugend und Religiosität überzugehen." Sie
macht darum auch ihr Studium nicht zur Bedingung der Weisheit
und eines guten Lebenswandels, ja sie widerspricht scharf denen,
„welche alle Bildung und Erziehung des Menschen in die Aufklärung seines Verstandes setzen... Sie weiß sehr wohl, daß das
Leben nur durch das Leben selbst gebildet wird" (II 396 f.).

Aber darum bleibt die W. L. doch nicht bedeutungslos für das
Leben. Durch sie „kommt der Geist des Menschen zu sich selbst
und ruht von nun an auf sich selbst ohne Hilfe" (II 405). Und diese
Selbständigkeit des Geistes führt auch zu der des Charakters.
Da ferner die W. L. „alles mögliche Wissen des endlichen Geistes
seinen Grundelementen nach erschöpft", so läßt sie „kein Ueber-
fliegen der Vernunft, keine Schwärmerei, keinen Aberglauben
mehr Wurzel fassen". Sie „sichert durch dies alles die Kultur,
indem sie dieselbe dem blinden Zufall entreißt und sie unter die
Gewalt der Besonnenheit und Regel bringt". Dadurch „bekommt
die gesamte Menschheit sich selbst in ihre eigene Hand, unter die
Botmäßigkeit ihres eigenen Begriffs; sie macht von nun an mit

absoluter Freiheit alles aus sich selbst, was sie aus sich nur machen
wollen kann" (II 405—9). —

In der Wissenschaftslehre von 1804 (II 87—314) —
einer Darstellung, die Fichte für eine Vorlesung niedergeschrieben,
aber nicht veröffentlicht hatte[1] — wird der Nachdruck darauf
gelegt, daß die wahre Realität der Wirklichkeit nur unmittelbar
zu erleben, nicht begrifflich zu fassen ist. So ist auch Einsicht,
Ueberzeugung, — mit der es doch die W. L. hauptsächlich zu tun
hat — nur wirklich vorhanden, sofern sie sich lebendig in unserem
Denken gerade verwirklicht. „Nur im lebendigen Sich-Darstellen,
als absolutes Einsehen, ist das Licht [d. h. die Einsicht], und wen es
nicht also ergreift und erfaßt... der kommt nie zu dem lebendigen
Lichte, wiewohl er einen scheinbaren Stellvertreter desselben haben
mag" (II 138).

Für die W. L. ist die Einsicht Objekt; sie objektivieren heißt
aber eigentlich sie töten. Die lebendige Einsicht ist der Grund
aller Erkenntnis, jedes Begriffs, aber sie selbst liegt eigentlich
jenseits der Begreifbarkeit, darum ist auch „der Begriff der
Realität, des inneren materiellen Gehalts des Wissens (vgl. oben
S. 56) nur die Negation der Einsicht". In der Wahrheit ist er
freilich „die allerhöchste Position, aber in der Wahrheit begreifen wir es eben auch nicht, sondern wir haben es und
sind es" (II 162 f.).

Dieses wahrhafte Leben in der Einsicht, im „Licht", ist Leben in
Gott, der „sich selber klaren Lichtflamme".

„Worin besteht denn nun das ewige Leben? Dies ist das ewige
Leben, heißt es (Joh. 17,3), daß sie dich und den du gesandt hast...
erkennen; bloß erkennen; und zwar führt nicht etwa
nur dieses Erkennen zum Leben, sondern es ist das Leben" (II 291).

Hier verrät sich zuerst der Versuch Fichtes, seine philosophische
Grundüberzeugung mit dem wesentlichen Gehalt des Christentums
(in der Fassung des Johannis-Evangeliums) gleichzusetzen. Ist in
der Tat das ewige Leben identisch mit dem Erkennen Gottes, so
muß es Fichte „ganz konsequent" erscheinen, „daß in allen Jahrhunderten und in allen Formen des Christentums gedrungen worden ist auf den Glauben; d. h. auf die Lehre der wahren
Erkenntnis des Uebersinnlichen als die Hauptsache und das
Wesentliche". Somit erscheint auch jetzt die W. L. nach ihrer
eigentlichen Tendenz als — Theologie.

---

[1] Medicus, a. a. O. 104 ff.

Dieſer theologiſche Charakter tritt auch deutlich zutage in der „Wiſſenſchaftslehre in ihrem allgemeinen Umriſſe von 1810" (II 693—709).[1] Das Wiſſen, deſſen Weſen ja die W. L. ergründen will, wird hier in ſeinem Verhältnis zu Gott betrachtet. „Nur eines iſt ſchlechthin durch ſich ſelbſt: Gott, und Gott iſt nicht toter Begriff..., ſondern er iſt in ſich ſelbſt lauter Leben." Durch ſein ſtreng einheitliches, wandelloſes Sein iſt alles Sein gegeben, und weder in ihm, noch außer ihm kann neues Sein entſtehen. Das Wiſſen mit ſeiner Trennung von Subjekt und Objekt kann alſo nur gedacht werden als ein „Bild oder Schema" Gottes, das aber nicht durch einen beſonderen „Akt" Gottes bewirkt iſt (ein ſolcher würde Veränderung in dieſem ſein), ſondern als „eine unmittelbare Folge ſeines Seins zu denken iſt" (II 696), und inſofern doch als ein „Sein außer Gott" betrachtet werden darf. Da aber Gott ſelbſt Leben iſt, ſo darf auch dies ſein Schema nichts Fertiges, Totes ſein, ſondern es muß ſein ein bloßes reines Vermögen zur Verwirklichung nur deſſen, was in ihm iſt; denn ein ſolches „Vermögen" iſt ein Schema (Bild) des Lebens. In der Selbſtentwicklung des lebendigen Wiſſens vollzieht ſich die Verwirklichung — nicht Gottes ſelbſt; denn er iſt wirklich, ſondern — des göttlichen Bildes, der Welt.

Das Weſen ſchaut ſich ſelbſt zunächſt reflexionslos an. Dies Anſchauen iſt ein „Hinſchauen", inſofern ein Bilden. Es ſchaut ſeine Unendlichkeit hin als Raum, ſeine Selbſtändigkeit als Daſein im Raum, als Materie, ſeine Wirklichkeit als ein Getriebenwerden, als Trieb auf das Materielle zu wirken, das darum in Geſtalt fühlbarer, ſinnlich wahrnehmbarer Körper erſcheint. Es muß in ſeiner unmittelbaren Beziehung auf die Körper ſich ſelbſt als Körper mit Sinnen und Organen der Wirkſamkeit vorſtellen. Es ſchaut ſeine Wirkſamkeit hier als unendliches gegebenes Vermögen, d. h. als unendliche Reihe, als Zeit, in die es auch die Körperwelt verſetzt. Es ſchaut ſich in ſeiner Unbeſtimmtheit als ein Mannigfaltiges und inſofern als „eine Welt von Ichen" (II 700—703). Aber das „Denken" erhebt ſich über die Anſchauung und ihre Mannigfaltigkeit zum ewig Einen und damit zum abſolut Wertvollen, zum Seinſollenden, es zeigt mir ſo meine Beſtimmung, nicht durch die Triebe mich in der Sinnenwelt feſthalten zu laſſen, ſondern durch mein Wollen

---

[1] Sie gibt die Schlußvorleſung Fichtes aus dem Winterhalbjahr 1809/10 wieder.

das Eine, das göttliche Leben an mir darzustellen im wirklichen Leben. —

Aus dem Nachlaß Fichtes sind noch Vorlesungen über „Die Tatsachen des Bewußtseins" aus dem Winter 1810/11 und dem Sommer 1813 herausgegeben worden (II 541—691 u. N. W. I 401—574). Fichte hat sie selbst als Einleitungen in die W. L. bezeichnet. Die W. L. will ja die Entwicklungsstufen des Bewußtseins von der niedersten, der sinnlichen Empfindung und Wahrnehmung, bis zur höchsten, dem seligen Leben, darstellen. Diese Hauptstufen bezeichnet er hier als „Tatsachen des Bewußtseins", die jeder in sich vorfinde und zu deren klarer Erfassung er hier anleiten will. Die Betrachtung gipfelt auch hier in dem absoluten Sein, das mit Gott gleichgesetzt und als wandelloser wertvoller Endzweck alles Werdens und Lebens geschätzt wird.

Die „W. L." mündet so in denselben Gedanken aus, zu dem auch die Sittenlehre, wie die Religions- und Staatsphilosophie und endlich die Pädagogik Fichtes führen, daß es höchstes Ziel sei, das Göttliche im Leben und Handeln zu verwirklichen.

III. Kapitel.

Staats- und Rechtsphilosophie.[1]

Auf keinem anderen Gebiete zeigte Fichtes Philosophieren eine so weitgehende Wandlung. Langsam nur hat er sich ein tieferes Verständnis für die Kulturbedeutung des Staats und der Nation erobert. Anfangs steht er dem Staat fast fremd, ja mit Mißtrauen gegenüber. Das versteht man aus seinem Mangel an politischer Erfahrung und aus seiner scharfen Gegnerschaft gegen den damals bestehenden absoluten Fürstenstaat. Dieser. hielt das Volk in völliger politischer Unmündigkeit. Es gab keine politische Presse, keine politischen Parteien; die Politik war Geheimnis der Regierung.

Ein gründlicher Wandel bahnte sich auch für Deutschland an durch die Französische Revolution (1789). Sie brachte die. Erklärung der „Menschenrechte": alle Menschen sind frei und gleich;

---

[1] Vgl. Reinhard Strecker, Die Anfänge von Fichtes Staatsphilosoplie, Leipzig 1916.

nur das Gemeinwohl darf einen Unterschied begründen; alle Souveränität hat ihren Ursprung im Volk; es gibt ein Recht des
Widerstands gegen Unterdrückung.

Begeisterte Aufnahme fanden diese Gedanken auch in Deutsch-
land. Ein herrlicher Völkerfrühling schien anzubrechen. Politische
Flugschriften suchten die neuen Ideen in die Massen zu tragen.
Aber die fürstlichen Regierungen trafen ihre Gegenmaßnahmen.
Leopold II. mußte bei seiner Wahl zum Kaiser (1790) eine strengere
Bewachung der Presse versprechen. In Preußen wurde durch
den Minister Wöllner (seit 1791) die Zensur verschärft. Für die
Ausschreitungen der Französischen Revolution wurde in erster
Linie die Presse verantwortlich gemacht.

Aus dieser Zeitlage heraus versteht man Fichtes Schrift: „Zu -
rückforderung der Denkfreiheit" (1793, VI 1—35).
Sie stellt eine leidenschaftliche Deklamation dar, die an die be-
kannte Rede des Marquis Posa vor König Philipp erinnert,
die in den Worten gipfelt: „Geben Sie Gedankenfreiheit."
„Nein, ihr Völker," ruft Fichte, „alles, alles gebt hin, nur nicht
die Denkfreiheit. Immer gebt euere Söhne in die wilde Schlacht,
um sich mit Menschen zu würgen, die sie nie beleidigten..., immer
entreißt euer letztes Stückchen Brot dem hungernden Kinde und
gebt es dem Hunde des Günstlings — gebt, gebt alles hin, nur
dieses vom Himmel stammende Palladium der Menschheit, dieses
Unterpfand, daß ihr noch ein anderes Loos bevorstehe, als dulden,
tragen und zerknirscht werden, nur dieses behauptet."

Der philosophische Sinn Fichtes verrät sich darin, daß er die For-
berung der Preßfreiheit aus seiner Grundansicht von Sittlichkeit
und Recht abzuleiten sucht. „Der Mensch kann weder ererbt noch
verkauft, noch verschenkt werden, er kann niemandes Eigentum
sein, weil er sein eigenes Eigentum ist und bleiben muß". Was
den Menschen als Person von jeder Sache (auch jedem Tier) unterscheidet, das ist der „Götterfunke in seiner Brust, sein Gewissen",
das ihm schlechthin und unbedingt gebietet. Um ihm zu gehorchen,
muß er frei sein. Wo freilich das Gewissen nicht redet, darf er
tun, wozu er Lust hat. Aber auf dies Erlaubte hat er ein Recht."[1]
Rechte, soweit sie veräußerlich sind, kann man verschenken oder
— in Verträgen — vertauschen. Auf einen solchen Vertrag
gründet sich die bürgerliche Gesellschaft, d. h. der Staat. „Nur

---

[1] Nach dieser Auffassung bewegt sich das Recht auf dem Gebiet des
sittlich Erlaubten. Später hat Fichte über das Verhältnis von Sittlichkeit und Recht anders gedacht. Vgl. unten S. 67 f. und 90.

dadurch wird die bürgerliche Gesellschaft gültig für mich, daß ich
sie freiwillig annehme." Man sieht: Fichte vertritt hier noch eine
ganz individualistische Staatsauffassung!

Das Recht des freien Denkens bleibt aber als Grundbedingung
der Sittlichkeit auch im Staate unveräußerlich; ebenso das Recht
der freien Mitteilung des Gedachten, worin ja die Preßfreiheit
eingeschlossen ist. Wenn man namenloses Elend als Folge der
Preßfreiheit weissagt und durch Zeitungsschreiber die Greuel der
Revolution schildern läßt, so hält dem Fichte entgegen: Diese
Greuel sind nicht die Früchte der Denkfreiheit, sondern die Folgen
der vorherigen langen Geistessklaverei. Haben nicht Despotismus
und Fanatismus blutigere Feste gefeiert? Man kann zeigen, daß
Denkfreiheit allein das echte Glück der Völker begründet. Aber
es handelt sich hier nicht um Glück, sondern um Recht. Unsere
Glückseligkeit steht in Gottes Hand. „Nein, Fürst, du bist nicht
unser Gott..., gütig sollst du nicht sein, du sollst g e r e c h t sein."

Die Rechtsfrage steht auch im Mittelpunkt der weit umfang-
reicheren Schrift „U e b e r   d i e   f r a n z ö s i s c h e   R e v o -
l u t i o n" (1793, VI 37—288). Die französische Revolution nach
ihrem tatsächlichen Verlauf ist darin kaum erwähnt; in philo-
sophischer Weise soll vielmehr untersucht werden: 1. ihre Rechtmäßigkeit, 2. ihre Weisheit. Aber nur die erste Frage ist behandelt; und zwar wird das Recht der Staatsveränderung[1] a) positiv
bewiesen; b) es wird negativ dargetan: das Recht der Staatsveränderung ist nicht veräußerlich weder durch den allgemeinen
Staatsvertrag noch durch einen Vertrag mit den priviligierten
Ständen (Adel, Geistlichkeit), dem Souverän oder fremden
Völkern.

Aus dieser weitausgesponnenen Beweisführung seien hier nur
einige für Fichte charakteristische Gedanken herausgehoben. Im
Sinne des Individualismus wird der Zweck des Staates als abhängig aufgefaßt vom Zweck des Einzelnen: sittlich zu sein. Der
sittliche Zweck aber ist die völlige Freiheit, die völlige Unabhängigkeit von allem, was wir nicht selbst sind. Dazu bedarf es der
„Kultur", der Uebung aller Kräfte für diese Freiheit. Wäre das
Kulturziel, die Versittlichung, allgemein erreicht, so wäre der Staat
überflüssig; das Vernunftgesetz würde Einstimmigkeit bewirken.

---

[1] Zur gewaltsamen Aenderung will Fichte nicht reizen. „Die Befreiung kann ohne Unordnung nur von oben herunter kommen. Wür-
digkeit der Freiheit muß von unten herauf kommen."

Daß der Staat die sittliche Kultur zu fördern habe, wird im Prinzip anerkannt, aber es wird darum nicht etwa die Verstaatlichung des Bildungs- und Erziehungswesens gefolgert. Denn „niemand wird kultiviert". „Was ich bin, verdanke ich zuletzt mir selbst" (VI 139). Dieser schroffe Individualismus zeigt sich auch darin, daß dem Einzelnen (wie einer beliebigen Anzahl) das Recht zugesprochen wird, jederzeit aus dem Staate auszutreten; auch z. B., um sich der Wehrpflicht zu entziehen.[1] Der „Bürgervertrag" gilt nur solange als jeder will.

Der Mensch hat ein Urrecht auf alles, was zur Erfüllung seiner sittlichen Pflicht gehört, und diese Urrechte gelten nicht erst durch den Staat. Wohin z. B. seine Arbeit reicht, da gewinnt er Eigentum. Der Staat hat darum kein Recht, einem Austretenden sein durch Arbeit oder Erbschaft erworbenes Eigentum abzunehmen oder zu verkürzen.

Voll Haß, ja Verachtung steht Fichte dem absoluten Fürstentum und dem von ihm begünstigten Adel gegenüber. Er spottet über Kaufleute oder Gelehrte, die sich in den Adel erheben lassen; er spottet über die militärischen Leistungen des Adels. Behaupte er doch das erhabene, aber wenig Nachdenken kostende Amt: rechts oder links sich schwenken oder das Gewehr präsentieren zu lassen oder, wenn es ja ernsthaft werden sollte, zu morden und sich morden zu lassen. Das Heer ist ihm ein „fürchterlicher Staat im Staate"; die stete Kriegsbereitschaft schrecklicher als ein Krieg.

Im Kampfe gegen Adel und Klerus tritt er auch als Anwalt des damaligen — agrarischen — Proletariats gegen den Großgrundbesitz auf; er fordert Aufhebung der Gutsuntertänigkeit und innere Kolonisation. Er verurteilt den Luxus und verlangt für jeden ausreichende Nahrung, gesunde Kleidung und Wohnung. Wer aber nicht arbeitet, soll auch nicht essen. (In diesen sozialen Gedanken liegen die Keime der Schrift über den „geschlossenen Handelsstaat.)

Mit seiner ausgeprägt demokratischen und sozialen Gesinnung verbindet er die weltbürgerliche Stimmung der Gebildeten der Aufklärungszeit. Der damalige Koalitionskrieg (1792) ist ihm kein Krieg zwischen Deutschen und Franzosen, sondern zwischen Despotismus und Freiheit. Es fehlt ihm noch ganz der Blick für die organische

---

[1] Jede Todesstrafe erklärt Fichte als Mord. — In seinem Individualismus geht er in der Beschränkung der Staatstätigkeit noch weiter als Wilh. v. Humboldt in seinem „Versuch, die Grenzen der Wirksamkeit des Staates zu bestimmen". 1792.

Natur des Staates, die Bedeutung der Heimatsliebe und die nationale Eigenart. „Der Staat ist kein Stück Erde, er ist eine Gesellschaft von Menschen; er besteht nicht aus Völkern, sondern aus Personen." „Meint ihr," so ruft er aus, „den Deutschen werde viel daran liegen, daß der Lothringer und Elsässer seine Stadt und sein Dorf in den geographischen Lehrbüchern hinführo in dem Kapitel vom Deutschen Reiche finde!"[1]

In der „Grundlage des Naturrechts[2] nach den Prinzipien der Wissenschaftslehre" von 1796 (III 1—385) sucht Fichte zunächst den Begriff des Rechtes — und zwar unabhängig von dem der Sittlichkeit aus dem Wesen der Vernunft abzuleiten. Der Sinn der Ableitung ist dieser: Soll Vernunft, d. h. ein Ich, ein Selbstbewußtsein existieren, so muß „Recht" gelten. Das Recht ist also eine „Bedingung" der Vernunft, anders ausgedrückt: ein notwendiges Mittel, wenn die Vernunft als Zweck betrachtet wird. Das Verfahren der Ableitung („Deduktion") ist also teleologisch; ihr Gedankengang ist dieser: Ein Ich ist nur, sofern es sich setzt und gleichzeitig anderen entgegensetzt, d. h. sich von ihnen unterscheidet. Eine Mehrheit von vernünftigen Individuen ist also Bedingung für die Möglichkeit eines Ich, eines Selbstbewußtseins.[3] Ich kann aber den anderen Vernunftwesen nur insofern zumuten, mich als vernünftiges Wesen anzuerkennen, inwiefern ich sie selbst als

---

[1] Damals schien sich die Möglichkeit zu bieten, Elsaß-Lothringen für Deutschland wieder zu gewinnen.

[2] Dieser Ausdruck war üblich für die philosophische Lehre von dem „vernünftigen" (im Unterschied zum „posit.ven") Recht. „Naturrecht, das ist Vernunftrecht, und so sollte es heißen", äußerte Fichte 1812. (N. W. II 49.)

[3] Damit sind die Einzel-Iche „deduziert". Mein absolutes Ich (schreibt Fichte 1795 an Jacobi) ist offenbar nicht das Individuum: so haben beleidigte Höflinge und ärgerliche Philosophen mich erklärt ... Aber das Individuum muß aus dem absoluten Ich deduziert werden. Dazu wird die W. L. im Naturrecht ungesäumt schreiten . . . die Bedingungen der Individualität heißen Rechte". (Leben I 176.)
Man sieht aus dem Folgenden auch, was „deduzieren" bei Fichte bedeutet. Er will damit nicht Erfahrungstatsachen als solche erst beweisen (also hier nicht etwa die Tatsache, daß es überhaupt eine Vielheit von Individuen gibt), sondern er will den Sinn, die Bedeutung von Tatsachen im System der notwendigen Vernunfthandlungen (vgl. oben S. 34) aufweisen. Das Selbstbewußtsein wird dabei von ihm als Zweck aufgefaßt. Was sich als Bedingung dafür (Mittel seiner Verwirklichung) nachweisen läßt, das ist eben damit „deduziert".

solche, d. h. als f r e i e Wesen und nicht als bloße Sachen behandle (III 44, 49). Mithin muß ich (wie jedes vernünftige Wesen) die eigne Freiheit soweit beschränken, daß die Freiheit der anderen möglich ist — freilich nur unter der Bedingung, daß die anderen das Gleiche tun. Ein solches Verhältnis heißt R e c h t s verhältnis. Dieses ermöglicht also erst das Nebeneinanderbestehen der vernünftgen Individuen, welch' letzteres Bedingung des Selbstbewußtseins ist. „Mithin ist der Begriff des Rechts selbst Bedingung des Selbstbewußtsein. Folglich ist dieser Begriff gehörig a priori, d. h. aus der reinen Form der Vernunft, aus dem Ich, deduzieret" (III 52).[1]

Man kann das absolute Recht der Person in der Sinnenwelt frei, d. h. „nur Ursache" (nie bloß Bewirktes) zu sein, als „Urrecht" bezeichnen (III 113). Es enthält das Recht 1. auf Fortdauer der absoluten Freiheit und auf Unantastbarkeit des Leibes, 2. auf die Fortdauer unseres freien Einflusses auf die gesamte Sinnenwelt. Es ist insofern unendlich; freilich nur sofern wir seinen Träger i s o l i e r t denken. Nun ist aber, wie eben gezeigt, ein Vernunftwesen als Einzelnes, Isoliertes nicht möglich. Eine Mehrheit vernünftiger Wesen kann aber nicht zusammengedacht werden, ohne daß sie ihre Rechte gegenseitig einschränken. Ihre Urrechte verwandeln sich so in Rechte innerhalb eines Gemeinwesens. Der Begriff des „Urrechts ist insofern Fiktion" (III 112).

Bedeutsam ist in Fichtes Naturrecht die scharfe Trennung zwischen R e c h t und M o r a l. Der Rechtsbegriff kann aus dem des Sittengesetzes nicht abgeleitet werden. Man hat angenommen — so Fichte selbst in seiner Schrift über die Revolution (oben S. 64), das Sittengesetz lasse einen gewissen Brauch des Handelns frei. Aus diesem — bloß erlaubenden — Sittengesetz folge der Begriff des Rechts als etwas, dessen man sich bedienen kann oder nicht. Aber durch einen Bereich des Erlaubten wäre dann das Sittengesetz selbst eingeschränkt und insofern bedingt. Aber tatsächlich ist es „ein unbedingtes und über alles sich erstreckendes" (III 54, vgl. 90 A.).

Dagegen ist das Rechtsgesetz selbst ein Erlaubnisgesetz: es ge-

---

[1] Was die p s y c h o l o g i s c h e Seite, also das Bewußtsein des Rechts betrifft, so gibt es nach F. kein endliches vernünftiges Wesen, in welchem derselbe nicht vorkomme — „keineswegs zufolge der Erfahrung, des Unterrichts, willkürlicher Anordnungen unter Menschen usf., sondern zufolge seiner vernünftigen Natur". Das wirkliche Bewußtwerden des Begriffs aber sei bedingt durch einen Fall seiner Anwendung. (III 53.)

bietet nie, daß man sein Recht ausübe. Dadurch tritt es im Gegensatz zum Sittengesetz, das kategorisch die Pflicht gebietet. Es ver-
bietet sogar oft das Sittengesetz die Ausübung eines Rechtes (das
doch Recht bleibt). Wäre das Recht aus dem Sittengesetz abgeleitet, so würde damit das letztere sich ja widersprechen.

Ferner hat auf dem Gebiet des Rechtes der gute Wille keine
Stelle. Auch wenn dieser fehlt, muß sich das Recht erzwingen
lassen. Physische Gewalt allein gibt dem Rechte die „Sanktion"
(III 54).

Das Rechtsgesetz ist zwar kein mechanisches Naturgesetz, sondern ein Gesetz für die Freiheit. Aber es lautet nur h y p o -
t h e t i s c h : w e n n ich eine Gemeinschaft will, muß ich das Recht
achten. Das Sittengesetz gebietet dagegen kategorisch — u. a.
auch dies: die Gemeinschaft zu wollen[1] (III 88 f.).

Die Menschen können freilich nie wissen, ob die anderen das
Recht achten wollen. Sie könnten also nie die Waffen nieder-
legen, ja sie müßten versuchen einander zu vernichten, weil keiner
dem anderen trauen kann. Sie müssen sich also gegenseitige
Sicherung schaffen, indem sie ihre Rechte einem übermächtigen
Dritten unterwerfen (III 100 f.).

Zugleich muß eine „mit mechanischer Notwendigkeit wirkende
Veranstaltung getroffen werden, durch welche aus jeder rechts-
widrigen Handlung des Gegenteils ihres Zwecks erfolgte". Eine
solche Veranstaltung ist das Zwangsgesetz. Hinter ihm muß stehen
eine den rechtswidrig Handelnden (auch den aus Nachlässigkeit
oder Unbedachtsamkeit Schädigenden) unwiderstehlich bestrafende
Macht (III 142 f.).

Es ist also ein rechtliches Verhältnis zwischen Menschen nur
möglich in einem „gemeinen Wesen unb unter positiven Gesetzen".
(„Es gibt sonach gar kein vorstaatliches Natur-Recht", III 148.)
„Der Staat selbst wird der Naturstand des Menschen und seine
Gesetze sollen nichts anderes sein als das realisierte Naturrecht."

Die den Staat bildenden Individuen sind gedacht als lediglich
von ihrer Eigenliebe, nicht von Moralität[2] bestimmt. Der Gegenstand ihres gemeinsamen Willens ist die gegenseitige Sicherheit. Die Staatsmacht, die das Zwangsrecht ausübt, darf keine

---

[1] Damit ergibt sich doch eine Beziehung zwischen Sittlichkeit und
Recht: es ist moralische Pflicht, die Gemeinschaft zu wollen und demnach
das Rechtsgesetz anzuerkennen. (Vgl. unten F s „Sittenlehre".)

[2] Für vollendete moralische Wesen wäre Rechtsgesetz und Staat überflüssig. (Vgl. S. 68.)

Sonderzwecke erstreben, sondern ihr Wollen muß lediglich auf die Sicherheit aller gerichtet sein. Dieser Wille muß für die ganze Zukunft gelten. Dadurch wird er „Gesetz". Er bestimmt: 1. Wie weit die Rechte jeder Person gehen sollen; 2. wie der Rechtsverletzer bestraft werden soll (1. bürgerliche, 2. peinliche oder Kriminal-Gesetzgebung). Der Staat (mit seiner Gesetzgebung) ist zu denken als gemeinsam gewollt durch die egoistischen Individuen, die gleichsam den „Staatsbürgervertrag" miteinander abschließen. Dieser enthält mehrere Verträge in sich (III 191 ff.). Zunächst beschränken alle ihre, an sich ungemessenen, Ansprüche auf Eigentum unter der Bedingung, daß die anderen es ebenfalls tun („Eigentumsvertrag"). Ferner versprechen sie einander — stillschweigend — gegenseitig ihr Eigentum sich schützen zu helfen gegen fremde Eingriffe („Schutzvertrag"); dazu eine schützende Macht zu schaffen, zu der jeder beiträgt („Vereinigungsvertrag") und sich dieser Macht zu fügen („Unterwerfungsvertrag").

So fügt die Natur im Staate wieder zusammen, was sie bei der Hervorbringung einer Mehrheit von Individuen trennte. Der Staat ist nicht ein willkürlich geschaffener abstrakter Begriff, sondern „ein reelles, durch die Sache selbst vereinigtes Ganzes", das zu erläutern ist nicht durch ein mechanisches Aggregat wie einen Sandhaufen, sondern durch ein organisiertes Naturprodukt wie etwa einen Baum.[1]

Grundlegend für die bürgerliche Gesetzgebung sind folgende Gedanken. „Leben zu können ist das absolut unveräußerliche Eigentum (also: Recht) aller Menschen." Daß der Mensch die nötige Nahrung findet, ist Bedingung für die Fortdauer seiner Person und für seine Freiheit. „Die Befriedigung des Nahrungstriebes ist der letzte Endzweck des Staats und alles menschlichen Lebens und Betreibens."[2] Es ist sonach Grundsatz jeder „vernünftigen" Staatsverfassung: „Jedermann soll von seiner Arbeit leben können." Vermag er dies nicht, so ist der Bürgervertrag für ihn aufgehoben, er ist nicht mehr rechtlich verbunden, irgend eines Menschen Eigentum anzuerkennen. Der Arme hat somit „ein absolutes Zahlungsrecht auf Unterstützung". Freilich hat da-

---

[1] Die hier erreichte o r g a n i s c h e Auffassung des Staates ist — bei wirklicher Durchführung — geeignet, die individualistische (die damals bei Fichte noch vorherrscht) zu überwinden.

[2] Fichte fügt hinzu: Selbstverständlich nur, solange der Mensch bloß unter der Leitung der Natur bleibt und nicht durch Freiheit sich zu höherer Existenz erhebt.

für der Staat das Recht, darüber zu wachen, „ob jeder in seiner Sphäre soviel arbeite, als zum Leben nötig ist" (III 212 ff.). Es soll also nicht bloß ein „Recht auf Arbeit", sondern zugleich eine allgemeine „Arbeitspflicht" gelten. Schmarotzerexistenzen, Leute, die bloß von arbeitslosem Einkommen leben, darf es nicht geben.

Das Eigentumsrecht geht nur soweit als der Gebrauch. Das Recht des Landmannes z. T. beschränkt sich darauf, sein Grundstück zu bebauen und abzuernten.[1] Unangebauter Boden ist Eigentum des Staates; ebenso wird der Bergbau und die Forstwirtschaft am besten von ihm betrieben (III 218 f.).

Alle, die Ackerbau, Viehzucht, Bergbau, Forstwirtschaft, Jagd und Fischerei treiben, bilden die „P r o d u z e n t e n". Neben ihnen stehen die „K ü n s t l e r". So nennt Fichte alle, die Produkte bearbeiten. Für sie ist der Sinn des Eigentumsvertrags, daß sie auf die Beschäftigung der anderen verzichten, aber das a u s s c h l i e ß l i c h e Recht auf i h r e Beschäftigung erhalten. Also sind „Zünfte" notwendig, und die Zahl ihrer Mitglieder ist vom Staate zu bestimmen (III 232 f.).

Zur Besorgung des Warenaustausches sind die K a u f l e u t e nötig. Beim Tausch ist der Produzent im Vorteil; denn er kann zur Not ohne die Produkte der Gewerbetreibenden (der „Künstler") auskommen, aber nicht umgekehrt. Es müssen also H ö c h s t - p r e i s e für Lebensmittel und die anderen gangbarsten Rohprodukte festgesetzt werden (III 234).

Ein Enteignungsrecht in bezug auf die Produkte erkennt Fichte n i c h t an. Sie sind das „absolute Eigentum des Produzenten"; der Staat darf ihn also nicht durch physische Gewalt zum Verkauf nötigen. Er kann nur durch Verkauf aus eigenen Magazinen auf den Preis drücken. Diese Magazine sind leicht anzulegen, da die Landleute ihre staatlichen Abgaben in natura zu entrichten haben.

Höchstpreise sind auch nötig für die Werkzeuge des Ackerbaues und alles was zur Produktion und Auffindung der Produkte gehört, ferner für wärmende Kleidung, Dach und Fach. Unter Umständen muß der Staat selbst Häuser bauen lassen (III 296).

Die Befriedigung von Luxusbedürfnissen wird nicht garantiert, ja der Staat kann sie einschränken, zumal wenn dazu Einfuhr ausländischer Erzeugnisse nötig ist (III 296).

---

[1] Ueberhaupt sieht Fichte, für dessen W. L. ja das T u n (einer P e r - s o n) nicht die S a c h e Grundbegriff ist, im Eigentumsrecht lediglich ein ausschließliches Recht auf bestimmte Handlungen, nicht auf Sachen.

. Als Tauschmittel ist das G e l d notwendig. Die umlaufende Geldsumme entspricht dem Wert alles Verkäuflichen im Staate. Wenn man darum den einzelnen Staat isoliert betrachtet, kommt es gar nicht auf die Höhe des Geldumlaufs an (freilich bei steigendem Umlauf sinkt die Kaufkraft). Papier- oder Ledergeld ist (wenn die Nachahmnug sich verhüten läßt) für den isolierten Staat das praktischste; Gold und Silber sollen das „Weltgeld" bilden (III 238 f.).

An Produktion unb Fabrikaten darf der Staat von seinen Angehörigen soviel nehmen, als er für die Staatszwecke und die (arbeitsunfähigen) Armen braucht. Für diese Lieferungen erhalten sie Geld. Dieses wird des einzelnen „absolut reines Eigentum, über welches der Staat gar kein Recht mehr hat". „Abgaben von Geldbesitz sind völlig absurd".[1] Vorräte, die man sich für sein Geld zum Privatgebrauch verschafft hat — nicht zum Handel (der unter Staatsaufsicht steht) — also alles zum eigenen Gebrauch Eingekaufte, Mobilien, Kleidungsstücke, Pretiosen, sind gleichfalls absolutes Eigentum" (III 240). „Ferner kann der Staat gar nicht Notiz davon nehmen, wieviel bares Geld u. dgl. jemand besitzt, unb wenn er es könnte, darf er es nicht; der Staatsbürger braucht es nicht zu dulben" (III 27). So ist auch das Hausrecht und das Postgeheimnis vom Staate zu achten.

Alle Verträge über absolutes Eigentum werden „auf Treu und Glauben" geschlossen, nicht von Staate garantiert, also auch nicht die Darlehensverträge. Der Staat kann nicht befehlen, daß die Bürger sich trauen sollen, denn es ist selbst auf das allgemeine Mißtrauen aufgebaut; auch wird ihm selbst nicht getraut.

Die K r i m i n a l - Gesetzgebung (III 260 ff.) gründet sich auf folgende Erwägungen.

Wer den Bürgervertrag (mit Willen oder aus Unbedachtsamkeit) irgendwie verletzt, verliert strenggenommen alle Rechte als Bürger, wird also rechtlos, vogelfrei. Aber dem Staat ist an der Erhaltung seiner Bürger gelegen und er kann seinen Zweck: „die gegenseitige Sicherung der Rechte aller vor allen" auch mit milderen Mitteln vornehmen, nämlich mit Strafen. Die S t r a f e ist also nicht Selbstzweck (wie etwa in dem Satze: wer getötet hat, muß sterben, und überhaupt in der Vergeltungstheorie[2] voraus-

---

[1] Die Frage des Kapital-Renteneinkommens und seiner Besteuerung ist gar nicht berücksichtigt.
[2] Die Vergeltung ist (nach Fichte) ein moralischer, kein staats- und strafrechtlicher Begriff; sie steht allein der göttlichen Gerechtigkeit zu. (III 282 ff.)

gesetzt wird), sie ist vielmehr „Mittel für den Endzweck des Staates, die öffentliche Sicherheit, und zwar soll ihre Androhung möglichst die Vergehen v e r h ü t e n; ferner soll ihr Vollzug den Täter (und die anderen) a b f ch r e ck e n. Wer aus Unbesonnenheit andere geschädigt hat, soll durch die Pflicht zum Schadenersatz zu größerer Achtsamkeit gebracht werden (III 262).

Auch in Beziehung auf die Strafe sucht Fichte seine Trennung von Recht und Moral durchzuführen. Wir bestrafen (nach ihm) den, der aus Bosheit andere schädigt, schärfer als den, der es aus Eigennutz oder Fahrlässigkeit tut, weil bei jenem nur ein größeres Uebel nötig ist, um ihn von der Wiederholung abzuschrecken. Die moralische Seite bleibt außer Betracht: über die Moralität eines Menschen kann kein anderer zuverlässig urteilen; auch ist sie nur eine und keiner Grade fähig. Daß man aus Zorn oder Trunkenheit seiner Vernunft nicht mächtig gewesen, ist keine Entschuldigung, eher das Gegenteil (III 265 ff).

Wer den anderen fahrlässig schädigt, hat vollen Schadenersatz zu leisten; ebenso wer es aus Eigennutz tut; letzteren trifft außerdem eine Strafe in gleicher Höhe. Wer die Buße nicht zahlen kann, hat sie in Arbeitshäusern abzuarbeiten. Dagegen können Verbrecher, die das Gemeinwesen selbst unmittelbar oder mittelbar vernichten wollen, nicht im Staate bleiben, wenigstens nicht, solange ihr staatsfeindlicher Wille dauert. Indem der Staat solche ausschließt, indem er sie einsperrt, kann er versuchen, sie — durch Gewöhnung an Ordnung und Arbeit zu bessern. Dazu dienen Besserungsanstalten, Zuchthäuser, Strafkolonien. Unverbesserliche sind auf ewig des Landes zu verweisen (III 263 ff., 282).

Den Mörder trifft völliger Ausschluß aus dem Staate, er wird vogelfrei. Daß der Stab über ihn gebrochen wird, ist ein Symbol für die Aufhebung des Bürgervertrages. Wenn der Staat ihn außerdem hinrichten läßt, so tut er es nicht als Staat — das ist er nicht mehr für den Ausgestoßenen —, sondern als überlegene Naturgewalt zu seiner Sicherung (wie man auch ein wildes Tier niederschießt). „Was aus Not geschieht, ist nichts Ehrenvolles, es muß daher wie alles Unehrbare und doch Notwendige mit Scham und im Geheim geschehen". Die Hinrichtung durch Martern zu verschärfen ist Barbarei (III 250 f.).

Besonders bedeutsam sind Fichtes Lehren über die „Constitution", d. h. die Verfassung des Staates (III 157—187, 286—303).

Wenn die g a n z e Gemeinde die ausübende Gewalt stets in

änden hätte, welche andere Macht sollte sie da nötigen, ihre genen Gesetze zu beobachten? „Eine solche Verfassung, die emokratie in der eigentlichsten Bedeutung des Wortes,[1] wäre e allerunsicherste" (III 158). Anderseits entstünde „Despotie", ollte die Gemeinde die Gewalt unverantwortlichen rägern übergeben. Es ist sonach „ein Fundamentalgesetz jeder :rnunft- und rechtmäßigen Staatsverfassung, daß die exekutive ewalt (welche die richterliche und ausübende i. e. S. umfaßt) und 1s Recht der Aufsicht und Beurteilung dieser Gewalt getrennt erde" (III 160).

Je nachdem die ausübende Gewalt einem oder einer Körperhaft übertragen wird, ist die Verfassung monarchisch oder repulikanisch. Ergänzt diese Körperschaft sich durch Zuwahl, so haben ir die Aristokratie; wird sie vom Volk gewählt (rechtmäßige) emokratie.[2] Der ausübenden Gewalt gegenüber sind die Bürger :eine „Gemeinde", kein „Volk", sondern ein Aggregat von ,Untertanen". Die Träger der Exekutive müssen in ihrer perönlichen Unabhängigkeit sichergestellt sein, damit sie dem Ganzen, nicht privaten Zwecken dienen. Ihre Handlungen müssen „höchste Publizität" haben (III 168).

Es muß nun aber durch die Konstitution eine Macht geschaffen sein, dazu bestimmt, die Träger der Staatsgewalt zu beaufsichtigen, ihre Handlungsweisen zu beurteilen und nötigenfalls sie vor das Gericht der Gemeinde zu fordern. Diese Macht nennt Fichte mit einem aus der Verfassung Spartas entlehnten Namen das „Ephorat" III 169 ff.).

Es ist von der ausübenden Gewalt ganz verschieden, selbst nicht ausübend, sondern hemmend (wie die römischen Volkstribunen). Wenn es erklärt: Die Regierung hat ungerecht gehandelt, so ist diese aufgehoben und keine ihrer Handlungen mehr gültig. Zugleich wird dabei die Gemeinde zusammengerufen. Können in einem großen Reiche nicht alle Männer zur Stelle sein, so ist es doch nötig, „daß bei dieser Beratschlagung wirklich große Haufen des Volkes, hier und da, auf einem Platze zusammenkommen" (III 173). Die Ephoren sind vor der versammelten Gemeine die Kläger, die Träger der Staatsgewalt die Angeklagten, die Gemeine richtet. Zu wessen Ungunsten das Urteil ausfällt, der ist des „Hochverrats" schuldig. „Der Irrtum ist hier so gefährlich als der böse Wille."

---

[1] Die der unsrigen nicht mehr entspricht.
[2] Die uns geläufige Bedeutung des Wortes „Demokratie".

Die Ephoren müssen unabhängig von allen Einflüssen der Staatsgewalt und absolut unverletzlich („sakrosankt" wie die römischen
Volkstribunen) sein. Ferner muß die Macht des Volkes die Gewalt der Exekutive ohne allen Vergleich übertreffen. Es müssen
deshalb bei Versammlungen der Gemeinen „so große Haufen zusammenkommen, daß sie den möglichen Versuchen der Exekutive
sich zu widersetzen, gehörigen Widerstand leisten können" (III 178).
Sollten die Ephoren aber doch mit der Exekutive gemeinsame
Sache machen zur Unterdrückung des Volkes, so können Privatpersonen die Untertanen auffordern, sich zum Volke zu kon-
stituieren. Finden sie die Billigung der Gemeine, so sind sie „durch
ihr Herz und ihre Tugend Erhalter der Nation und ohne Ruf
natürliche Ephoren". Entscheidet sich die Gemeinde gegen sie, so
werden sie „nach völlig gültigem äußerem Recht als Rebellen bestraft, ob sie wohl nach innerem Recht, vor ihrem Gewissen,
Märtyrer des Rechts sein mögen".

Das Volk — in seiner Gesamtheit — ist nie Rebell; es ist in
der Tat und nach dem Recht die höchste Gewalt, die Quelle aller
anderen Gewalt und Gott allein verantwortlich (III 182). —

Im „System der Sittenlehre von 1798 (IV 1—365) wird
es als absolute Gewissenspflicht bezeichnet, daß die Menschen sich
miteinander zu einem Staate vereinigen.

Zunächst kann es mit der Berechnung und Abwägung der ge-
genseitigen Rechte nicht so genau genommen werden. Wir
müssen uns mit einem „Notstaat" begnügen. Er ist die erste Be-
bingung des allmählichen Fortschreitens zum „Vernunft- und
rechtsgemäßen Staat". „Es ist Gewissenssache, sich den Gesetzen
seines Staates unbedingt zu fügen; denn sie enthalten den präsum-
tiven allgemeinen Willen", dem zuwider keiner auf den anderen
einwirken darf. Das gilt auch für den Fall, daß ich „von der
Vernunft- unb Rechtswidrigkeit" des größten Teils der bestehenden Staatseinrichtungen überzeugt bin; denn ich darf in den Angelegenheiten des Ganzen nicht nach meiner „Privatüberzeugung",
sondern muß nach der gemeinschaftlichen handeln. Freilich muß
ich mich um die Besserung der Zustände bemühen. „Dies ist
schlechthin Pflicht." Und wenn dies die anderen auch tun, „so
kann es wohl geschehen, daß der gemeinsame Wille ganz gegen
die Verfassung des Staates ist; dann ist die Fortdauer derselben
rechtswidrige Tyrannei und Unterdrückung; dann fällt der Notstaat von selbst um, und es tritt eine vernünftige Verfassung an

deſſen Stelle. Jeder Biedermann, wenn er ſich nur von dem gemeinſamen Willen überzeugt hat, kann es dann ruhig auf ſein Gewiſſen nehmen, ihn vollends umzuſtürzen" (IV 238 ff.).

Das letzte Ziel alles Wirkens in der Geſellſchaft iſt die allgemeine Uebereinſtimmung. Wäre dieſe erreicht — was freilich nie vollkommen der Fall ſein wird — ſo würde der Staat als geſetzgebende und zwingende Macht wegfallen. Alle hätten dann die gleiche Ueberzeugung und Willensrichtung, jeder täte von ſich aus, was er ſoll (IV 253). —

Eine entſchiedene Ueberwindung der individualiſtiſchen Staatsauffaſſung wenigſtens auf dem wirtſchaftlichen Gebiet zeigt „der geſchloſſene Handelsſtaat" von J. 1800.[1]

Die philoſophiſche Rechtslehre (ſo wird darin ausgeführt) konſtruiert „den Vernunftſtaat nach Rechtsbegriffen", ohne Rückſicht auf die tatſächlichen Staaten und ihre „durch das Ohngefähr oder die Fürſehung entſtandene Verfaſſung". Der wirkliche Staat kann nicht mehr tun, als ſich dem Vernunftſtaat allmählich annähern. Bei ihm iſt nicht bloß (wie beim Vernunftſtaat) die Frage, was rechtens ſei, ſondern auch wieviel davon unter den gegebenen Bedingungen ausführbar ſei. Dieſe Annäherung an den Vernunftſtaat zu vollziehen iſt Aufgabe der Politik (III 397). Alles Gute, deſſen der Menſch fähig iſt, muß durch ſeine Kunſt, unter Leitung der Wiſſenſchaft hervorgebracht werden. Die Natur gibt nur die Möglichkeit, ſeine Kunſt anzuwenden.

Der Zweck aller menſchlichen Tätigkeit[2] iſt der, leben zu können, und zwar ſo angenehm als möglich. „Und da jeder dies als Menſch fordert, und keiner mehr oder weniger Menſch iſt, als die anderen, ſo haben in dieſer Forderung alle gleich Recht (III 402). Im Vernunftſtaate erhält auch jeder „das Seinige" (in dieſem Sinne).

Nun fordern die Lebensbedürfniſſe (wie ſchon in der „Grundl. d. Naturrechts" gezeigt wurde) Produktion, Fabrikation und Handel und demnach die drei Stände der Produzenten, Künſtler und

[1] Der geſchloſſene Handelsſtaat. Ein philoſ. Entwurf als Anhang z. Rechtslehre u. Probe e. künftig zu leiſtenden Politik. 1800, III, 387—513.

[2] Dabei iſt, wie in der Rechtslehre überhaupt, von der rein moraliſchen Betätigung abgeſehen.

Kaufleute. Die Mitglieder der Regierung, sowie die des Lehr-
und Wehrstandes sind bloß um jene drei „Grundbestandteile der
Nation da und können hier im allgemeinen außer Betracht bleiben
(III 405 f.).

Die Produktengewinnung, also in erster Linie der
Ackerbau, ist die Grundlage des Staates, und damit höchster Maßstab für alles Uebrige. Wieviele sich überhaupt andern Betätigun-
gen widmen dürfen, ist vom Staat „zu berechnen nach der Anzahl
der Produzenten, der Fruchtbarkeit des Bodens, dem Zustande
des Ackerbaues". Es dürfen eben nicht mehr Nicht-Produzenten
im Staate sein, als durch dessen Produkte mit ernährt werden
können (III 406). Ferner muß die Fabrikation zunächst auf
unentbehrliche Güter, dann erst auf entbehrliche, auf Luxusgegen-
stände gerichtet werden. „Es sollen erst alle satt werden und fest
wohnen, ehe einer seine Wohnung verziert, erst alle bequem und
warm gekleidet sein, ehe einer sich prächtig kleidet. Es geht nicht
an, daß einer sage: ich aber kann es bezahlen. Es ist eben unrecht,
daß einer das Entbehrliche bezahlen könne, indes irgend einer
seiner Mitbürger das Notdürftige nicht vorhanden findet, und
das, womit der erstere bezahlt, ist gar nicht von Rechts wegen und
im Vernunftstaate das Seinige" (III 409).

Was für die beiden Grundsätze gilt, gilt auch für ihre Unter-
abteilungen und ferner für den Stand der Kaufleute. Ueberall
muß die Regierung die richtige Anzahl bestimmen; eine Gewerbe-
freiheit ist ausgeschlossen; ebenso die Freiheit der Preisbildung.
Für die Festsetzung der Preise muß als Ausgangspunkt und
Maßstab etwas dienen, was nach allgemeiner Annahme der
Nation jeder zum Leben haben soll und muß. Das ist in unserem
Kulturkreis das Brot. Fleisch hat höheren Nährwert. Also ein
Quantum Fleisch, womit sich einer einen Tag ernährt, muß gleich-
viel kosten wie eine Tagesration Brot (III 415 f.). Für die Preis-
bestimmung der Fabrikate kommt der Grundsatz in Betracht: Der
Arbeiter muß während der Arbeit (seine Lehrzeit eingerechnet)
leben können. Aber für unsere Bewertung der wirtschaftlichen
Güter kommt neben der Notwendigkeit für das Leben noch die
Annehmlichkeit in Betracht. So ist ein Nahrungsmittel „über
seinen inneren Wert durch seine Annehmlichkeit noch diejenige
Quantität des ersten Nahrungsmittels (die des Brotes) wert, welche,
wenn die Gewinnung des ersteren (des wohlschmeckenderen) unter-
blieben wäre, durch Anwendung derselben Kraft und Zeit, und

esselben Bodens, von dem letzteren wäre erbaut worden"
(III 417).

Das Ziel dieser ganzen Leitung des wirtschaftlichen Lebens
durch den Staat ist, daß „alle gleich angenehm leben können".[1]
Doch ist nicht eine mechanische Gleichheit herzustellen, sondern es
soll jeder "diejenige Art von Kraft und Wohlsein erhalten, deren
er für sein Geschäft bedarf". Der Gelehrte hat z. B. andere
Lebensbedürfnisse als der Ackerbauer. Gleichwohl werden in dem
Vernunftstaat alle „Diener des Ganzen sein und dafür gerechten
Anteil an den Gütern des Ganzen erhalten. Keiner kann sich
sonderlich bereichern, aber es kann auch keiner verarmen. Allen
einzelnen ist die Fortdauer ihres Zustandes, und dadurch dem
Ganzen seine ruhige und gleichmäßige Fortdauer garantiert"
(III 412).

Diese Ordnung würde aber gestört, wenn Privatpersonen ein-
heimische Produkte oder Fabrikate aus dem Staate ausführen
oder fremde einführen könnten. Mithin gilt: „Aller (wirtschaft-
licher) Verkehr mit den Ausländern muß den Untertanen verboten
sein und unmöglich gemacht werden" (III 419). So ist der Vernunftstaat ein ebenso durchaus g e s c h l o s s e n e r H a n d e l s -
s t a a t, als er ein geschlossenes Reich der Gesetze und der Individuen ist. „Bedarf der Staat eines Tauschhandels mit dem
Auslande, so hat lediglich die Regierung ihn zu führen, ebenso
wie diese e Krieg und Friede und Bündnisse zu schließen hat"
(IV 420 f.)ill in

Anschaulich schildert Fichte die Schäden des vom Staate nicht
geregelten Wirtschaftslebens, der freien Konkurrenz, der künst-
lichen Verteuerung durch Aufkaufen, überhaupt des Kampfes
zwischen Käufern und Verkäufern (III 457 f.). Dieser Kampf
greift auch auf die Staaten selbst über. „Das streitende Handelsinteresse ist oft die wahre Ursache von Kriegen, denen man einen
anderen Vorwand gibt." So entsteht aus Handelsinteresse auch

---

[1] „Es ist nicht ein bloßer frommer Wunsch für die Menschheit, sondern
es ist die unerläßliche Forderung ihres Rechts und ihrer Bestimmung,
daß sie so leicht, so frei, so gebietend über die Natur, so ächt m e n s c h -
l i ch auf der Erde lebe, als es die Natur nur irgend verstattet. Der
Mensch soll arbeiten, aber nicht wie ein Lasttier, das unter seiner Bürde
in den Schlaf sinkt und nach der notdürftigsten Erholung der erschöpften
Kräfte zum Tragen derselben Bürde wieder aufgestört wird. Er soll
angstlos mit Lust und mit Freudigkeit arbeiten und Zeit übrig behalten,
seinen Geist und sein Auge zum Himmel zu erheben, zu dessen Anblick
er gebildet ist." (III 422 f.)

die Herrschaft über die Meere, „welche letzteren doch, außer der
Schußweite vom Ufer der bewohnten Länder, ohne Zweifel frei
sein sollten, wie Luft und Licht" (III 468). Einzelne Einfuhrver-
bote oder Einfuhrzölle erzeugen bei denen, denen dadurch gewohnte
Genüsse entzogen oder verteuert werden, Haß gegen die Regierung
und im geheimen Krieg gegen sie. „Es entsteht Schleichhandel
und ein künstliches System der Defraudation" (III 473).

Nur durch grundsätzliche staatliche Ordnung des gesamten Wirtschaftslebens und Schließung des Handelsstaates sind diese Uebel
zu beseitigen. Dabei haben freilich die Bürger, die bisher ja mit
Einwilligung oder gar Begünstigung der Regierung durch den
Welthandel vielfach mit ausländischen Produkten und Fabrikaten
versorgt wurden, Anspruch, daß sie der Waren, deren Erzeugung
oder Verfertigung im Lande unmöglich ist, nur allmählich ent-
wöhnt, ferner daß ihnen möglichst Ersatz geboten werde.[1]

„In jedem nur gemäßigten Klima dürften stellvertretende Produkte der ausländischen Erzeugnisse sich entdecken und anbauen
lassen, wenn nur Mühe und Kosten nicht gescheut werden dürfen."
(III 478). „In Summa: das Verschließen des Handelsstaates sei
keineswegs eine Verzichtleistung und bescheidene Beschränkung
auf den engen Kreis der bisherigen Erzeugungen unseres Landes,
sondern eine kräftige Zueignung unseres Anteils von dem, was
Gutes und Schönes auf der ganzen Oberfläche der Erde ist, in-
soweit wir es uns zueignen können, unseres uns gebührenden
Anteils, indem auch unsere Nation durch ihre Arbeit und ihren
Kunstsinn seit Jahrhunderten zu diesem Gemeinbesitz der Menschheit ohne Zweifel beigetragen hat" (III 479 f.).

Die Schließung des Handelsstaates setzt aber einen hohen Grad
„produktiver Selbständigkeit und Selbstgenügsamkeit" voraus.
Darauf in erster Linie, weiterhin auch auf militärischen Rück-
sichten, beruht das Recht der Staaten nach ihren sog. „natür-

---

[1] Diese Rücksicht verdienen (nach F.) allerdings nur die Genüsse, „die
wirklich zum Wohlsein etwas beitragen", nicht die, „die lediglich auf
die Meinung berechnet sind". „Es läßt sich sehr wohl denken, daß es
einem hart falle des chinesischen Tees plötzlich zu entbehren, oder im
Winter keinen Pelz, im Sommer kein leichtes Kleid zu haben. Aber
es läßt sich nicht einsehen, warum das erstere gerade ein Zobelpelz, oder
das letztere von Seide sein müsse, wenn das Land weder Zobel noch
Seide hervorbringt; und noch weniger, was es für ein Unglück sein
würde, wenn an einem Tag alle Stickerei von den Kleidern verschwände,
durch welche ja die Kleidung weder wärmer noch dauerhafter wird"
(III 479) — ein Ausspruch, der übrigens kennzeichnend ist für F.s
Mangel an ästhetischem Sinn.

lichen Grenzen zu streben (III 480).[1] Solange diese nicht (durch Ausdehnung oder Selbstbeschränkung) erreicht sind, bleiben Kriege unvermeidlich. «Ein Staat, der das gewöhnliche Handelsſyſtem befolgt und ein Uebergewicht im Welthandel beabsichtigt, behält ein fortdauerndes Intereſſe, ſich ſogar über ſeine natürlichen Grenzen hinaus zu vergrößern, um dadurch ſeinen Handel und vermittels deſſelben ſeinen Reichtum zu vermehren; dieſen hinwiederum zu neuen Eroberungen anzuwenden.... Die Gier eines ſolchen Staates kennt keine Grenzen. Seinem Worte können die Nachbarn nie glauben, weil er ein Intereſſe behält, dasſelbe zu brechen» (III 483). Haben alle Staaten ihre natürlichen Grenzen erreicht — daß ſolche für alle gegeben ſeien, ſetzt Fichte einfach voraus[2] —, dann iſt der weſentliche Grund der Kriege beſeitigt und damit dieſe ſelbſt; dann werden «die Bürger nicht mehr durch jenes Heer von Abgaben gedrückt werden, welches die großen ſtehenden Heere und die ſtete Bereitſchaft zum Kriege erfordert» (III 482 f.).

Wie iſt nun die Schließung des Handelsſtaates durchzuführen? Alle Möglichkeit des Welthandels beruht auf einem in aller Welt geltenden Tauſchmittel, dem Gold- und Silbergeld. Mithin wird der unmittelbar wirtſchaftliche Verkehr der Bürger mit den Ausländern dadurch unmöglich gemacht, daß alles Weltgeld (d. h. alles Gold und Silber) außer Umlauf gebracht und gegen neues Landesgeld umgetauſcht wird. Dieſes Landesgeld darf nur im Lande gelten (III 484 f.). Das Publikum iſt nun freilich gewöhnt, Gold- und Silbergeld höher zu ſchätzen als Papiergeld. Dem ſoll die Regierung Rechnung tragen und einen neuen, unnachahmlichen Geldſtoff einführen, deſſen weſentlicher Beſtandteil Staatsgeheimnis bleiben muß. Dieſes neue Geld müßte ſich der Einbildungskraft empfehlen, es müßte ſchön in die Augen fallen. «Was glänzt und ſchimmert, davon glaubt man um ſo eher, daß es großen Wert habe» (III 487). Die Verfertigung dieſes Geldes müßte dabei der Regierung möglichſt wenig vom bisherigen Weltgeld koſten und möglichſt wenig inneren Wert haben.

---

[1] F. meint z. B., daß Frankreich und England, da Inſeln nur ein "Anhang" der Kontinente ſeien, eigentlich zuſammengehören müßten. "Daher ein Nationalhaß beider Völker, der nur um ſo heftiger iſt, da beide beſtimmt waren, eins zu ſein. (III 481.)

[2] Auch rechnet er nicht mit dem verſchiedenen Wachstum der Bevölkerung in den einzelnen Ländern.

Zugleich mit Einführung des neuen Landesgeldes bemächtigt sich die Regierung des ganzen Aktiv- und Passivhandels mit dem Ausland. Sie beschlagnahmt alle im Lande vorhandene ausländische Ware, ebenso übernimmt sie alle schwebenden Handelsgeschäfte mit Ausländern. Nur für diese Beziehungen mit dem Ausland bedarf sie des Weltgeldes, das sie aus dem ganzen Lande an sich gezogen hat (III 495 ff.). Aber sie muß bestrebt sein, diese Handelsbeziehungen allmählich ganz eingehen zu lassen. Nur da, wo etwa der Anbau eines Produktes sehr unvorteilhaft ist, könnte es gegen einheimisches ausgetauscht werden, so z. B. Wein aus Südfrankreich gegen Korn aus dem nördlichen Deutschland. Es müßte dann auf ewige Zeiten ein Handelsvertrag errichtet werden, der die Gleichheit der ausgetauschten Güter feststellte, so daß es keines Geldes, sondern nur einer Abrechnung bedürfte (III 505).

Eine beträchtliche Auswanderung würde wohl nur im Anfang stattfinden von Personen, denen diese „allein wahre Ordnung lästig, drückend, pedantisch vorkommen würde. An ihren Personen verliert der Staat nichts." An Weltgeld dürften sie nur soviel mitnehmen, als sie bei Einführung des Landesgeldes bar in Händen hatten. Indessen dürfen sie auch die Einkünfte ihrer Besitzungen lebenslänglich ins Ausland beziehen. Das Vermögen selbst fällt an ihre nächsten nicht ausgewanderten Erben.

Erlaubnis zu Auslandsreisen „zum Besten der Menschheit und des Staates" und das nötige Weltgeld dazu erhalten nur Gelehrte und höhere „Künstler". Man preist wohl die vielseitige Bildung, die aus dem Verkehr mit anderen Nationen entsteht. „Wohl: wenn nur erst Völker und Nationen wären; und irgendwo eine feste Nationalbildung vorhanden wäre, die durch den Umgang der Völker miteinander in eine allseitige, rein menschliche übergehen und zusammenschmelzen könnte. Aber, so wie mir es scheint, sind wir über dem Bestreben, alles zu sein und allenthalben zu Hause, nirgends recht und ganz geworben, und befinden uns nirgends zu Hause" (III 512)). „Der müßigen Neugier und Zerstreuungssucht soll es nicht länger erlaubt werden, ihre Langeweile durch alle Länder herumzutragen" (III 506).

Die Ergebnisse der wirtschaftlichen Ordnung, die im geschlossenen Handelsstaate gipfelt, werden die segensreichsten sein. Das Volk befindet sich „in einem beträchtlichen Wohlstand, und von diesem Wohlstande genießen alle ihren geziemenden Teil". „Verarmen und in Mangel kommen kann keiner; ebensowenig seine Kinder und Enkel, wenn sie nur soviel arbeiten, als von ihnen nach der allgemeinen Landessitte gefordert wird" (III 504).

Damit ist „die Hauptquelle der Vergehungen von Privatpersonen gegeneinander, der Druck der wirtschaftlichen Not, oder die Furcht der zukünftigen, gehoben". Auch die wesentlichen Ursachen des Mißvergnügens der Untertanen, „die Größe der Auflagen und die Verpflichtung, Militärdienste zu leisten", sind beseitigt. Nur eine Polizeitruppe ist noch nötig. Für den —freilich „äußerst unwahrscheinlichen Fall" — eines Angriffs von außen sollen „alle waffenfähigen Bürger in den Waffen geübt werden" (III 508).

Der erste Staat, der sich in einen geschlossenen Handelsstaat verwandelt, wird solche Vorteile davon haben, daß sein Beispiel bald allgemeine Nachahmung finden wird (III 509). Damit wird aber auch der ewige Friede begründet sein, und kein Staat hat mehr ein Interesse daran, seine wissenschaftlichen Errungenschaften den anderen vorzuenthalten. Es wird vielmehr der freieste geistige Austausch zwischen Gelehrten und Gewerbetreibenden aller Nationen statfinden. „Die öffentlichen Blätter enthalten von nun an nicht mehr Erzählungen von Kriegen und Schlachten, Friedensschlüssen oder Bündnissen; denn dieses alles ist aus der Welt verschwunden. Sie enthalten nur noch Nachrichten von den Fortschritten der Wissenschaft, von neuen Entdeckungen, vom Fortgang der Gesetzgebung, der Polizei [d. h. der Verwaltung]; und jeder Staat eilt, die Erfindung des andern bei sich heimisch zu machen" (III 513).

Das Haupthindernis für die Verwirklichung seines Idealstaats sieht Fichte darin, daß „Europa über die übrigen Weltteile im Handel große Vorteile hat, und ihre Kräfte und Produkte, bei weitem ohne hinlängliches Aequivalent von seinen Kräften und Produkten, an sich bringt" und daß kein Staat auf diesen Vorteil verzichten will. Dieses Verhältnis Europas zur übrigen Welt, „welches sich nicht auf Recht und Billigkeit gründet", könne freilich unmöglich fortdauern (III 393). Ein weiteres Hindernis erblickt er in dem „charakteristischen Zug" seines Zeitalters, „das Leben in ein Spiel zu verwandeln". „Man will nichts nach der Regel, sondern alles durch List und Glück erreichen. Der Erwerb und aller menschliche Verkehr soll einem Hazardspiele ähnlich sein! Man freut sich mehr der „List des Erstrebens", als der Sicherheit des Besitzes". Darum schreit man nach „Freiheit des Handels und Erwerbes, Freiheit von Aufsicht und Polizei, Freiheit von aller Ordnung und Sitte". „Widerlich" erscheint darum „der Gedanke einer Einrichtung des öffentlichen Verkehrs, nach welcher keine schwindelnde Spekulation, kein zufälliger Gewinn, keine plötzliche Bereicherung mehr stattfindet" (III 511). Fichte sieht darin eine „vernunftwidrige Denkart" (III 512), die absteche von dem „Ernst und der Nüchternheit der Vorfahren" (III 510).

In den „Grundzügen des gegenwärtigen Zeitalters" (1806. VII 1—256) will Fichte u. a. zeigen, wie der vernunftgemäße Begriff des Staates unter den Menschen allmählich realisiert worden und auf welcher Stufe der Entwicklung des absoluten[1] Staates sein Zeitalter stehe.

Er bekämpft jetzt ausdrücklich die „unter den deutschen Philosophen verbreitetste Ansicht vom Staate, nach der er fast nur ein juridisches Institut sein soll" (VII 143).[2] Im Gegensatz dazu definiert er den Vernunftstaat als „eine künstliche[3] Anstalt, alle individuellen Kräfte auf das Leben der Gattung zu richten und in demselben zu vermelzen" (VII 144). Auf den guten Willen der Einzelnen, sich der Idee der Gattung zu opfern, wird dabei nicht gerechnet, insofern ist der Staat „Zwangsanstalt". Im Wesen des vollkommenen Staates liegt, daß er an alle seine Angehörigen denselben Anspruch stellt, und zwar den, daß sie ihm „mit allen individuellen Kräften ohne Ausnahme und Rückhalt einer einzigen" sich weihen. Und warum dies? Der Zweck des Staates ist nicht etwa bloß physische Erhaltung der Individuen (VII 157), sondern: Kultur und deren Vorbedingung: „würdige Subsistenz" (VII 146). Damit der Staat auf dem erreichten Kulturstandpunkt sich behaupte und weiter fortschreite, „bedarf es allemal der Anstrengung aller Kraft". Zudem sollen im vollkommenen Staate alle berechtigten individuellen Zwecke irgendwie im Zweck des Ganzen ihre Stelle finden. Der Einzelne hat also nicht Grund, Kraft für sich zu sparen, um sich selbst „in stiller Ruhe zu bilden". Es gibt keine Bildung, die nicht vom Staate ausgehe und zu diesem zurückstreben müsse.

Es lassen sich nun drei Formen der Staatsverfassung denken. 1. Es besteht absolute Ungleichheit der Staatsglieder; durch unübersteigliche Kluft sind sie geschieden in Herrscher und Beherrschte.

[1] Dies bedeutet hier so viel wie „Vernunftstaat"; denn es ist abgekürzter Ausdruck für „absoluter Begriff des Staates. (VII 128.)
[2] Er hatte diese Ansicht selbst früher geteilt (s. S. 67 f.).
[3] Solange der Instinkt waltet, beruht der Staat auf der „Kunst der Natur"; sie wird später ersetzt durch die „freie und sich selber klare Kunst".

Nur die letzteren sind dem Staatszweck, oder richtiger den Zwecken der Herschenden unterworfen und ihn gegenüber absolut rechtlos. 2. Alle sind dem Staatszweck unterworfen, alle haben auch Rechte, aber ihre Rechte sind ungleich, etwa nach dem zufällig vorhandenen Besitzstand abgestuft. (In diesem Falle arbeiten die Minderberechtigten nur zum Teil für das Ganze, zum Teil tatsächlich für die wenigen Begünstigten.) 3. Es besteht „Gleichheit der Rechte und des Vermögens aller" — was nicht den Unterschied der Stände ausschließt —. Dies wäre der ideale Zustand. (VII 150—159.)

Von der Staatsverfassung ist wohl zu unterscheiden die Regierungsverfassung. Entweder alle nehmen an der Bildung des Staatswillens und damit der Leitung aller Staatskräfte teil, oder einem besonderen Stand (der historisch vorgefunden oder künstlich errichtet wird) ist die Regierung überlassen. Dem allgemeinen Staatszweck bleibt dieser aber (wenigstens im Vernunftstaate) gerade so völlig unterworfen wie die Regierten. Wird nur der Staatszweck klar eingesehen und nach Kräften verwirklicht, so ist „die Regierung recht und gut", ob sie nun in den Händen aller oder einiger oder eines einzigen ruht. Es kommt nur darauf an, daß „richtige" oder — da diese sich nicht erzwingen läßt — „bestmögliche" Einsicht wirklich an die Regierung komme und mit aller Kraft realisiert werde. (VII 155 f.)

Der wahre Staatszweck (der sich deckt mit dem Zweck der menschlichen Gattung), „daß alle ihre Verhältnisse nach dem Vernunftgesetz eingerichtet werden", wird erst in den beiden letzten Epochen der Geschichte (vgl. u. Kap. VI) mit Bewußtsein erfaßt; bis dahin fördert der Staat diesen Zweck „ohne sein eigenes Wissen oder besonnenes Wollen, getrieben durch das Naturgesetz der Entwicklung unserer Gattung, wobei ihm lediglich der Zweck der Selbsterhaltung bewußt ist". Jeder Kulturstaat aber befindet sich schon infolge dieses Zwecks „in natürlichem Krieg gegen die ihn umgebende Wildheit", wodurch er tatsächlich den „ersten Grundzug des Weltplans, die allgemeine Verbreitung der Kultur" fördert. Zugleich treibt die Richtung auf Selbsterhaltung zur Herrschaft über die Naturkräfte durch Wissenschaft und Technik und zur Förderung von Landwirtschaft und Industrie (VII 161—4).

Ferner ist es „die notwendige Tendenz jedes kultivierten Staates, sich allgemein zu verbreiten und alles Vorhandene aufzunehmen in seine bürgerliche Einheit" (VII 201). Die anderen

Staaten widersetzen sich dem; wenigstens das „Gleichgewicht" soll
erhalten werden. „Was wir nicht selbst verschlingen können, soll
auch kein anderer verschlingen, weil außerdem seine Macht gegen
die unsrige eine unverhältnismäßige Zulage bekäme; und so
schützt die Sorge, welche größere Staaten für ihre eigene Selbsterhaltung tragen, auch die Schwachen." Das Streben nach
Universalherrschaft oder wenigstens nach dem Gleichgewicht ist
der „natürliche und notwendige Gang". Darüber dürfen alle Ver-
sicherungen der „Friedensliebe und der Abneigung, die Grenzen
zu erweitern" nicht täuschen. „Lasse nur eine günstige Gelegenheit
zur Vergrößerung kommen, so werden die früheren guten Vorsätze
vergessen" (VII 203 f.). So entstehen fortgesetzt Kämpfe;[1] ebenso
die Bemühungen, das Wachstum der Bevölkerung zu steigern.[2]
Endlich werden dadurch die Staaten zu einer „Gleichstellung der
Rechte aller" im Innern genötigt. Da die Minderberechtigten
schließlich an der Grenze ihrer Leistungsfähigkeit ankommen, so
muß der auf Vergrößerung seiner Kraft bedachte Staat immer
mehr die Bevorrechtigten heranziehen. „Hierzu kommt, daß
selbst die Nichtbegünstigten dem Staat unmittelbar weit mehr
leisten könnten, wenn sie nicht den Begünstigten leisten müßten".
Durch vollkommene Gleichstellung der Rechte aller wird der Staat
selber in sein wahres Recht eingesetzt, „in das Recht, den gesamten
Ueberschuß aller Kräfte seiner Staatsbürger ohne Ausnahme für
seine Zwecke zu verwenden" (VII 208).

Bei dem ständigen Wettbewerb der Staaten gilt: wer nicht
vorwärts schreitet, kommt zurück; auf jeden politischen Fehlgriff
folgt die Strafe endlichen Unterganges. Aber wenn auch der
eigene Staat unterginge, der Trost hierfür fehlt nicht. „Welches
ist denn das Vaterland des wahrhaft ausgebildeten christlichen
Europäers? Im allgemeinen ist es Europa, insbesondere ist es
in jedem Zeitalter derjenige Staat in Europa, der auf der Höhe

---

[1] Hier sei auf einen in anderem Zusammenhang (VII 173) aus-
gesprochenen Satz Fichtes hingewiesen: „Ist doch die Vervollkommnung
der Waffen und die Verfertigung zweckmäßiger oder neuer Mord-
werkzeuge aus Metallen das wahrhaft entwickelnde Prinzip unserer
ganzen Geschichte."

[2] Fichte ist noch ganz frei von den Befürchtungen des Malthus, dessen
Essay on the principle of population 1798 erschien. Er meint: „Wenn
mit zunehmender Bevölkerung in demselben Maße Ackerbau, Gewerbe
und Handel im richtigen Gleichmaß zueinander ebenfalls zunehmen, so
kann das Land wohl nie zuviel Bewohner haben; denn die Ergiebigkeit
der Natur bei zweckmäßiger Behandlung dürfte sich unendlich finden
(VII 207).

der Kultur steht... Mögen doch die Erdgeborenen, welche in der Erdscholle, dem Flusse, dem Berge, ihr Vaterland erkennen, Bürger des gesunkenen Staates bleiben; sie behalten, was sie wollten und was sie beglückt: der sonnenverwandte Geist wird unwiderstehlich angezogen werden und hin sich wenden, wo Licht ist und Recht. Aud in diesem Weltbürgersinn können wir denn über die Handlungen und Schicksale der Staaten uns vollkommen beruhigen" (VII 212). — Wie weit ist doch Fichte auch damals (1805) noch entfernt von der Würdigung des Nationalen!

Noch in einem anderen Ausblick mündet die geschichtsphilosophische Betrachtung über das „natürliche" Verhältnis der Staaten untereinander. Der Staat wird „die zu seinem Eigentum gewordene Volkskraft, die er freilich nie loslassen wird, nicht immer für den, denn doch engherzigen und nur durch die Schuld der Zeiten ihm aufgedrungenen Zweck seiner bloßen Selbsterhaltung verwenden, sondern er wird sie, wie nur der ewige Friede, zu dem es endlich einmal doch kommen muß, geboren worden, für würdigere Zwecke brauchen" (VII 210, vgl. 165).

Der Staat wird dann „die allgemeine und allen seinen Mitgliedern zugängliche schöne Kunst sich zum Zwecke machen". Dagegen „die höheren Zweige der Vernunftkultur: Religion, Wissenschaft, Tugend, können nie Zwecke des Staates werden" (VII 166). Darum ist auch die Kirche, der die Aufbewahrung und Vorbereitung der Religion (nämlich der „wahren", der christlichen) anheimgefallen ist, „eine vom Staate völlig unabhängige Gesellschaft" (VII 167). Ja, der Staat muß entsprechend der Entwicklung des religiös sittlichen Bewußtseins seiner Glieder sich selbst fortentwickeln, damit diese sich nie gedrängt sehen, „Gott mehr zu gehorchen als den Menschen". „Ueberhaupt liegt in der völligen Freiheit und Erhabenheit der Religion über den Staat die Anforderung an beide, sich absolut zu trennen... die Religion soll nie die Zwangsanstalt des Staates für ihre Zwecke in Anspruch nehmen; denn die Religion ist so wie die Liebe des Guten (worin ihr Wesen besteht) innerlich im Herzen und unsichtbar..., der Staat aber vermag nur das zu richten, was vor Augen liegt; die Religion ist Liebe, der Staat aber zwingt; und nichts ist verkehrter als Liebe erzwingen zu wollen." Ebensowenig soll sich der Staat der Religion für seine Zwecke bedienen wollen; denn er würde sodann etwas in Rechnung bringen, was nicht in seiner Gewalt steht... er muß erzwingen können, was er begehrt (VII 187 f.). —

Der in den „Grundzügen" bereits ausgesprochene Gedanke, daß die Staaten notwendig in einem Wettbewerb, ja in einem (versteckten oder offenen) Kriegszustand miteinander lebten, ist von Fichte mit besonderer Schärfe ausgeführt worden in der Schrift „über Machiavelli"[1] (1807. Nachgel. Bd. III 401—453): Man müsse voraussetzen, daß jeder Staat „jede Gelegenheit ergreifen werde, um dem andern zu schaden, so oft er seinen eigenen Vorteil dabei zu ersehen glaube". Ja selbst ohne „Bösartigkeit" vorauszusetzen, müsse man „dieses Verhältnis der fortdauernden Kriegslust" zwischen den Staaten erwarten; denn ihr Recht gehe nicht nur auf ihr Territorium, sondern auf alles, wohin sie ihren Einfluß erstrecken und womit sie sich vergrößern könnten. „Ueberdies will jede Nation das ihr eigentümliche Gut so weit verbreiten, als sie irgend kann, und soviel an ihr liegt, das ganze Menschengeschlecht sich einverleiben zufolge eines von Gott den Menschen eingeflößten Triebes, auf welchem die Gemeinschaft der Völker, ihre gegenseitige Reibung aneinander und ihre Fortbildung beruht" (N. W. Bd. III 422 f.). Darum müsse der Politiker zwei Grundsätze festhalten: „1. der Nachbar, es sei denn, daß er dich als seinen natürlichen Alliierten gegen eine andere euch beiden furchtbare Macht betrachten müsse, ist stets bereit, bei der ersten Gelegenheit, da er es mit Sicherheit können wird, sich auf deine Kosten zu vergrößern. Er muß es tun, wenn er klug ist, und kann es nicht lassen, und wenn er dein Bruder wäre"; „2. es ist gar nicht hinreichend, daß du dein eigentliches Territorium verteidigst, sondern... dulde nicht, daß irgend etwas innerhalb der Grenzen deines Einflusses zu deinem Nachteil verändert werde, und säume keinen Augenblick, wenn du darin etwas zu deinem Vorteile verändern kannst." (N. W. Bd. III 423.) Auch „darf man niemals auf das Wort des andern sich verlassen, wenn man eine Garantie erzwingen kann". (N. W. Bd. III 424.) Aus diesem Grunde werde nicht ein beständiger Krieg folgen, sondern „ein Schwert werde das andere in Ruhe erhalten". Ein Fürst dürf nicht (wie ein Privatmann) sagen: „Ich habe an Menschheit, ich habe an Treu und Redlichkeit geglaubt." „An die allgemeinen Gesetze der Moral ist der Fürst in seinem Privatleben gebunden, so wie der geringste seiner Untertanen; dem Verhältnisse zu seinem friedlichen Volke ist er an Gesetz und Recht gebunden... in

---

[1] Nicolo M. (1469—1527) hat in seinem „Principe" („Der Fürst") die Idee des Nationalstaats vertreten, der seine Zwecke rücksichtslos durchsetzt.

seinem Verhältnisse aber zu anderen Staaten gibt es weder Gesetz noch Recht außer dem Rechte der Stärkeren, und dieses Verhältnis legt die göttlichen Majestätsrechte des Schicksals und der Weltregierung auf die Verantwortung des Fürsten nieder in seine Hände und erhebt ihn über die Gebote der individuellen Moral in eine höhere sittliche Ordnung, deren materieller Inhalt enthalten ist in den Worten: Salus et decus populi suprema lex esto."[1] (N. W. Bd. III 427.)

Diese „ernstere und kräftigere Ansicht der Regierungskunst" müsse wieder erweckt werden, im Gegensatz zu der „flachen, kränklichen und armseligen Zeitphilosophie", die als höchstes Gut „eine gewisse Humanität, Liberalität, Popularität" empfehle, „Feind jedes Ernstes, jeder Konsequenz, jedes Enthusiasmus, jedes großen Gedankens und Entschlusses.... ganz besonders aber verliebt in den ewigen Frieden". (N. W. Bd. III 427 f.)

Man muß sich hier erinnern, wie schroff Fichte in seinen Jugendschriften über Krieg und Militarismus sich ausgesprochen hat, auch daran, daß er in einer (1796 erschienenen) Besprechung von Kants 1795 herausgekommenen Schrift „Zum ewigen Frieden" (VI 427—436) erklärt hat, der ewige Friede sei nicht bloß ein schöner Traum, sondern eine Vernunftidee, deren Verwirklichung schlechthin gefordert sei (VI 433 f.). Wenn er nunmehr als Anwalt einer militaristischen und imperialistischen Politik auftritt, wenn er auf die Grundsätze Machiavellis sich beruft, so drängt sich die Annahme auf, er habe — wohl unter dem Einfluß seiner Erfahrungen während der Napoleonischen Kriege — seine Ansichten völlig geändert.[2] Indessen daß es sich höchstens um eine gewisse Schwankung handelt, geht daraus hervor, daß Fichte in seiner „Staatslehre von 1813" den Gedanken des ewigen Friedens (und eines ihn schützenden Völkerbundes) wiederum vertritt. Auch ist nicht zu übersehen, daß er die Ansichten Machiavellis selbst 1807 sich nicht völlig zueigen macht. Er betont, „daß er Machiavelli für einen erklärten Heiden halte" (N. W. Bd. III 411), während er doch seine eigene Philosophie mit dem (richtig verstandenen)

---

[1] Wohlfahrt und Ehre des Volkes soll oberstes Gesetz sein.
[2] Das nimmt auch Fritz Medicus an in seinem Aufsatz: „Fichte als Anhänger und als Kritiker des Völkerbundgedankens". Ztschr. f. Völkerrecht. XI. Bd. 1919, S. 141—154. Er weist dabei auch auf das „System der Rechtslehre" von 1812 (N. W. I 636—49) hin, worin die Herstellung eines Völkerbunds als „eine u auflösbare Aufgabe an die göttliche Weltregierung" bezeichnet wird. (Vgl. Friedr. Meineke, Weltbürgertum und Nationalstaat. 3. A. (1915) 91—123.)

Christentum gleichsetzte. Nicht minder hebt er hervor: „Ganz außerhalb seines (M's.) Gesichtskreises liegen die höheren Ansichten des menschlichen Lebens und des Staates aus dem Standpunkt der Vernunft" (N. W. Bd. III 404). Endlich ist nicht zu übersehen, daß Fichte diese Schrift nicht als philosophische Abhandlung, sondern als politische Broschüre schrieb, die auf augenblickliche Wirkung berechnet war (vgl. oben S. 24). Immerhin ist zuzugeben, daß er die „höheren Ansichten" des Staates dabei fast völlig in den Hintergrund hat treten lassen.[1] —

In den „Reden an die deutsche Nation" (1808. VII 257—499) werden die im „Naturrecht" aufgestellten Staatszwecke: Erhaltung des inneren Friedens, des Eigentums, der persönlichen Freiheit, des Lebens und des Wohlseins aller festgehalten, aber über ihnen wird ein „höherer Staatszweck" anerkannt (VII 386). Ja noch mehr! „Der Staat als bloßes Regiment des ... menschlichen Lebens ist nichts Erstes und für sich selbst Seiendes, sondern bloß das Mittel für den höheren Zweck der ewig gleichmäßig fortgehenden Ausbildung des rein Menschlichen in dieser Nation" (VII 391 f.).

Diese höhere Schätzung des Staates geht bei Fichte hervor aus der tieferen Würdigung der Nation und des Nationalen. Die Nation (das Volk) wird definiert als „das Ganze der in Gesellschaft miteinander fortlebenden und sich aus sich selbst immerfort natürlich und geistig erzeugenden Menschen, das insgesamt unter einem gewissen besonderen Gesetze der Entwicklung des Göttlichen aus ihm steht." „Jenes Gesetz der Entwicklung des Ursprünglichen und Göttlichen" bestimmt und verwirklicht das, was man den „Nationalcharakter eines Volkes" nennt (VII 381). Vom Geist der ruhigen bürgerlichen Liebe zu der Verfassung unterscheidet sich darum die verzehrende Flamme der höheren Vaterlandsliebe, die die Nation als Hülle des Ewigen umfaßt" (VII 387). Diese Liebe begeistert den Edlen bis zur Selbstaufopferung für die Freiheit der nationalen Entwicklung. Wer im Staate nur das Mittel zur Sicherung sucht, muß im Tod fürs Vaterland eine Torheit sehen, da er Sicherheit auch unter Fremdherrschaft finden kann. Dagegen „die Verheißung eines Lebens auch hienieden über die Dauer des Lebens hienieden hinaus — allein diese ist es, die bis zum Tode fürs Vaterland begeistern kann" (VII 387).

[1] Vgl. meinen Aufsatz „Fichte und Machiavell" in den Kant-Studien, Bd. XXIV.

So wünscht jeder Edeldenkende in seinen Kindern und Kindes-
kindern in vervollkommneter Form fortzuleben, und er will durch
sein Tun und Denken ein Samenkorn streuen zu unendlicher,
immer fortgehender Vervollkommnung seines Geschlechts, etwas
Neues und vorher nie Dagewesenes hinauswerfen in die Zeit, das
in ihr bleibe und nie versiegende Quelle werde neuer Schöpfungen".
Das setzt aber voraus eine Ordnung der Dinge, die selbst ewig und
fähig ist, Ewiges in sich aufzunehmen. Eine solche Ordnung ist
die „in keinem Begriff zu erfassende, besondere geistige Natur"
seines Volkes, „aus dem er selbst mit all seinem Denken und Tun
und mit seinem Glauben an die Ewigkeit derselben hervorgegangen
ist". Was nämlich aus dem ursprünglichen und göttlichen Leben
ausströmt, das ist zwar ein Mehr, verglichen mit dem geistigen
Naturgesetz seiner Nation, aber soweit es in Erscheinung tritt,
fügt es sich doch unter dieses besondere Gesetz und wird sich fügen
in alle Zukunft. Die Gemeinsamkeit dieses Gesetzes ist es, was in
der ewigen Welt, und eben darum auch in der zeitlichen, die
Volksgenossen aus einer bloßen Vielzahl „zu einem natürlichen
und von sich selbst durchdrungenen Ganzen zusammenschließt".
„Jenes Gesetz bestimmt durchaus und vollendet das, was man den
N a t i o n a l c h a r a k t e r eines Volkes genannt hat" (VII 379 ff.).

Die „wahre und allmächtige Vaterlandsliebe" nun, die das
Volk als ein Ewiges und als Bürge unserer eigenen Ewigkeit
faßt, soll durch die E r z i e h u n g in aller Gemüter recht tief und
unauslöschlich begründet werden. Wie hierzu die Erziehung gestaltet werden müsse, will Fichte in seinen Reden zeigen (VII 395 f.,
vgl. u. Kap. V). Diese neue Nationalerziehung soll der Staat in die
Hand nehmen, ja er soll darin — solange die Fremdherrschaft
dauert — seinen eigentlichen Wirkungskreis sehen (VII 432 f.).
Der Staat ist dazu berechtigt und berufen, denn er „als höchster
Verweser der menschlichen Angelegenheiten und als der Gott
und seinem Gewissen allein verantwortliche Vormund der Un-
mündigen hat das vollkommene Recht, die letzteren zu ihrem Heile
auch zu zwingen" (VII 436). —

In der sog. „S t a a t s l e h r e"[1] hat sich Fichte vor allem die
Aufgabe gestellt: „die äußeren, in der gegebenen Welt liegenden
Bedingungen der sittlichen Freiheit darzustellen" (IV 390).

---

[1] D. h. den Vorträgen verschiedenen Inhalts aus der angewandten
Philosophie, die Fichte im Som.-Sem. 1813 in der Universität hielt.

Die gegebene sinnlich wahrnehmbare Welt, sofern wir sie als „Natur", d. h. als ein System gegebener Dinge unter strengen Gesetzen (vgl. IV 460 f.), denken, ist nach der Grundansicht der W.-L. nur die „Sichtbarkeit des Sittlichen". Freilich das Sittliche selbst kann nur durch Freiheit verwirklicht werden, nie durch Natur, aber die Natur nimmt die Wirkungen des sittlichen Wollens „ohne Widerstreben" auf; insofern ist sie eine geeignete (Teil-)Bedingung der sinnlichen Darstellung der Freiheit.

Es ist aber die Freiheit, d. h. „der Wille als das absolut schöpferische Prinzip der wahren Welt", zerteilt unter eine Vielzahl von Individuen, von denen jedes unbedingt frei ist. Insofern können sie sich hindern und hemmen und unfrei machen.

Das N a t u r gesetz, z. B. irgendeine Natureinrichtung, kann diesen Streit nicht schlichten; denn die Natur gebietet überhaupt nicht der Freiheit. Mithin muß ein s i t t l i c h e s Gesetz bestimmen, „wie weit die Freiheit jedes Einzelnen gehen könne, ohne die der übrigen zu stören". Dies ist das R e c h t s g e s e t z. Es ist also selbst das (sittliche) „Grundgesetz und der Bürge gleichsam aller sittlichen Gesetze".[1] So stellt sich neben der Natur als zweite äußere Bedingung der sittlichen Freiheit heraus: das Recht, die rechtliche Welt (IV 492).

Nun herrscht das Recht im gegenwärtigen Weltzustand aber erst unvollständig. Die vorhandenen Rechtsverfassungen sind insofern nur „Notverfassungen", die vorhandenen Staaten nur vorläufige (s. oben S. 82). Sie sollen es aber nicht bleiben. Also ist gerade der Teil des Rechts zu untersuchen, der noch nicht gilt und an dessen Verwirklichung mitzuarbeiten sittliche Pflicht ist (IV 493). Das nächste Mittel, den vollendeten Rechtszustand zu schaffen, liegt in einer allgemeinen Bildung und Erziehung, die es ermöglicht, daß „der Rechtszustand ein Zustand aller" wird, worin ja das ideale Ziel besteht (IV 396). Zu einer solchen Erziehung aber bedarf es der Lehrfreiheit. Sie ist unser „Palladium". Eine Verfassung, die sie antastet, wäre schlechthin unrechtmäßig.[2]

---

[1] Vgl. auch IV 432, wo ausdrücklich das Rechtsgesetz selbst als ein sittliches Gesetz bezeichnet wird. Man sieht: Fichte hat jetzt seine frühere Ansicht, Sittlichkeit und Recht seien streng zu trennen (s. oben S. 63, 67), überwunden.

[2] An dieser Stelle hat Fichte — mit Rücksicht auf die politischen Zeitereignisse — die Vorlesung über den Begriff des wahrhaften Krieges (IV 401—430) eingeschoben. Wir werden darauf an einer späteren Stelle des Gedankenzusammenhanges eingehen, wohin sie sachlich gehört.

Es scheint aber in der sittlichen Forderung, den Rechtszustand zu verwirklichen, ein Widerspruch zu liegen. Einerseits gilt der Satz: Jeder soll frei sein, also dem Zwange enthoben, und seiner eigenen Einsicht folgen. Anderseits bleibt wahr: Das Recht soll — gerade als unentbehrliche Bedingung der Freiheit — schlechthin gelten; es muß darum sogar „mit Zwang und Gewalt" durchgesetzt werden (IV 443)). Um diesen Widerspruch zu heben, ist darauf zu achten, daß der Satz lediglich den i d e a l e n Zustand ins Auge faßt, der Gegensatz die g e g e b e n e Wirklichkeit als eine zum Ideal fortzuentwickelnde. Es geht also hier Fichte die Erkenntis auf, daß die absolute Freiheit nur dem sittlich vollkommenen Menschen zugesprochen werden kann; daß dagegen für den in der Wirklichkeit gegebenen unvollkommenen ein gewisses — je nach Umständen — verschiedenes Maß von Zwang unentbehrlich bleibt gerade als eine äußere Bedingung der Entwicklung zum Idealzustand hin.

Wenn das Rechtswidrige anfangs auch bloß aus Zwang, ohne Einsicht und guten Willen unterlassen wird, so beugt das der Verwilderung vor und schließt nicht aus, daß das Unrecht später aus Einsicht gemieden wird. Dieses bleibt freilich das Ziel. Darum muß mit den Veranstaltungen zur Erzwingung des Rechts eine Einrichtung verbunden werden, „um alle zur Einsicht[1] der Rechtmäßigkeit des Zwangs und so zur Entbehrlichkeit desselben zu bringen". Also, „nur zum R e c h t e darf gezwungen werden; jeder andere Zwang ist durchaus widerrechtlich (abscheulich, teuflisch)"; ferner „kein Zwang, außer in Verbindung mit der Erziehung zur Einsicht in das Recht" (IV 437). Solcher Zwang ist „Bedingung zur Hervorbringung der Einsicht und zur Annahme der Zucht: — ist das Mittel, wie die Einsicht der Gemeine sich anknüpft an das Individuum und das Individuum aus einem bloßen Naturwesen in ein geistiges verwandelt" (IV 440). Nur wenn der Zwangsstaat die Erziehung aller zur Einsicht der sitt-

---

[1] Fichte bemerkt dabei, daß auf diese allgemeine Einsicht deshalb gerechnet werden kann, weil das Recht ein in der Vernunft liegender, rein apriorischer Begriff sei; nicht ein empirischer, über den man sich willkürlich ve-ständ.ge, wie Rousseau gemeint. Bei ihm findet er „ein Grübeln über spekulative Aufaaben auf gutes Glück ohne spekulative Prinzipien. Darauf die französische Revolution: kein Wunder, daß sie, aus solchen Grundsätzen hervorgehend, so ablief"! (IV 436, vgl. 438.)

lichen Bestimmung verwirklicht, „hat er selbst das Recht zu existieren, denn in ihr bereitet er die eigene Aufhebung vor".[1]

Nun ist das Gesamtleben der Völker in fortwährender Entwicklung — es ist „ein fortgesetzter Kampf mit der Natur um
Freiheit, Oberherrschaft über dieselbe —, ebenso ist der Rechtszustand in Entwicklung: wer soll nun bestimmen, welchen Weg
im einzelnen Fall die Entwicklung nehmen soll. „Beispiel: Wer
soll entscheiden, ob die Freiheit der Meere die zu realisierende
Aufgabe der Gegenwart sei,[2] wofür alles Blut, Leben und Regung
geopfert werden müsse, oder die Heraufbildung der niederen Stände
zu den höheren? — Wer Krieg oder Frieden auf jene Ver-
anlassung hin über sich nehmen?" (IV 442). Zur Entscheidung
solcher Fragen gehört die Beurteilung des tatsächlich Gegebenen,
und diese ist unendlich, sofern darüber jeweils die Nachwelt durch
ihre inzwischen gemachten Erfahrungen ein reiferes Urteil haben
wird als die Vorwelt. Praktische Maßnahmen sind auch niemals
„die besten überhaupt, sondern nur die besten für die Zeit: diese
kann nur derjenige angeben, der den größten Verstand hat in
seiner Zeit und in seinem Volke", und das ist derjenige, „der das
ewige Gesetz der Freiheit in Anwendung auf seine Zeit und sein
Volk am richtigsten versteht", wozu auch gehört, daß er seine Zeit
und sein Volk am besten versteht (IV 444).

Der höchste Verstand kann aber nicht dadurch gefunden werden,

---

[1] So in dem interessanten „Excurs zur Saatslehre" VII 574 ff. Darin
wird auch versucht, das Recht des Staates auf die Erziehung, das in
den „Reden" aus einem „höheren" Staatszweck (der Erhaltung und
Förderung der n a t i o n a l e n Kultur abgeleitet wird; vgl. S. 89 oben),
aus der Aufgabe der Eigentumssicherung zu deduzieren. In der Eigen-
tumsidee liegt, daß jeder das Recht hat auf kräftigste und erfolgreichste
Tätigkeit. Dieses Recht kann auch durch Nachlässigkeit und Unbildung
anderer gestört werden. („Die Raupen des anderen können mit meine
Saat verwüsten." „Man gedenke an die Schutzblattern.") Positiv
folgt „die Verteilung der Gewerbe" und „die Erziehung aller". Es folgt
das alles aus dem Urrecht des Menschen, der Macht über die Natur.
„Wie irgend ein Mensch es weiß und vermag, die Natur zu besiegen,
so soll es für alle sein. „Des Menschen Leben ist die Gesellschaft, und
sein Recht, die vollkommenste Gesellschaft, die er denken kann." Fichte
spricht jetzt geradezu aus: „Planmäßige Volksbildung und Regierung
ist eins." (VII 578 f.)

Das Recht des Einzelnen auf Erziehung wird so dargetan: „Die
Menschen müssen dem Rechte folgen: dies wollen alle. Aber zugleich
können sie als freie nur ihrer Einsicht folgen wollen. Ihr Recht auf
Erziehung ist daher ihr Urrecht" (VII 581).

[2] Hiermit begründete damals Napoleon seinen Kampf gegen England.

daß jemand sich selbst als seinen Träger aufstellt; der Herrscher kann sich also nicht selbst ernennen. Wer soll ihn ernennen? Darauf gibt Fichte die zunächst verwunderlich klingende Antwort: „Der Lehrstand hat aus seiner Mitte denjenigen zum Herrscher zu ernennen, den die Lehrer als den geistig Höchststehenden unter sich anerkennen" (IV 451).

Zu dieser Antwort gelangt Fichte durch folgende Erwägung. Um die konkreten Fragen der Rechtsentwicklung (und — wie das obige Beispiel zeigt — der Politik) zu entscheiden, dazu gehört der höchste Verstand. Wie kann dieser sich durch „offenbare Tat" beweisen? Wer andere zu objektiver, ihnen einleuchtender Erkenntnis zu bringen vermag, der besitzt sie. Dies tut aber der Lehrer, „der es wirklich ist, der den gemeingültigen Verstand anderer wirklich entwickelt", vor allem der, der nicht bloß „historisch Gelerntes weiter gibt", sondern „durch neue Hervorbringungen" als „Künstler der Entwicklung" sich erweist. Der Lehrerstand ist also zur Leitung, insbesondere zur Ernennung des Oberherrn berufen, dem die Aufgabe zufällt, „das Recht im höheren Sinne, die Zeitbestimmung des Volkes zu beurteilen" (IV 450).

Diese Forderung steht im Einklang mit dem Grundgedanken Fichtes, daß die Entwicklung zunehmend rationalisiert werden solle, nämlich, daß sie einhergehen solle „nach einem Begriff (d. h. eben: geleitet von Erkenntnis), nicht aber nach einem blinden Ohngefähr, das der Unverstand und der Götzenaberglaube sodann göttliche Vorsehung nennt" (IV 457). Jedenfalls muß man, um Fichtes Ansicht richtig zu würdigen, den Begriff „Lehrerstand" in dem weiteren Sinne der zur geistigen Führung Befähigten[1] fassen und beachten, daß ein politisches Genie in der Regel nicht sowohl durch theoretische Lehren, als durch seine Maßnahmen selbst jener führenden Schicht den Tatbeweis liefern wird, daß er Träger des „höchsten Verstandes" sei.

Der „Lehrerstand" soll nach Fichte auch über die Verfassung des Staates entscheiden, insbesondere darüber, „wie der absolut

---

[1] Daß dies die Ansicht Fichtes ist, zeigt die Bemerkung in dem erwähnten „Exkurs": „Auch die ersten Regierungsbeamten, Minister, müssen aus dieser höchsten Sphäre der Intelligenz hervorgehen." Ferner: „Diejenigen, denen der Bürger ohnehin die höhere Einsicht zugesteht ... diese sind seine Lehrer" VII 559, vgl. 575.

So ist es auch ganz im Sinne Fichtes, wenn neuerdings die Forderung erhoben wird, daß die wirklich Gebildeten es als heilige Pflicht ansehen müßten, die politische Führung des Volkes zu übernehmen.

alle bindende Entschluß zustande kommen soll": ob durch einen
Einzelnen oder einen Senat. Neben dem Lehrerstand steht als
zweiter Stand der durch die Lehrer Gebildeten. Er ist das „Produkt" des ersten, sofern ja die geistige und sittliche Bildung von
den Lehrern ausgeht, und sofern diese zu bestimmen haben, welchen
Berufen sich das heranwachsende Geschlecht zuzuwenden habe —
nicht auf Grund von Herkunft und ererbtem Besitz, sondern lediglich auf Grund von Leistungen in der für allen gemeinsamen Ein-
heitsschule (IV 453 ff.). „Die im Unterricht gezeigte angeborene
Verstandsanlage bestimmt die Stelle, die jeder im Reiche ein-
nimmt, jedwede ohne Ausnahme, nicht bloß die Oberstelle.
Der Sohn des Niedrigsten kann zur höchsten, der Sohn des
Höchsten zur niedrigsten Stelle kommen" (IV 455). — Also freie
Bahn dem Tüchtigen — wobei freilich zu bedenken wäre, ob nicht
der Erweis der Tüchtigkeit im Leben wichtiger sei, als der in
der Schule.

Die Fortbildung des gegenwärtigen Zustandes, die also Sache
des höchsten Verstandes sein soll, setzt aber nicht nur die Erkenntnis des Ideals und der nächsten Aufgaben zu seiner Verwirklichung,
sondern auch die Einsicht in den gegenwärtigen Zustand der Dinge
voraus; sie ist auf geschichtlichem Wege zu erringen. Das
führt Fichte zur Erörterung der Frage: „Was ist Geschichte überhaupt? (IV 459 ff.) Wir werden darauf bei der Darstellung seiner
geschichtsphilosophischen Gedanken zurückzukommen haben. Hier
nur der Grundgedanke in seiner Anwendung auf den Staat und
seine Entwicklung.

Den Verlauf der Geschichte meint Fichte verstehen zu können
aus dem Widerstreit des „Glaubens" und des „Verstandes". Der
Glaube hält an dem Gegebenen, Gewohnten fest, verehrt es als
heilig und fordert dafür Achtung und Unterwerfung; der Ver-
stand übt Kritik und will nichts anerkennen, was er nicht als be-
rechtigt klar einzusehen vermag. Demnach ergeben sich für die
Entwicklung zwei Hauptepochen: der Staat in seiner gegebenen
Gestalt gilt dem Glauben als ein Absolutes: Alte Welt. Infolge
der Fortentwicklung des Verstandes gilt der Staat nur noch als
Mittel und Vorbereitung für das durch Freiheit zu schaffende
„Reich". (Vom Eintritt des Christentums bis zur Gegenwart;
IV 425 f.)

Unter dem „Reich" aber versteht Fichte den idealen Zielpunkt
der geschichtlichen Entwicklung: „ein Reich der Freiheit, . . . wo
alle frei sind, ohne daß eines Einzigen Freiheit durch die aller

Uebrigen gestört werde" (IV 411; vgl. 418). Dieses „von der
Vernunft geforderte Reich des Rechts, und das vom Christentum
verheißene Reich des Himmels auf der Erde ist eins und dasselbe" (IV 582).[1] Je mehr es verwirklicht wird, um so mehr wird
„die hergebrachte Zwangsregierung allmählich einschlafen, weil sie
durchaus nichts mehr zu tun findet. Was der gute und wackere
Mensch schon jetzt kann, . . . dem Richter, der Polizei und aller
nötigenden Gewalt mit sich gar kein Geschäft zu machen, das werden sie dann alle so halten, und so wird dann die Obrigkeit jahr-
aus jahrein kein Geschäft finden. Die Angestellten werden sich
darum ein anderes suchen . . . So wird der dermalige Zwangsstaat ohne alle Kraftäußerung gegen ihn an seiner eigenen, durch
die Zeit herbeigeführten Nichtigkeit ruhig absterben, und der letzte
Erbe der Souveränität, falls ein solcher vorhanden, wird eintreten
müssen in die allgemeine Gleichheit, sich der Volksschule über-
gebend, und sehend, was diese aus ihm zu machen vermag"
(IV 599). Völker, in denen dies Reich Gottes wirklich geworden,
„bekriegen sich nicht, und unter ihnen ist ewiger Friede und
ewiges Bündnis da". So wird schließlich „das ganze Menschengeschlecht auf der Erde umfaßt werden durch einen einzigen innig
verbündeten christlichen Staat, der nun nach einem gemeinsamen
Plan besiege die Natur und dann betrete die höhere Sphäre
eines anderen Lebens" (IV 600).[2]

Solange freilich dieser echte Geist des Christentums noch nicht
alle Völker erfaßt hat, ist die Möglichkeit gegeben, daß ein Volk,
in dem das Reich Gottes schon fest Wurzel gefaßt hat, von anderen, in denen dies noch nicht der Fall, mit Krieg überzogen
wird. Es ist dann aber keine Frage, daß „dieses Volk ebenso
gegen den äußeren Feind stehen werde mit gemeinschaftlicher
Kraft, als ein Mann, wie es gegen den inneren Feind, die Natur,
immerfort steht", und daß es „bei seiner überwiegenden Natur-

---

[1] Diese Vorlesungen Fichtes wären darum eigentlich „Lehre vom Reich
Gottes" (das ja zugleich das Reich der vollkommenen Freiheit ist.
IV 523, 382) zu nennen, nicht „Staatslehre", wie der erste Herausgeber
sie nannte (IV, XXV).
[2] Schon in dem (im Juni 1806) verfaßten Dialog „Der Patriotismus
und sein Gegenteil" (N. W. III 221—274) hat Fichte den Gedanken entwickelt, daß gerade die Deutschen als das Volk der Wissenschaft berufen
seien, die geistige Enge des herkömmlichen Patriotismus zu überwinden:
„Uebernimmt nicht der Deutsche durch Wissenschaft die Regierung der
Welt, so werden zum Beschluß von allerhand Plackereien außereuro-
päische Nationen, die nordamerikanischen Stämme, sie übernehmen, und
mit dem dermaligen Wesen ein Ende machen" (N. W. III 243).

erkenntnis Kunstfertigkeit und gottbegeisterten Mute entschiedener
Sieger sein werde" (IV 599).

Näher ist dieser Gedanke ausgeführt in dem Vortrag „Ueber
den Begriff des wahrhaften Krieges" (IV 401—430).

Zwei entgegengesetzte Auffassungen des Krieges gründen sich
auf einen Gegensatz in der Ansicht über den Staat und des menschlichen Lebens überhaupt.

Dem „gewöhnlichen, natürlichen, unerleuchteten Menschen" ist
das Leben letzter Zweck. Er hat eben nur Blick für dieses zeitliche, irdische Leben; und wenn er auch mit der ihm überlieferten
christlichen Religion an ein jenseitiges Leben glaubt, so bleibt ihm
diese Religion „eben nur geglaubt, an ihren Ort gestellt, ohne daß
sie die ganze Erkenntnis und darum die Ansicht des gegenwärtigen
Lebens weiter bestimmte"; sie bringt höchstens Andachtsübungen
und einen gewissen Gottesdienst hervor" (IV 402).

Ist das Leben das Erste, so ist das irdische Gut als Mittel das
Leben zu erhalten und angenehm zu gestalten, das Zweite; der
Staat als Mittel das Eigentum zu schützen das Dritte. Wie das
Eigentum zusammengebracht ist, darauf kommt es nicht an. „Erwerb und Handel und überhaupt alles menschliche Treiben ist frei
und über die Gesetze des Staates durchaus erhaben." „Der Staat
eine Anstalt der Eigentümer;" „die Staatsgewalt der Diener dieser Eigentümer, der von ihnen für diese Dienste bezahlt wird"
(IV 403). Es ist den Eigentümern durchaus gleichgültig, wer sie
schützt, wenn sie nur geschützt werden; das einzige Augenmerk dabei ist: so wohlfeil als möglich. Der Staat ist ein notwendiges
Uebel, weil er Geld kostet, man muß aber jedes Uebel so klein
machen als möglich. Aber freilich, in dieser Rechnung ist ein
Fehler. Die Eigentümer begeben sich nämlich, um ihren unge-
hinderten Erwerb zu treiben, der Selbstverteidigung. So können
sie sich auch nicht gegen ihre Verteidiger selbst, die Träger der
Staatsgewalt, verteidigen; sie müssen zahlen, was diese verlangen.
So wird die Verteidigung ein einträgliches Geschäft, und die
Herrscherfamilien, die Inhaber dieses Geschäftes, werden ver-
suchen, sich einander zu verdrängen. So kommt es zu Kriegen.
Die Eigentümer und die Gewerbetreibenden gehen diese in der
Regel ganz und gar nichts an, und es wäre Torheit, wenn sie
sich hineinmengten: „es ist ein reiner Krieg der Herrscherfamilien"
(IV 406).

„Sobald der Feind . . . sich seines Wohnsitzes nur bemächtigt
und die Söldner des andern vertrieben hat, tritt alles wieder ein

in seinen vorigen Gang; seine Habe ist gesichert, und er geht seinen
Geschäften ruhig nach wie vorher." Während des Kampfes aber
ist „Ruhe die erste Bürgerpflicht".[1] „Ruhe, daß er ganz neutral,
in sein Haus verschlossen, bei verrammelten Fenstern, den Ausgang abwarte, und sehe, wen derselbe ihm zum künftigen Verteidiger geben werde, womöglich für einen guten Vorrat weißen
Brotes, frischen Fleisches und stärkender Getränke gesorgt habe,
mit denen er .. dem Sieger sich empfehle" (IV 406). „Die Fortdauer des Kampfes verheert das Eigentum, das höchste Gut des
Menschen nächst dem Leben, und bedrohet selbst Leben und Ge-
sundheit, die allerhöchsten Güter." Mithin ist es oberste Pflicht
jedes verständigen Menschen, den Krieg möglichst abzukürzen.
Läßt sich also vermuten, wohin sich der Sieg wenden werde, so
muß man die Festungen übergeben und die Krieger müssen die
Gewehre wegwerfen und übergehen. „Der Sold dort ist ebenso
gut." Das ist gehandelt nach dem Sinne „eines vorurteilsfreien und
aufgeklärten" Eigentümers. „Vorurteile aus barbarischen Zeiten,
von göttlicher Einsetzung der Könige, Heiligkeit des Eides, Natio-
nallehre, sind nichts für den, der klar geworden ist über die so
einfachen Sätze: daß das Leben das Erste, die Güter das Zweite
und der Staat erst das Dritte ist" (IV 407). So charakterisiert
Fichte ironisch die herrschende Auffassung, in der er zugleich die
der Aufklärungszeit sieht. Ihr setzt er nun die eigene entgegen.

Die wahre Ansicht des Lebens dringt über dieses „erscheinende
und zeitliche" Leben hinaus auf das, „was in allem Leben erscheint
und erscheinen soll, auf die sittliche Aufgabe" — das Bild Gottes.
Hierzu ist das Leben bloßes Mittel. „Das Leben der Individuen
ist ewig, wie das Leben selbst. Wer da lebt, wahrhaftig lebt, im
ewigen Zweck, der kann niemals sterben" (IV 409). Dieser ewige
Zweck, die sittliche Aufgabe, ist aber nur zu erfüllen in Freiheit,
und diese Freiheit kann (durch die Freiheit der anderen) gestört
werden. So ist denn Freiheit „der höchste im Leben dem Menschen gestellte Zweck,"[2] das höchste Gut (IV 410). Ja, das zeitliche

---

[1] Nach der Schlacht von Jena ließ bekanntlich der Gouverneur von
Berlin von Schulenburg-Kehnert eine Bekanntmachung anschlagen, in
der es hieß: „Der König hat eine Bataille verloren, die erste Bürgerpflicht ist Ruhe." Freiwillige, die sich zum Eintritt ins Heer meldeten,
wurden zurückgewiesen.

[2] Dieser Satz ist mit dem vorausgehenden, daß die sittliche Aufgabe
der höchste Zweck sei, nur so zu vereinigen, daß unter Freiheit die
„wahre" Freiheit, d. h. die freie Verwirklichung jener sittlichen Aufgabe verstanden wird.

Leben erscheint geradezu als ein Kampf um die Freiheit, um die „innere" Freiheit gegenüber den Naturtrieben, um die „äußere" gegenüber den anderen Menschen. Diese äußere Freiheit wäre gesichert in dem vollkommenen Rechtszustand, dem „Reiche" Gottes auf Erden (vgl. S. 94).

Von dieser Auffassung des Lebens aus ergibt sich der Begriff des „wahren Krieges", des Volkskrieges. Nämlich: „eine Menschenmenge, durch gemeinsame sie entwickelnde Geschichte zu Errichtung eines Reiches vereint", nennt man ein Volk. Dessen Selbständigkeit und Freiheit besteht darin, in dem angehobenen Gange aus sich selber sich fortzuentwickeln zu einem „Reiche". Ist nun die Selbständigkeit eines Volkes, der freie Gang seiner Entwicklung angegriffen, soll es einem fremden Volke gewaltsam einverleibt werden, dann kommt es zum wahren Krieg, nicht dem der Herrscherfamilien, sondern dem des Volkes. „Die allgemeine Freiheit und eines jeden besondere ist bedroht; ohne sie kann er leben gar nicht wollen, ohne sich für einen Nichtswürdigen zu bekennen." So ist jedem für seine Person (ohne Stellvertretung) aufgegeben ein Kampf um Leben und Tod" (IV 412). Alle Güter und Kräfte müssen eingesetzt werden; kein Friede darf geschlossen werden ohne vollständigen Sieg, d. h. „ohne vollkommene Sicherung gegen alle Störung der Freiheit" (IV 413).

„Den Erleuchteten[1] geht ein Staat, aufgebaut auf den Grundbegriff der Eigentumserhaltung, mit allem seinen Treiben in einem Kriege gar nichts an, außer, wofern er ihn betrachtet als den Entwicklungspunkt eines Reiches der Freiheit. Sein Zweck ist nur das letztere; für dieses aber und, falls es auch selbst noch nicht in der Wirklichkeit wäre, für die Hoffnung und künftige Möglichkeit desselben, ist er stets bereit, Eigentum und Leben aufs Spiel zu setzen" (IV 419).[2]

Ueber den Begriff des „wahren Krieges" finden sich auch Ausführungen in dem „Entwurf zu einer politischen Schrift im Frühling 1813" (aus dem Nachlaß hg. S. W. Bd. VII 546—613).

---

[1] D. h. dem, der die wahre Ansicht vom Leben und seinem (sittlichen) Zweck hat.

[2] Daß es sich im Kampfe gegen Napoleon um einen wahren Krieg handele, an dem auch der „Erleuchtete" teilnehmen müsse, sucht Fichte darzutun. Dabei entwirft er ein berühmt gewordenes Charakterbild Napoleons (IV 424—430), dessen Genialität, dessen gewaltigen Willen er unumwunden anerkennt, dessen Hauptzug er aber in einer „gänzlichen Blindheit für die sittliche Bestimmung des Menschengeschlechtes" erblickt.

Der wahre Krieg, der Volkskrieg, ist durchaus „auf Sieg und volle Wiederherstellung" gerichtet, im Unterschiede von dem Kriege der Landesherren, der ein Krieg des Interesses, des Mein und Dein ist. Wollte der absolute Fürst an sein Volk appellieren: Wehrt euch, damit ihr nur m e i n e Knechte seid und nicht die eines Fremden: sie wären Toren, wollten sie folgen (VII 551). „Wenn wir daher nicht im Auge behielten, was Deutschland zu werden hat, so läge an sich nicht viel daran, ob ein französischer Marschall, wie Bernadotte, an dem wenigstens früher begeisternde Bilder der Freiheit vorübergegangen sind, oder ein deutscher aufgeblasener Edelmann, ohne Sitten und mit Roheit und frechem Uebermut über einen Teil von Deutschland gebiete" (VII 569).

Also der Sinn des wahren Krieges ist es, die ungehemmte nationale Entwicklung zu einer besseren Zukunft und zu größerer Freiheit zu führen. Da nun hierfür die Erziehung von allergrößter Bedeutung ist, so ist der „Krieg für die Selbständigkeit zugleich Kampf für den Fortgang in der hergebrachten Weise der Erziehung und Entwicklung. Französische Herrschaft über die Deutschen müßte suchen uns erst zu Franzosen zu machen .. Nun wird der Deutsche nie zum Franzosen, also ist er ganz zum Sklaven gemacht" (VII 561).

Ueberhaupt enthalten die am Schlusse des Bd. VII aus dem Nachlaß hg. P o l i t i s c h e n F r a g m e n t e aus dem J. 1807 und 1813 manche beachtenswerte Ergänzungen früherer Schriften. In einem Abschnitt (aus dem J. 1807), der ein Zukunftsbild „d i e R e p u b l i k d e r D e u t s c h e n z u A n f a n g d e s 2 2. J a h r h u n d e r t s" entwirft, sieht er Fürsten und Adel beseitigt. Vielleicht sind sie „einsehend, daß sie selber der Führung nur allzu-bedürftig und also durchaus unfähig die Nation zu führen, freiwillig und aus eigener Bewegung zur Gleichheit mit allen herabgestiegen", vielleicht hat „die Nation selber wie durch einen elektrischen Schlag getroffen und durch die Umstände begünstigt, sich jener auf gute Weise entledigt" (VII 531).

Im Entwurf von 1813 erklärt Fichte geradezu, „daß es zu einem deutschen Volke gar nicht kommen kann, außer durch Abtreten der einzelnen Fürsten". Die Erblichkeit der Regierung verwirft er dabei als „ein völlig vernunftwidriges Prinzip; denn die Bildung, zumal die höchste, hier erforderliche, hängt durchaus von individueller Anlage und Bildung ab und führt gar nichts E r b l i c h e s bei sich" (VII 547). „Kein Amt läßt sich erben, und das Fürstenamt ließe sich's? Pflichten der Fürsten? Sie denken

Wunder, wie Großes sie sagen! Die erste wäre die, in dieser
Form nicht da zu sein" (VII 564). „Man hört wohl von Theologen lehren: es sei Gottes Wille, den F ü r ſ t e n zu gehorchen. —
Dem R e ch t e wohl; in dieser Behauptung erhebt man sich nicht
einmal zur Idee derselben, sondern verwechselt den Willen des
Fürsten geradezu damit. Aber wo steht denn diese Interpretation?
— Es ist des Teufels positiver Wille; Gottes nur zulassender,
damit wir uns befreien" (VII 558).   H i ſ t o r i ſ ch betrachtet,
erscheint freilich die Stellung der absoluten Fürsten (der „Zwangs-
herren") in milderem Lichte: „der Mensch muß zur Rechts-
verfassung gezwungen werden."   Allmählich aber erhebt er sich
über den Zwang durch Einsicht in das Recht und seine Notwendigkeit. So sind die Verhältnisse, die vom Standpunkt des
„Vernunftstaates" „hart und unrechtmäßig" erscheinen, doch Bedingungen und Vorstufen desselben (VII 561).

Interessante Ausblicke wirft Fichte in dem „Entwurfe" von
1813 auf die Zukunft Deutschlands und Europas. Das Hemmnis
der Einigung Deutschlands durch eine „Föderative Verfassung",
sieht er in dem Zwiespalt Oesterreichs und Preußens (VII 549).
Letzteres erscheint ihm aber als eigentlich deutscher Staat, zur
Führung geeigneter als Oesterreich mit seinen vielen außerdeut-
schen Interessen, die auch Rußland zu seinem Gegner machen.
Preußen gilt ihm aber noch aus einem anderen Grunde als Träger
der Zukunft: „der Geist seiner bisherigen Geschichte zwingt es
fortzuschreiten in der Freiheit, in den Schritten zum „Reiche";
nur so kann es fortexistieren. Sonst geht es zugrunde" (VII 554).

Als Hinderungen des Vernunftstaates des „Reiches" gelten
Fichte: 1. die irreführende kirchliche Lehre vom „duldenden Gehorsam"; 2. der Adel, der den Fürsten hält; — die Adelslehre, der
Eid usw.; 3. die Verherrlichung des bestehenden Staates durch ein
philosophisches Staatsrecht, das „das Aufgehen aller im Staate"
als Pflicht hinstellt.

Entschieden lehnt Fichte dies als Mißbrauch des p h i l o ſ o -
p h i ſ ch e n S t a a t s r e ch t s ab. „Da ich selbst einer von denen
bin, die daran mitgearbeit, so weiß ich auch recht gut zu sagen,
wie es gemeint ist. Es gilt vom „Reiche",[1] nicht von ihren
Lumpenstaaten" (VII 603).

Das Gegenmittel gegen die Schätzung des A d e l s aber ist
„der Verstand, überhaupt Bildung; Einsicht in seine verächtliche

---

[1] Das heißt: dem Reiche Gottes; vgl. oben S. 94.

Rolle; es muß niemand mehr von Adel sein wollen; dies höchstens nur, wenn er nichts Besseres (Eigenerworbenes, Eigentümliches) mehr sein kann". Die ganze Entwicklung aber bringt dies mit sich. „Industrie, Verlangen, den Nationalwohlstand dadurch zu heben, wird das Mittel, um überhaupt Bildung an das Volk zu bringen und diese zu steigern: da brauchen die Fürsten den Verstand der Völker. Dies und besondere Not der Zeiten wird das Mittelglied, um Volksbildung allgemein zu machen" (VII 604).

Die Kirche endlich verkennt völlig das Wesen des Christentums, wenn sie durch Empfehlung des leidenden Gehorsams den absoluten Fürstenstaat stützt.

Der Gegensatz der alten und der neuen Welt besteht darin, daß nach antiker Auffassung Gott „nach einem unbegreiflichen Ratschluß" einen „gegebenen" Zustand der Menschheit fordert: „daher unterschiedene Stämme, Ungleichheit unter den Menschen; Menschen hatten Menschen zu Herren." Nach der — völlig verschiedenen — christlichen Auffassung ist Gott „sittlicher Gesetzgeber der Freiheit: dadurch wird jeder ohne Ausnahme, der menschliches Angesicht trägt . . . aufgenommen in Gottes Bewußtsein mit dem gleichen Recht als Mensch: dies die Lehre von der christlichen Freiheit, Gleichheit, Brüderschaft. Darin liegt Aufhebung schlechthin — des alten Staates" (der im absoluten Fürstenstaat seine Erneuerung gefunden) (VII 605).

Es ist also geradezu die Aufgabe des Christentums, den Vernunftstaat, das „Reich" zur Verwirklichung zu bringen. „Liegt das „Reich" im Sittengesetze, so ist es ganz klar; denn die sittliche Bestimmung des Menschen soll durch das Christentum nach allen Bedingungen erfüllt werden"; es muß also auch alle Gestalten der Gemeinschaft durchdringen, d. h. staatenbildend werden" (VII 608). Bisher hatte die Kirche in bezug auf die Gestaltung der Weltverhältnisse eigentlich nur eine negative[1] Sittenlehre: „züchtig, gerecht, gottselig in der Welt zu leben und die Offenbarung des Herrn zu erwarten." Dabei setzte sie die gegebenen Staats- und Weltzustände einfach als gültig voraus, ohne zu fragen, ob sie gerecht seien. Nunmehr muß das Christentum „sich zum Staate gestalten, alle seine Gesetze und Institutionen durchdringen mit seinem Geiste; wo dann jene negative Moral die allgemeine Form werden wird, Aether und Luft, um wie alles

---

[1] „Der Christ erkennt im Staate . . . nur den zulassenden Willen Gottes; er kann glauben, daß er einen Regenten habe zur Strafe seiner Sünden." (VII 611.)

Negative, nur einzuhüllen das wahrhaft Positive, das **Werk Gottes auf Erden**" (VII 609). "Daß jeder sein irdisches Leben als Vorschule des ewigen **begreife** (nicht bloß: glaube), innigst aus diesem Begriffe herausdenke, schließe und handle — dies ist die Bedingung des vollkommenen Staates." Insofern ist das Christentum und die Heiligung aller Lebensberufe durch dieses "die Bedingung des Staates" (VII 610). Die Kehrseite dieser Durchdringung des Staates durch das Christentum ist, daß "die Kirche aufhört etwas für sich zu sein und aufgenommen wird in den Staat". Die Reformation hat diese Entwicklung eingeleitet. "**Verstand in Anwendung auf das Christentum und Protestantismus** ist ganz dasselbe; daher der moderne Philosoph und Gelehrte notwendig Protestant ist. Die Protestanten sind die wahren Katholischen;[1] denn sie tragen das Prinzip der Gemeingültigkeit, Allgemeinheit in sich" (VII 609). Wo nun Christentum zum "Reiche", zur "äußerlich festen Verfassung" wird, da "tritt der Verstand ein in das Himmelreich und weichet der Glaube" (VII 610). Denn Jesu Lehre, befreit von konfessioneller Verengung, wird dann nicht mehr für wahr gehalten, "weil Jesus sie gelehrt", sondern weil und inwiefern man selbst sie für wahr anzuerkennen innerlich sich gedrungen fühlt" (VII 534).

Sofern Gott im Christentum nicht als willkürlich herrschender Naturgott, sondern als "sittlicher Gesetzgeber an die Freiheit" gedacht wird, sind die Deutschen mit ihrem tiefen Drang nach sittlicher Freiheit recht eigentlich "das **völkische Element** zu den im Christentum gefundenen Prinzipien: nur durch sie ist der Staat des Christentums möglich, und ihn hervorzubringen ihre Aufgabe in der Geschichte" (VII 600).

Den bisherigen Staat trug und schützte "die Achtung für das Herkommen, gemischt mit Religiosität und Trägheit". "So ist's gewesen und ist gegangen: darum muß es wohl recht sein." Aber die Achtung vor dem Herkommen verliert sich durch den "künstlerischen Staatsverband", der das bessere erkennt, mit Freiheit, Ueberlegung, Wahl baut und "an die allgemeine Bildung sich wendet". "Die Trägheit wird eben durch die Religion verschwinden," sofern diese nicht bloß als Lehre, sondern als "historisches Prinzip, als Staatsstiftung gefaßt wird. "Es wird Indignation entstehen über den Zustand, welcher der Bürger des ewigen Reiches unwürdig ist. Religiöse Begeisterung wird die Ketten

---

[1] "Katholisch" heißt eigentlich "allgemein".

brechen wie zur Zeit der Reformation. Da muß sich eben erst der Himmel näher an die Erde bringen.

Die Welt geht aus von einer **geglaubten**, und endet in einer durchaus **verstandenen** Theologie. Gott wird wirklich allgemein herrschen und er allein ohne andere die Welt in Bewegung setzende Kräfte: nicht bloß mehr als Lehre, sondern als lebendige und lebendig machende Kraft" (VII 611 f.).

IV. Kapitel.

Moralphilofophie.

Seine **ethischen** Ansichten hat Fichte entwickelt im „Syftem der Sittenlehre nach den Prinzipien der W. L." (1798 IV 1—365). Er führt darin im Anschluß an Kant aus:

Man findet das moralische oder sittliche Wesen des Menschen darin, daß in seinem Bewußtsein sich die Nötigung äußert, manches schlechthin zu tun und anderes zu unterlassen „ganz unabhängig von Zwecken außer ihm" (IV 13). Wenn nun der Mensch jener inneren Stimme einfach glaubt und gehorcht, entsteht in ihm „die gemeine[1] Erkenntnis sowohl seiner moralischen Natur überhaupt" als auch, wenn er in den besonderen Lagen seines Lebens auf die Aussprüche seines Gewissens sorgfältig merkt, „seiner bestimmten Pflichten insbesondere" (IV 13 f.). Das genügt vollständig für die Erzeugung sittlicher Gesinnung und Lebensgestaltung. Die gelehrte[2] Erkenntnis begnügt sich aber damit nicht, sie will erkennen, wie jene Nötigung in uns „entsteht", d. h. wie sie aus unserer „Ichheit", unserer „vernünftigen Natur" notwendig hervorgeht. So ist also das sittliche Prinzip in uns aus unserer Vernünftigkeit zu deduzieren (IV 14 f.). Das ist die **erste Hauptaufgabe** der Sittenlehre.

Es soll hier wenigstens in Kürze der Gedankengang jener umfangreichen Deduktion (IV 18—49) wiedergegeben werden.

Stellt sich das Ich die Aufgabe „sich selbst, bloß als sich selbst, d. i. abgesondert von allem, was nicht wir selbst" ist, zu denken,

---

[1] D. h. die dem Standpunkt des gewöhnlichen, vorwissenschaftlichen Bewußtsein entsprechende.

[2] Hier: die philosophische.

fo findet es, „wenn es lediglich als O b j e k t gedacht wird" (IV 29), fich felbst nur als „w o l l e n d" (IV 18). Was „Wollen" fei, deffen muß jeder durch das unmittelbare Bewußtfein von fich felbst, d. h. durch „intellektuelle[1] Anfchauung" (IV 19, 47) inne werden; weiter erklären läßt es fich nicht. Wenn man fich außer dem Wollen auch ein „Denken" (im weitesten Sinne des Vorstellens oder Bewußtfeins überhaupt) zuschreibt, fo ist diefes doch „ursprünglich und unmittelbar für fich gar nicht O b j e k t, fondern das Bewußtfein felbst ist"; als ursprünglich „objektiv" bleibt alfo nur das Wollen übrig.

In allem Wollen wird aber e t w a s (nämlich ein bestimmtes Objekt) gewollt, das wirklich werden foll. Im Begriff des Wollens wird alfo etwas gedacht, das wir felbst nicht find. „Mithin muß ich, um mein wahres Wefen zu finden, jenes Fremartige im Wollen fortdenken. Was dann übrig bleibt, ist mein reines Sein" (IV 24). Diefes besteht „in einer Tendenz zur Selbsttätigkeit um der Selbsttätigkeit willen" (IV 29). Dies ist ein „Faktum des Bewußtfeins", das ich für „abfolut unerklärbar anzufehen mich entfchließe".[2]

Nun hat das Ich das abfolute Vermögen der „Anfchauung", d. h. „eines unmittelbaren Bewußtfeins" (IV 31, 47). Durch diefes Vermögen (das auch keiner Ableitung fähig oder bedürftig ist) ist es eben ein „Ich". Diefes anfchauende (d. i. „intelligente") Ich fetzt nun jene Tendenz zur abfoluten Tätigkeit als — „fich felbst". Das angefchaute Ich ist alfo felbst das anfchauende; es ist mit ihm „ein Wefen, e i n e Kraft und Substanz" (IV 32).

Die Intelligenz (das Denken) wird aber als „Agilität" und infofern als frei, als fich felbst bestimmend, gedacht. (Im Gegenfatz dazu denken wir das D i n g — und mithin alles, was wir fo nennen — als „fixiert", als „festgefetzt bestehend", ohne innere Bewegung, ruhend und tot unb alles Gefchehen an den Dingen als notwendig (IV 34 ff.). Die Tendenz zur abfoluten Tätigkeit, die alfo mit der Intelligenz zu einem Wefen zufammengehört unb infofern unter der Botmäßigkeit der Intelligenz fteht, ist aber

---

[1] Vgl. dazu unfere Ausführungen oben S. 41.

[2] Gewiß wäre es theoretifch möglich, einen weiteren uns unbekannten Grund für das Wollen anzunehmen. Wenn Fichte dies nicht tut, fo ist er fich bewußt: es gefchieht nicht zufolge einer theoretifchen Einficht, fondern zufolge eines praktifchen Interesses: ich w i l l felbständig fein, darum halte ich mich dafür. Ein folches Fürwahrhalten aber ist ein G l a u b e. Darauf ruht feine ganze Philofophie.

bloßes reines „Vermögen", das noch nicht erkennen läßt, welche Wirklichkeit aus ihm hervorgehen wird (IV 38).

Nun ist aber zu bedenken, daß das „ganze Ich" (deſſen Weſen wir ja erfaſſen wollen) weder lediglich Subjekt, noch lediglich Objekt iſt, ſondern beides zugleich, alſo Subjekt-Objekt. Demnach bezieht ſich auch jene Tendenz zur abſoluten Selbſttätigkeit auf das ganze Ich.[1]

Alſo auch das Ich nach ſeiner ſubjektiven Seite, als Intelligenz, wird durch jenen Trieb unmittelbar beſtimmt. „Eine Beſtimmung der Intelligenz iſt aber ein Gedanke" (IV 45). Dieſer Gedanke iſt durch nichts außer ſich, weder durch irgend ein Objekt,[2] noch durch logiſch vorausgehende Gedanken, ſondern „abſolut durch ſich ſelbſt bedingt und beſtimmt. Es iſt ein erſtes unmittelbares Denken". In ihm beſteht unſer Weſen. Dieſes iſt nämlich nicht etwas Materielles wie die lebloſen Dinge, ſondern es iſt „Bewußtſein", und zwar als unmittelbares Bewußtſein ſeiner Selbſt, als Intelligenz: „intellektuelle Anſchauung" (IV 47).

Indeſſen noch iſt feſtzuſtellen, was der Inhalt dieſes „erſten unmittelbaren Denkens", dieſer intellektuellen Anſchauung iſt. Das ganze Ich läßt ſich nicht begreifen, wir können uns ihm nur nähern, indem wir die Wechſelbeziehungen ſeiner beiden Seiten, der ſubjektiven und der objektiven, betrachten. „Das Weſen der Objektivität iſt ein abſolutes, unveränderliches Beſtehen." Denken wir uns das Subjektive durch die objektive Seite beſtimmt, ſo ergibt ſich ein beharrliches, unveränderliches, d. h. ein geſetzlich notwendiges Denken. Inhalt jenes erſten Denkens wäre ſomit, „daß die Intelligenz ſich ſelbſt das unverbrüchliche Geſetz der abſoluten Selbſttätigkeit geben muß".

Das Subjektive anderſeits iſt, wie wir bereits (S. 000) ſahen, ein abſolutes, aber völlig unbeſtimmtes Vermögen der Freiheit. Dadurch iſt der eben angegebene Inhalt des erſten Denkens „beſtimmt, hervorgebracht, bedingt". Er iſt nur unter der Bedingung

---

[1] Wie dieſer Trieb ſich äußere, läßt ſich ſchlechthin nicht beſtimmen, zumal das, worauf er geht, „abſolut unbegreifl ch" iſt. Nur negativ läßt ſich ſagen, daß er „nicht mit Notwendigkeit und mechaniſchem Zwange treiben könne", da ja das Ich als zugleich ſubjektives „ſeine Tatkraft unter die Botmäßigkeit des Ich geb acht hat, der Begriff aber ſchlechthin n cht durch einen Trieb, noch durch irgend etwas ihm Aehnliches, ſondern nur durch ſich ſelbſt beſt mmbar iſt" (IV 43).

[2] Der Gedanke bezieht ſich zwar auf das Ich, aber auf das ganze Ich. von dem wir wenigſtens ſoviel wiſſen, „daß es nicht als lediglich objektiv zu betrachten ſei".

möglich, daß das Ich sich als „frei denke". Jenes Gesetz äußert sich also nur unter der Bedingung, daß man sich als frei denke; denkt man sich aber als frei, so äußert es sich notwendig (IV 48).

Diese ganze Deduktion ruht auf unmittelbarer Selbsterfassung (intellektueller Anschauung) des Ich. Sie zeigt, daß das Ich ursprüngliche Tendenz zu absoluter Selbsttätigkeit ist und daß wir nach dem Begriff der absoluten Selbsttätigkeit uns bestimmen sollen. Wenn wir also überhaupt ein vernünftiges Wesen denken, so ist in ihm auch der Gedanke zu setzen, daß es auf eine gewisse Weise handeln solle (IV 49). „Das vernünftige Wesen, als solches betrachtet, ist absolut, selbständig, schlechthin der Grund seiner selbst. Es ist u r s p r ü n g l i c h, d. h. ohne sein Zutun, schlechthin nichts: was es werden soll, dazu muß es selbst sich machen, durch sein eigenes Tun" (IV 50).

Im Begriff der Selbständigkeit (Freiheit) liegt beides: das „Vermögen" (das aber als solches „leer" und „unbestimmt" ist) und das Gesetz, dieses Vermögen unverrückt zu gebrauchen" (IV 52). Denkt ein Ich, ein vernünftiges Wesen sich als selbständig, so denkt es sich notwendig als frei, und diese seine Freiheit unter dem Gesetz der Selbständigkeit.

Nochmals anders ausgedrückt ist der Sinn der ganzen Deduktion: Das Ich ist „Identität von Subjekt und Objekt. Beides verbinde ich dadurch, daß ich es gegenseitig durcheinander bestimme (nach dem Gesetz der Kausalität)." Ich denke das Subjektive (die Freiheit, IV 105) als bestimmend das Objektive (das Gesetz) und umgekehrt das Gesetz bestimmend der Freiheit. Wenn du dich frei denkst, bist du genötigt, deine Freiheit unter ein Gesetz zu denken; und wenn du dies Gesetz denkst, bist du genötigt dich frei zu denken" (IV 53).

Das Gesetz, diese „Notwendigkeit im B e g r i f f", die doch keineswegs eine Notwendigkeit in der W i r k l i c h k e i t ist, bezeichnet ein Handeln, das „sich gehört", „gebührt", sein „soll"; es ist ohne Ausnahme und Bedingung gültig, ein „absolutes, kategorisches Sollen". Diese Gesetzgebung ist Selbstgesetzgebung, „Autonomie"; denn das Ich unterwirft sich ihm mit Freiheit, d. h. macht es selbsttätig zur unverbrüchlichen Maxime seines Wollens; ferner muß es selbst durch eigene Urteilskraft finden, was in jedem besonderen Fall das Gesetz fordere (IV 55 f.).

Das Prinzip der Sittlichkeit, das Fichte so aus unserer Vernünftigkeit zu deduzieren versucht hat, ist „der notwendige Gedanke der Intelligenz, daß sie ihre Freiheit nach dem Begriffe der Selbständigkeit,[1] schlechthin ohne Ausnahme, bestimmen solle" (IV 59). —

Als zweite Hauptaufgabe stellt sich Fichte die, „die Realität oder Anwendbarkeit des Prinzips der Sittlichkeit zu deduzieren" (IV 63—156).

Der Begriff der Freiheit beruht darauf, daß ich mir das Vermögen zuschreibe, diese oder jene Idee zu verwirklichen. Dabei ist ein ursprünglich gegebener, ins Unendliche modifizierbarer Stoff außer uns vorausgesetzt, als dasjenige, worauf die Wirksamkeit geht; was also seiner Form nach durch sie verändert wird und seiner Materie nach doch bleibt (IV 82).

Ferner kann sich das Vernunftwesen nicht ein Vermögen der Freiheit zuschreiben, ohne eine wirkliche Ausübung dieses Vermögen oder ein wirkliches freies Wollen in sich zu finden (IV 82).

Aber es kann auch dieses nicht in sich finden, ohne sich zugleich eine wirkliche Kausalität außer sich zuzuschreiben; denn das Bewußtsein unseres freien Wollens hebt an mit „einer Wahrnehmung unseres reellen Wirkens in der Sinnenwelt" (IV 89); denn ohne etwas ihr Entgegengesetztes wäre mein Wollen und meine Tätigkeit keine bestimmte, sondern unbestimmt und leer, „bloße innere Agilität und schlechthin nichts weiter" (IV 90)[2] „Das Ich ist das erste Prinzip aller Bewegung, alles Lebens, aller Tat und Begebenheit. Wenn das Nicht-Ich auf uns einwirkt ... so wirkt es durch den Widerstand, welcher nicht sein würde, wenn wir nicht zuerst darauf eingewirkt hätten" (IV 93).

Das Vernunftwesen kann sich aber keine Wirksamkeit, d. h. Kausalität zuschreiben, „ohne dieselbe auf eine gewisse Weise durch ihren eigenen Begriff zu bestimmen, d. h. ohne sie als eine bestimmte zu denken (IV 93), denn meine Wirksamkeit wird vorgestellt als die Ueberwindung einer Reihe mannigfaltiger Widerstände,[3] deren Aufeinanderfolge nicht von meinem Denken, sondern unabhängig von diesem bestimmt ist (IV 97).

---

[1] Dieses bedeutet: absolute Unbestimmtheit durch irgend etwas außer dem intelligenten (freien) Wesen (IV 60).

[2] Die „intellektuelle Anschauung" meines Ich ist mithin nur unter Voraussetzung einer sinnlichen; „unsere Existenz in der intelligibeln Welt (die sich unserer intellektuellen Anschauung erschließt) ist das Sittengesetz, unsere Existenz in der Sinnenwelt die wirkliche Tat; der Vereinigungspunkt beider die Freiheit, als absolutes Vermögen, die letztere durch die erstere zu bestimmen" (IV 91).

[3] An sich ist nämlich unsere Tätigkeit „absolute reine Identität", sie läßt sich also nur durch ihre Widerstände charakterisieren (IV 96).

Insofern „kann das Vernunftwesen sich selbst keine Wirksamkeit zuschreiben, ohne derselben eine gewisse Wirksamkeit der Objekte vorauszusetzen" (IV 101).

Nennen wir den Inbegriff der Objekte, d. h. dessen, was sich nicht selbst bestimmt, sondern was bestimmt ist, „Natur", so ist diese charakterisiert durch den Gegensatz zur „Freiheit". „Natur kann sich nicht als solche selbst bestimmen, wie die freie Intelligenz sich bestimmt durch einen Begriff", d. h. vermöge ihrer Erkenntnis und Wahl (IV 112 f.).

Nun bin ich, sofern ich mich als Objekt und mithin als bestimmt denke, Trieb (vgl. oben S. 104). „Mir kommt Trieb zu, inwiefern ich N a t u r bin, nicht inwiefern ich Intelligenz bin" (IV 113).

Nach dem Begriff des Triebes ist aber jedes Ding durch sich selbst bestimmt. Im Begriff des Naturmechanismus wird dagegen das einzelne Ding gedacht als bestimmt durch andere. Denkt man sich die Teile eines Ganzen aber durch sich selbst bestimmt, diese Selbstbestimmung aber als „Resultat von der Bestimmtheit aller Teile durch sich selbst", so heißt dies ein organisches Ganze. Die Natur in der Gesamtheit ist ein organisches Ganze (IV 114 f.). Mich selbst, sofern ich Trieb, also Natur bin, kann ich nur denken als Teil der Gesamtnatur, als Produkt ihrer bildenden Kraft. Ich muß also auch der Natur Kausalität zuschreiben, d. h. Wirksamkeit der Objekte voraussetzen (IV 121).

Ich finde mich selbst mithin als ein organisiertes Naturprodukt und insofern auch beherrscht vom Trieb der Selbsterhaltung (denn „ein sich nicht mehr organisierendes Produkt hört auf ein organisiertes zu sein".) Dieser Trieb geht aber nicht auf bloße Existenz in abstracto, sondern auf eine bestimmte, konkrete Existenz. Das gilt nicht bloß für das vernünftige, sondern auch für das vernunftlose Naturwesen. Auch ein Apfelbaum strebt danach als Apfelbaum sich zu erhalten und Aepfel zu tragen, nicht etwa Birnen. Was wir als Mittel zu unser Selbsterhaltung erstreben, darauf geht der Trieb „ohne alle dazwischenliegende Erkenntnis, Ueberlegung, Berechnung". Und nicht etwa die Objekte sind es, die durch „Reiz", „Anziehung" den Trieb bestimmen, sondern „der Trieb geht lediglich hervor aus meiner Natur", durch diese ist schon von vornherein bestimmt, was für mich Objekt des Strebens werden soll und kann. „Ich hungere nicht, weil Speise für mich da ist, sondern weil ich hungere, wird mir etwas zur Speise" (IV 124).

Der Trieb selbst ist nicht „m e i n e Wirksamkeit als Intelligenz",

er ift auch nicht „mein Produkt"; „er ift gegeben, und hängt
schlechthin nicht von mir ab. Aber der Trieb kommt zum Bewußtsein, und was er in diefer Region wirke, steht in meiner Gewalt"
(IV 125), genauer: nicht der T r i e b, fondern i ch wirke in der
Bewußtseinsregion. „Hier liegt der Uebergang des Vernunft-
wefens zur Selbständigkeit; hier die bestimmte scharfe Grenze
zwischen Notwendigkeit und Freiheit." Die Verdauung z. B.
steht nicht in unferer (der Intelligenz) Gewalt, weil fie nicht unmittelbar zum Bewußtfein gelangt, dagegen die Befriedigung un-
feres Hungers und Durftes steht in unferer Gewalt.

Der Trieb stellt fich der Reflexion zunächst als „Sehnen" dar,
als „Gefühl eines Bedürfniffes", bei dem wir nicht wiffen, was
uns fehlt. Bringt weitere Reflexion auch den Gegenstand des
Sehnens uns zum Bewußtfein, fo liegt „Begehren" vor. In ihm
steckt alfo schon Freiheit, weil Reflexion. „Man kann unordent-
liche Begierden gar wohl unterdrücken, dadurch, daß man nicht
auf fie reflektiert, fie ignoriert, fich mit etwas anderem beschäftigt,
befonders mit Geiftesarbeiten" (IV 127).

Der Naturtrieb hat keinen Zweck a u ß e r fich; er geht nur darauf aus fich zu befriedigen, d. h. auf „Genuß" (Luft). „Der natürliche Menfch ißt nicht mit der Abficht, feinen Körper zu erhalten
und zu stärken, fondern er ißt, weil der Hunger ihn schmerzt und
die Speife ihm wohlschmeckt" (IV 130).

Sofern nun aber der Menfch auf den Naturtrieb reflektiert,
wird er „Ich", und es äußert fich in ihm die Tendenz der Vernunft, fich schlechthin durch fich felbst als Subjekt des Bewußtfeins,
als Intelligenz im höchften Sinne des Wortes zu bestimmen.

„Mein Trieb als Naturwefen" und „meine Tendenz als reiner
Geift" find aber nicht schlechthin verschiedene Triebe, fondern ein
und derfelbe Urtrieb, der mein Wefen konftituiert, nur von zwei
verschiedenen Seiten angefehen. Erblicke ich mich als bestimmtes O b j e k t, fo stellt fich mir jener Urtrieb als Natur dar, erblicke ich mich als S u b j e k t, fo wird er mir zum rein geiftigen
Triebe oder zum Gefetz der Selbständigkeit" (IV 130).

Da nun das Subjekt fich über das Objekt der Reflexion erhebt,
fo heißt der Trieb des Subjekts zur Reflexion mit Recht der
h ö h e r e und ebenfo ein durch ihn bestimmtes Begehrungsvermögen, während dem Naturtrieb das n i e d e r e Begehrungsvermögen entfpricht. Das höhere Begehren als rein geiftiges
geht auf „abfolute Selbstbestimmung zur Tätigkeit um der Tätig-

keit willen und widerstreitet sonach allem Genuß, der ein bloßes ruhiges Hingeben ist an die Natur" (IV 131).

Das Ich als Subjekt, als Intelligenz, also in seinem „oberen Begehrungsvermögen" ist frei. Dagegen „jedes Glied einer Naturreihe ist ein vorher bestimmtes; es sei nach dem Gesetze des Mechanismus oder dem des Organismus". Kennt man die Natur eines Dinges, sein Gesetz vollständig, so kann man alle seine Aeußerungen vorhersagen; dagegen „gibt es kein Gesetz, nach welchem freie Selbstbestimmungen erfolgten und sich vorhersehen ließen; weil sie abhängen von der Bestimmung der Intelligenz, diese aber als solche schlechthin frei, lautere reine Tätigkeit ist". „In einer Reihe von Freiheitsbestimmungen läßt sich kein Glied erklären; denn jeder ist ein erstes und absolutes" (IV 134). Die Freiheit kann mithin nicht „erklärt" werden, ja sie kann überhaupt nicht „Objekt" des Bewußtseins sein; „Man wird sich seiner Freiheit nur bewußt durch die Tat, indem man selbsttätig aus dem Zustande des Schwankens sich losreißt, weil man ihn sich setzt." „Es gibt Individuen, die in der Tat nicht eigentlich ‚wollen‘, sondern immer nur durch einen blinden Hang sich stoßen und treiben lassen" (IV 137).

Man vermag freilich auch mit Bewußtsein (also nicht bloß mechanisch) dem Naturtrieb folgen. Da man aber alles, was man mit Bewußtsein tut, frei tut, so läge auch hier Freiheit vor, die man näher als „formale" Freiheit bezeichnen kann (IV 135).

Nun ist der Naturtrieb, „als gerade so bestimmter Trieb dem Ich zufällig"; d. h., daß das Ich gerade diese Natur als die seine vorfindet, ist eine Erfahrungstatsache, insofern empirisch. Dagegen, daß es die Tendenz zur Selbsttätigkeit hat, ist dem Ich als solchem (also allen einzelnen Subjekten) wesentlich. Da das Nicht-Zufällige, Nicht Empirische in der Sprache der Kant-Fichteschen Philosophie „rein" heißt, so kann man die Tendenz zur Selbsttätigkeit (das „obere" Begehrungsvermögen) auch den „reinen" Trieb nennen (IV 141). Dadurch, daß ich mich in der Reflexion über alles, was bloß Objekt (Sache) ist, also über die ganze „Natur" erhebe, sie „unter mir erblicke, wird sie etwas, das ich nicht achte. Nämlich das, wogegen ich meine ganze Energie zusammenfassen muß, um ihm nur das Gleichgewicht zu halten, achte ich; wogegen es dieser Energie nicht bedarf, das achte ich nicht. So ist es mit der Natur. Ein Entschluß, und ich bin über sie erhaben".[1] Der „reine" Trieb,

---

[1] Dabei beachtet F. doch zu wenig, wie schwer uns manche Entschlüsse werden.

der auf absolute Selbständigkeit und Selbstgenügsamkeit geht, bestimmt mir eine „Würde, die über alle Natur erhaben ist"; er macht mir dagegen den Genuß als Genuß verächtlich (IV 142).

Fichte bezeichnet nun den Grundtrieb, durch welchen mein „reines" und mein „empirisches" Wesen, „diese zwei sehr verschiedenen Bestandteile meiner selbst", zu Einem werden, als den „Urtrieb" (IV 143.). Stimmt das „empirische" Ich mit der von der „reinen" geforderten absoluten Selbsttätigkeit überein, so entsteht ein Gefühl der Billigung, das — als Triebbefriedigung — zugleich Lust ist. Sie ist verschieden von aller Sinnenlust; „sie ist Zufriedenheit, dergleichen zur Sinnenlust sich nie gesellt; weniger rauschend, aber inniger; zugleich erteilt sie neuen Mut und neue Stärke." Dieses Gefühl wie auch das entgegengesetzte des Verdrusses, das sich mit Selbstverachtung verknüpft, schreiben wir dem „Gewissen" zu, das insofern das „obere" Gefühlsvermögen heißen darf (IV 146 f.).

Nunmehr sind wir auch in der Lage, den Begriff des „sittlichen Triebes" zu bestimmen.

Der „Naturtrieb geht auf materiale (d. h. inhaltlich bestimmte) Objekte, der „reine" Trieb als solcher lediglich auf absolute Unabhängigkeit des Handelnden (IV 147), also auf „eine bloße Negation"; höchstens könnte man zunächst denken: auf Unterlassung dessen, was der Naturtrieb fordert. Nun zielt aber alles wirkliche „Wollen" auf ein Handeln, und alles Handeln geht auf Objekte, also auf Naturdinge, und die Kraft, mit der ich handele, ist nichts anderes als der Naturtrieb in mir, der mir Kraft verleiht dadurch, daß er fordert. Alles wirkliche Wollen ist sonach auf empirische, material bestimmte, der Natur zugehörige Objekte gerichtet, auf die auch irgendwie der Naturtrieb geht. „Ein reiner Wille ist kein wirklicher Wille, sondern eine bloße Idee" (IV 148). Gleichwohl gilt: Ich will, und nicht die Natur;[1] der Materie (d. h. dem Inhalt meiner Willensziele) nach aber kann ich nichts anderes wollen, als etwas, das die Natur auch wollen würde, wenn sie ‚wollen' könnte" (IV 148). Wie im „Urtriebe" „reiner" Trieb

---

[1] „Das Ich, inwiefern es will, gibt als Intelligenz sich selbst das Objekt seines Wollens, indem es aus den möglichen eins wählt." Zwar ist ihm das Objekt als Gegenstand des Sehnens, Begehrens durch den Naturtrieb gegeben, aber als Objekt des Wollens gibt es der Wille sich selbst. „Kurz, der Wille ist schlechthin frei, und ein unfreier Wille ist ein Unding" (IV 159). Die Frage, ob nicht das Wollen selbst kausal notwendig und insofern unfrei sei, hat F. im folgenden aufgeworfen und verneint; damit macht man den Willen zu einer Naturkraft.

und „Naturtrieb" vereinigt sind, so auch im sittlichen Wollen und
Handeln. Der reine Trieb geht auf absolute Unabhängigkeit, und
das Wollen und Handeln (dessen Gegenstand also immer zugleich
Objekt des Naturtriebs sein muß) ist dem reinen Trieb angemessen
und mithin sittlich, wenn es auf dasselbe Ziel ausgeht, d. h. „in
einer Reihe liegt, durch deren Fortsetzung das Ich unabhängig
werden müßte". Dies Ziel ist freilich nie völlig zu erreichen (weil
ja die inhaltliche Bestimmung der Willensziele stets der Natur zu
entnehmen ist), aber Fichte meint, wir könnten ihm doch ins Unendliche näher kommen. Nehmen wir irgend einen Anfangspunkt
der Entwicklung an, auf den die Person „durch ihre Natur gestellt
ist", so ist ins Unendliche hinaus bestimmt, was in jedem Fall des
Handelns unter den gegebenen Bedingungen der reine Trieb fordere. Wir können demnach auch das „P r i n z i p d e r S i t t e n -
l e h r e", das allgemeine Kennzeichen des sittlich Guten und sein
oberstes Gesetz formulieren: „E r f ü l l e j e d e s m a l d e i n e
B e s t i m m u n g" (IV 150).

Damit bleibt freilich noch die Frage offen: welches ist denn nun
aber meine Bestimmung? Wir können aber darauf jetzt wenigstens
schon soviel sagen: da in der Beantwortung dieser Frage doch
immer auch die naturgegebene Individualität des Einzelnen und
deren durch den Naturtrieb bestimmten Ziele zu berücksichtigen
sind, so wird auch das sittliche Handeln i n d i v i d u e l l e s Gepräge
tragen müssen.[1] „Die gänzliche Vernichtung des Individuums und
Verschmelzung desselben in die absolut reine Vernunftform oder
in Gott ist allerdings l e t z t e s Ziel der endlichen Vernunft; nur
ist sie in keiner Zeit möglich." Es ist der Irrtum der Mystiker,
dies Ziel als in der Zeit erreichbar vorzustellen (IV 151).

Nach dem sittlichen Trieb soll ich „um der Freiheit willen" handeln, d. h. so, daß die Handlung auf meine völlige Unabhängigkeit
zielt; ich soll aber auch schon jetzt „frei" handeln in dem Sinne,

---

[1] Aber dabei bleibt die naturgegebene Individualität nur Ausgangspunkt, sie bestimmt jedenfalls nicht eindeutig alles zukünftige Handeln.
Vor jedem liegt sozusagen eine Unendlichkeit von Entwicklungen. Wie
er durch sein Handeln seine Individualität ausgestaltet, hängt gänzlich
von seiner Freiheit ab. „Ich bin der, zu dem ich mich mache." Es ist
der Fehler alles „Dogmatismus", daß er das Sein zu einem ursprünglichen macht und diesem Sein alles Handeln notwendig folgen läßt.
Damit wird „alle Freiheit und alles eigentliche Handeln aufgehoben".
Aber „ich bin ja nur, was ich handle". Mein „Sein" (meine Individualität) ist nichts Festes, sondern wird in meinem freien Handeln
(IV 222—229).

daß ich nicht blind von meiner Natur mich treiben laſſe, ſondern
daß ich als Intelligenz mit Beſonnenheit handle, d. h. aus dem
Bewußtſein heraus, daß gerade dieſe Handlung meine Beſtimmung,
d. h. meine P f l i ch t ſei. „Hier erſt entſteht ein ‚kategoriſcher
Imperativ‘; aber welcher ein Begriff ſein ſoll und kein Trieb"
(IV 155). Man kann darum das ſittliche Prinzip auch ſo faſſen:
„Handle ſtets nach beſter Ueberzeugung von deiner Pflicht! oder
handle nach deinem Gewiſſen!" (IV 156).

Man kann nun fragen: Wie, wenn dieſe Ueberzeugung irrig
wäre? Darauf antwortet Fichte: Da pflichtmäßiges Verhalten
von uns ſchlechthin gefordert iſt, alſo möglich ſein muß, ſo muß es
„ein abſolutes Kriterium der Richtigkeit unſerer Ueberzeugung
über die Pflicht geben" (IV 165). Dieſes Kennzeichen findet Fichte
in einem „unmittelbaren Gefühl" des Rechten, das er (im Unterſchied von der äſthetiſchen „Luſt") als „kalte Billigung" beſchreibt
(IV 167). „Dieſes Gefühl täuſcht nie, denn es iſt ... nur vorhanden bei völliger Uebereinſtimmung unſeres empiriſchen Ich mit
dem reinen" (IV 169), alſo auch unſeres Naturtriebs mit dem
reinen Trieb. Dieſes Kriterium iſt ein inneres. „Ein äußeres,
objektives, gibt es nicht, noch kann es ein ſolches geben, da ja das
Ich gerade hier, wo es als moraliſch betrachtet wird, ganz ſelb-
ſtändig und von allem, was außer ihm liegt, unabhängig ſein ſoll"
(IV 170). Die Behauptung eines „irrenden Gewiſſens", die noch
in den „meiſten Moralſyſtemen" ſich finde, erklärt Fichte für eine
bloße „Ausflucht". „Das Gewiſſen irrt nie, und kann nicht
irren." Man muß ſich nur durch ſeine „Urteilskraft" klar darüber
werden, „ob das Gewiſſen geſprochen hat". Das kann ebenfalls
unfehlbar beurteilt werden. Wer freilich handelt, ohne des Aus-
ſpruchs ſeines Gewiſſens ſicher zu ſein, der handelt gewiſſenlos. Zwar
erhalten die Menſchen durch die Erziehung viele ſittliche Normen,
die ſie auf Autorität hin zumeiſt ohne weitere Prüfung annehmen.
Aber wenn es zum Handeln kommt, „iſt jedermann durch das Gewiſſen verbunden ... ſelbſt zu urteilen". „Wer auf Autorität
hin handelt, handelt ſonach notwendig gewiſſenlos" (IV 175) und
„was nicht aus dem Glauben, aus Beſtätigung an unſerem eigenen
Gewiſſen hervorgeht, iſt abſolut Sünde" (IV 177).

Fichte iſt auch überzeugt — und dieſe Ueberzeugung iſt für ſeine
ganze aufs Sittliche gerichtete Perſönlichkeit charakteriſtiſch —:
„Es iſt ſchlechthin unmöglich und widerſprechend, daß jemand, bei
dem deutlichen Bewußtſein ſeiner Pflicht im Augenblicke des

Handelns, mit gutem Bewußtsein sich entschließe, seine Pflicht nicht zu tun" (IV 191).

Aber woher dann das Böse? Nicht etwa einfach aus der Natur. „Die menschliche Natur ist ursprünglich weder gut noch böse. Sie wird erst eins von beiden durch Freiheit" (IV 188). Vermöge seiner Freiheit kann freilich der Mensch dabei verharren, lediglich durch den Naturtrieb nach Genuß sich treiben zu lassen. Dann bleibt die eigene Glückseligkeit letztes Ziel des Handelns, auch wenn diese Glückseligkeit von mitfühlenden Naturen in der Beglückung anderer gesucht wird. Der Mensch bleibt auf dieser Stufe ein „verständiges Tier" (IV 180).

Aber auch wenn der Mensch durch den Trieb nach absoluter Selbständigkeit sich blind leiten läßt, erhebt er sich nicht über die Stufe der Natur und damit der Tierheit. Der alsdann dunkel all sein Handeln leitende Zweck ist der, „daß unsere gesetzlose Willkür über alles herrsche". Fast die ganze Menschengeschichte ist ein Beleg für die Gewalt dieses Willens zur Macht. „Unterjochung der Leiber und der Gewissen der Nationen, Eroberungs- und Religionskriege und alle die Untaten, wodurch die Menschheit von jeher entehrt worden", wie ließen sie sich sonst erklären?" Da hier auf Genuß verzichtet wird, ja Opfer gebracht werden, so kann diese Denkart, die auch bei den Helden der Geschichte gewöhnlich sich findet, „heroisch" genannt werden. Aber moralisch hat sie nach Fichte nicht den geringsten Wert, weil sie nicht aus Moralität hervorgeht (IV 190).

Auch daraus kann das Böse entstehen, daß sich das klare Pflichtbewußtsein in uns verdunkelt infolge Gedankenlosigkeit und Unaufmerksamkeit auf unsere sittliche Bestimmung. „Die Uebung und Aufmerksamkeit, das Wachen über uns selbst, muß immer fortgesetzt werden; und niemand ist seiner Moralität ohne fortgesetzte Anstrengung einen Augenblick sicher" (IV 193). Ferner kann der verwerfliche Gedanke uns beeinflussen, daß man nur noch erst diese oder jene Lust genießen, diesen oder jenen sträflichen Plan ausführen, und dann erst sich bessern wolle. Endlich redet man sich wohl ein, die Pflicht sei kein Gebot, sondern eigentlich ein guter Rat, dem man folgen könne, wenn es uns beliebe und es nicht zu viel Selbstverleugnung koste; dem sich allenfalls auch etwas abdingen lasse (IV 196).

Worin liegt aber der tiefste Grund, warum der Mensch auf der

Stufe des bloßen Naturwesens beharrt (oder wieder auf sie zurücksinkt)?[1]

„Die Natur als solche, als Nicht-Ich und Objekt überhaupt, hat nur Ruhe, nur Sein; sie ist, was sie ist ... und sie hat eben, nur zu bestehen, ein Quantum Tendenz oder Kraft zu bleiben, was sie ist” (Kraft der Trägheit vis inertiae (IV 199 f.). Diese kommt auch dem Menschen zu, sofern er Natur ist; sofern ist der Mensch wirklich ein „Stock und Klotz”, beherrscht von der „Tendenz in dem gewohnten Geleise zu bleiben”. „Sieht man die Sache „natürlich” an, so ist es schlechthin unmöglich, daß der Mensch sich selber helfe; so kann er gar nicht besser werden. Nur ein Wunder ... könnte ihn retten.” Dies „Wunder” freilich muß er selbst tun. Der erste Anstoß zur moralischen Erhebung muß aus seiner F r e i h e i t , seiner Selbsttätigkeit hervorgehen, die für uns u n e r k l ä r l i c h bleibt (IV 200 f).

„T r ä g h e i t ist sonach ... das wahre, angeborene, in der menschlichen Natur selbst liegende radikale Uebel. Aus ihr entspringt das „zweite Grundlaster”, die F e i g h e i t ; sie ist „die Trägheit, in der Wechselwirkung mit anderen unsere Freiheit und Selbständigkeit zu behaupten” (IV 202). Aus der Feigheit aber entsteht das dritte Grundlaster die F a l s c h h e i t . Diese drei Laster kennzeichnen den g e w ö h n l i c h e n natürlichen Menschen. Der Außergewöhnliche aber und von Natur vorzüglich Begünstigte hat einen rüstigen Charakter; er ist nicht träge, feig oder falsch, „er tritt übermütig alles um sich herum nieder und wird Herr und Unterdrücker derer, die gerne Sklaven sind”; aber — moralisch ist er deshalb noch nicht. So ist weder die Sklaven- noch die Herrenmoral Nietzsches nach Fichte — moralisch.

Wegen dieser Laster sollte man nicht über die Unvollkommenheit der menschlichen Natur das „übliche Seufzen oder Schmähen” erheben, denn sie sind notwendig mit der Endlichkeit gegeben. „Der Heilige ist nur Einer; und alles Geschöpf ist von Natur notwendig unheilig und unrein, und kann nur durch eigene Freiheit sich zur

---

[1] „Darin aber besteht ja eben das Wesen der Unmoralität, daß die Befriedigung des Naturtriebs der letzte Zweck meines Handelns sei.” (IV 315.) Dabei gilt aber doch: „Der Trieb läßt sich durch die Freiheit weder erzeugen noch vernichten; er ist gegeben ... der Begriff (also die freie „Intelligenz”) kann nur verhindern oder verstatten, daß der Trieb zur Handlung werde; ihn selbst ausrotten oder sich an seine Stelle setzen, so daß die Handlung u n m i t t e l b a r im Zweckbegriff und nicht bloß v e r m i t t e l s t seiner im Triebe begründet sei, kann er nicht.” (IV 328.)

Moralität erheben" (IV 204). Die Kraft dazu hat es, wenn auch
die Trägheit sie lähmt. Es fehlt ihm nur das Bewußtsein seiner
Kraft und der Antrieb sie zu gebrauchen. Dieser muß ihm von
außen kommen von Vorbildern, die ihn emporheben, die ihm
das Ideal vorhalten und seinen Zustand ihn verächtlich erscheinen
lassen. Die Veranstaltungen aber, die vorzügliche Menschen, die
durch ihre Freiheit selbständig zur Moralität gelangt sind, getroffen haben, um in anderen den moralischen Sinn anzuregen,
sind die p o s i t i v e n R e l i g i o n e n. Freilich, wenn sie „Glauben
auf Autorität und blinden Gehorsam" (IV 205) bezwecken, so
machen sie die Menschen von Grund aus unmoralisch. —

Wir haben gefunden, daß uns das Gewissen irrtumslos sagt,
was unsere Pflicht ist. Die moralische Unterweisung kann sich
damit begnügen. Aber die Sittenlehre als Wissenschaft muß
a priori bestimmen können, was überhaupt das Gewissen billigen
werde, sie muß sein in der Vernunft gegründetes Gesetz auffinden
(IV 208). Nun hatten wir bereits festgestellt: „Der Endzweck des
Sittengesetzes ist absolute Unabhängigkeit und Selbständigkeit,
nicht etwa bloß in Absicht unseres Willens, denn dieser ist immer
unabhängig, sondern in Absicht unseres ganzen Seins" (IV 209).
„Ich soll ein selbständiges Ich sein: dies ist m e i n Endzweck; und
alles das, wodurch die Dinge diese Selbständigkeit befördern, dazu
soll ich sie benutzen, das ist i h r Endzweck . . . Wir haben nur
die Bedingungen der Ichheit als solcher vollständig aufzuzeigen:
dieselbe auf den Trieb nach Selbständigkeit zu beziehen und ihn
dadurch zu bestimmen, so haben wir den Inhalt des Sittengesetzes
erschöpft" (IV 212).[1]

Als Bedingung unserer Ichheit stellt sich zunächst unser Leib dar.
Er ist Instrument aller unserer Wahrnehmungen und der sich darauf gründenden Erkenntnis und aller unserer Kausalität. „Der
Naturtrieb geht auf Erhaltung, Bildung, Wohlsein, kurz auf Voll-
kommenheit unseres Leibes" . . ja, „er ist selbst unser Leib in
seiner Verkörperung" (IV 215). Freilich die Natur kann sich nicht
über sich selbst erheben. Der absoluten Selbständigkeit kann ich
mich nur annähern durch eigenes Handeln; dazu brauche ich aber
den Leib; ich muß ihn also erhalten und möglichst vervollkommnen;
aber nie darf er Selbstzweck und darum auch nicht Objekt des
Genusses werden, sondern er muß „taugliches Werkzeug der

---

[1] Im Folgenden haben wir ein deutliches Beispiel von Fichtes Methode
der Deduktion d. h. der rein „vernünftigen" Ableitung (a priori.)

Moralität bleiben". „Jeder Genuß, der sich nicht, mit der besten Ueberzeugung, beziehen läßt auf Bildung unseres Körpers zur Tauglichkeit, ist unerlaubt und gesetzwidrig .. Esset und trinket zur Ehre Gottes" (IV 216).

Eine weitere Bedingung der Ichheit ist die Ausbildung meiner Intelligenz; nur durch sie bin ich „Ich" und nur durch sie weiß ich um das Sittengesetz und mache es mir zum Gesetz. So ergibt sich das positive Gebot: „Bilde dein Erkenntnisvermögen, so weit du irgend kannst; lerne, denke, forsche, soviel es dir möglich ist. Mit diesem verbindet sich das negative: „Setze dir nicht im voraus ein Ziel, bei dem du ankommen willst," und endlich das Limitative (beschränkende): „Beziehe alles dein Nachdenken formaliter auf deine Pflicht." „Forsche aus Pflicht, nicht aus bloßer leerer Wißbegierde oder um dich nur zu beschäftigen" (IV 217).

Endlich ist es Bedingung der Ichheit, daß an das Ich die Aufforderung herantritt, sich über sich selbst als Naturprodukt frei zu erheben. (Vgl. S. 110.) Diese Aufforderung kann nur von einem vernünftigen Wesen, also einem Ich, stammen. So „läßt sich streng a priori verweisen, daß ein vernünftiges Wesen nicht im isolierten Zustande vernünftig wird, sondern daß wenigstens Ein Individuum außer ihm angenommen werden muß, welches dasselbe zur Freiheit erhebe". Daraus aber ergibt sich eine Beschränkung des Triebes nach Selbständigkeit und damit eine materiale Bestimmung der Moralität. „Mein Trieb nach Selbständigkeit kann schlechthin nicht darauf ausgehen, die Bedingung seiner eigenen Möglichkeit, d. i. die Freiheit des anderen, zu vernichten" (IV 221). Darin liegt das absolute Verbot, die Freiheit des andern zu stören und das Gebot, ihn als selbständig zu betrachten und schlechthin nicht als Mittel für meinen Zweck zu gebrauchen.

Ich bin nun aber nicht bloßes Vernunftwesen ü b e r h a u p t; dieses könnte ich sein, wenn außer mir nur eines wäre, das mir den Anstoß zur Freiheit gegeben hatte. Aber ich bin b e s o n d e r e s Vernunftwesen, durch meine ursprüngliche Naturbeschaffenheit (die sich ja während meines ganzen Lebens geltend macht) wie auch durch eine Vielzahl anderer Individuen beschränkt und damit bestimmt. Das alles läßt sich nicht rein a priori ableiten.—Damit erhält der materiale Teil der Sittenlehre etwas Empirisches, Bedingtes.

Indessen drängt sich hier schon bei der apriorischen Betrachtung ein Widerspruch auf: das Sittengesetz fordert, daß ich alles, was mich beschränkt meinem absoluten Endzweck unterwerfe, es zu

einem Mittel mache, der absoluten Selbständigkeit mich zu nähern.
Anderseits fordert es, daß ich einiges, was mich beschränkt, nämlich die Wirkungen anderer freier Wesen, nicht störe, sie also nicht
meinem Zweck unterwerfe. Dieser Widerspruch wäre nur zu lösen
unter der Voraussetzung, „daß alle freien Wesen denselben Zweck
notwendig hätten", für alle das gleiche Verfahren zweckmäßig wäre,
die Befreiung des einen zugleich die aller anderen bedeute (IV 33 f).

So ist es in der Tat. Der moralische Endzweck jedes vernünftigen Wesens ist nämlich Selbständigkeit der Vernunft ü b e r -
h a u p t, nicht lediglich die Selbständigkeit eines individuellen
Vernunftwesen. Denn daß ich gerade A bin und nicht B oder C
ist zufällig. Gewiß kann ich nur als A, als dieser „ganze sinnliche
empirisch-bestimmte Mensch", als empirisches Ich, die Selbständigkeit der Vernunft und damit die Sittlichkeit verkörpern, aber das
„reine Ich" in mir will Moralität überhaupt von mir, inwiefern
sie mir, von anderen, inwiefern sie ihnen zukommt. Moralität
ist insofern nur gemeinschaftlicher Zweck, den man nicht durch
„Absonderung", „bloße erhabene Gedanken und Spekulationen"
oder durch „Schwärmerei" Genüge tut, sondern „nur durch Handeln in und für die Gesellschaft". Nun ist aber jeder von seinem
Gewissen geleitet, und die Gewissen können in den Individuen
Verschiedenes gebieten. So wird jeder suchen müssen die anderen
zu überzeugen (physischen Zwang darf er nicht üben). Aber vielleicht wird er im Streit der Geister selbst überzeugt; jedenfalls
muß er zu solcher geistigen Machtwirkung bereit sein. Mithin ist
„die Uebereinstimmung aller zu derselben praktischen Ueberzeugung
und die daraus folgende Gleichförmigkeit des Handelns[1] notwendiges Ziel aller Tugendhaften".

Die Vereinigungen zum Zwecke solcher Uebereinstimmung heißen
K i r c h e n; sie sind für Fichte (wie für Kant) e t h i s c h e Gemeinwesen zum Zwecke der moralischen Volkserziehung (IV 344), denen
a l l e moralisch Gesinnten zugehören (IV 348), die das, worin sie
bereits einig sind, in Glaubensbekenntnissen (Symbolen[2]) for-

---

[1] Die Uebereinkunft darüber, wie Menschen gegenseitig aufeinander
einwirken dürfen, also über ihre gemeinschaftlichen Rechte in der Sinnenwelt, ist der S t a a t s v e r t r a g. „Es ist absolute Gewissenspflicht,
sich mit anderen zu einem Staate zu vereinigen" (IV 238). Die weitere
Ausführung dieses Gedankens in der Staatslehre.

[2] F. bemerkt dazu: „Die Symbole gewisser Kirchen scheinen statt
dessen, worüber alle einig sind, vielmehr dasjenige enthalten, worüber
alle streiten und was im Grunde des Herzens kein einziger glaubt, weil
es kein einziger auch nur denken kann" (IV 236).

mulieren. Die Symbole müssen, damit sie auch für die Ungebil-
detsten verständlich sind, nicht aus abstrakten Sätzen, sondern aus
sinnlichen Darstellungen derselben bestehen. „Das Wesentliche
jedes möglichen Symbols ist der Satz: es gibt überhaupt etwas
Uebersinnliches und über alle Natur Erhabenes. Wer dies im
Ernste nicht glaubt, kann nicht Mitglied einer Kirche sein: er ist
aller Moralität und aller Bildung zur Moralität völlig unfähig"
(IV 242). Das Symbol ist lediglich „Anknüpfungspunkt"; es
wird nicht gelehrt, sondern von ihm aus wird gelehrt; es wird nur
vorausgesetzt und soll immerfort verbessert werden. „Dieses weitere Fortschreiten, diese Erhebung des Symbols, ist eben der Geist
des Protestantismus. Das Halten auf das Alte, das Bestreben,
die allgemeine Vernunft zum Stillstand zu bringen, ist der Geist
des Papismus. Der Protestant geht vom Symbol aus ins Unendliche fort; der Papist geht zu ihm hin als zu seinem letzten
Ziele[1] (IV 245).

Diejenigen, die „die Fesseln des kirchlichen Symbols und der im
Staate sanktionierten rechtlichen Begriffe abgeworfen haben",
d. h. ihnen a l s s o l c h e n innerlich keine Autorität mehr zuschreiben, sondern bemüht sind, sie auf ihre Gültigkeit zu untersuchen und nötigenfalls sie fortzubilden, stellen das „g e l e h r t e
P u b l i k u m" dar (IV 248). Nur innerhalb eines solchen kann
der einzelne seine Ueberzeugungen prüfen, indem er sie den anderen mitteilt und sie ihrer Kritik aussetzt. „Der auszeichnende
Charakter des gelehrten Publikums ist absolute Freiheit und Selbständigkeit im Denken." „Für die gelehrte Republik gibt es kein
mögliches Symbol, keine Richtschnur, keine Zurückhaltung." Das
Gleiche gilt für die Universitäten als die „Gelehrten-Schulen"
(IV 249 f.). Wer an Autorität innerlich nicht mehr glauben kann,
für den ist es Gewissenspflicht, sich dem „gelehrten Publikum"
anzuschließen. Staat und Kirche müssen die Gelehrten dulden,
sonst würden sie Gewissenszwang ausüben, aber „keine irdische
Macht hat ein Recht, in Gewissenssachen zu gebieten" (IV 250);
auch würde damit ja die Wurzel des Fortschritts vernichtet.
Weiterbringen kann der Staat als solcher die Gelehrsamkeit nicht;
das geschieht nur durch freie Untersuchung. Es sollen aber Religions-
lehrer und Staatsbeamte auf die Vervollkommnung der Menschen
hinarbeiten; dazu müssen sie selbst weiter sein als die Gemeinde,

---

[1] F. fügt hinzu: „Wer das letztere tut, ist ein Papist . . dem Geiste
nach, obgleich die Sätze, über welche er die Menschheit nicht hinaus-
lassen möchte . . . ächt lutherisch oder calvinisch u. dgl. sein mögen."

d. h. sie müssen Gelehrte sein.- Als Beamte des Staates und der Kirche sind sie allerdings an die herrschenden Rechtssätze und Symbole gebunden (IV 252).

Der Zweck des Sittengesetzes ist nichts Individuelles, sondern die Vernunft (das reine Ich) überhaupt; sie würde sich darstellen in dem „Ganzen vernünftiger Wesen, der Gemeine der Heiligen".

Im Gegensatz zu diesem „reinen Ich" steht das empirische, individuelle, die „Person", die von uns allein mit „Ich" gemeint sein soll.

Wie verhalte ich mich „als Person" zum Sittengesetz? Es richtet sich an mich, trägt mir seine Verwirklichung auf, aber ich bin nur sein Werkzeug;[1] sein Zweck liegt, wie eben betont, außer mir (IV 55). Damit wird die Würde der Menschheit nicht herabgesetzt, sondern erhöht. Jedem allein wird ja vor seinem Selbstbewußtsein die Erreichung des Gesamtzwecks der Vernunft aufgetragen. „Jeder wird gerade dadurch, daß seine ganze Individualität verschwindet und vernichtet wird, reine Darstellung des Sittengesetzes in der Sinnenwelt. Die wahre Tugend besteht... im Handeln für die Gemeine, wobei man sich selbst gänzlich vergesse (IV 256)[2] und auch nicht einmal den Mitgenuß des jeweils Erstrebten verlange (IV 260 f.). Wir können nunmehr die Pflichten einteilen: diejenigen gegen das Ganze selbst, die höchsten und absolut gebotenen sind die „unmittelbaren und unbedingten Pflichten", diejenigen, die sich auf mich beziehen, auf daß ich mich zu einem tauglichen Mittel für die Verwirklichung des Vernunftgesetzes mache, sind die „mittelbaren und bedingten" Pflichten.

Nun muß aber für die Verwirklichung des Vernünftigen eine Art Arbeitsteilung eintreten, die Gliederung in Stände und Berufe ist dazu nötig, und jeder hat, je nach seinem besonderen Stand, außer den allgemeinen noch besondere Pflichten. Damit ist eine Unterteilung jener zwei zuerst genannten Klassen von Pflichten gegeben (IV 257 ff.).

Wir können hier auf die Pflichtenlehre selbst nicht eingehen; auch nicht auf das „System der Sittenlehre", das Fichte im Som.-Sem. 1812 vorgetragen hat (N. W. III 1—118), doch sei darauf

---

[1] Freilich Werkzeug als „tätiges Prinzip", nicht Mittel als Sache (IV 270).

[2] Dieser Satz darf wohl der Ausdeutung des vorhergehenden zugrunde gelegt werden. Selbstlose Hingabe bedeutet aber Vernichtung der Individualität. Verwandlung in ein bloßes „Vernunftwesen" ohne individuelle Züge.

hingewiesen, daß nach Fichtes „Anweisung zum seligen Leben“ (vgl. u. Kap. VII) die Moralität erst in der Religion ihre höchste Stufe erreicht.

V. Kapitel.

Pädagogik.[1]

Fichte hat seine pädagogischen Anschauungen hauptsächlich in den „Reden an die deutsche Nation“ (1807/8 VII 257—502) dargelegt, die er ausdrücklich als Fortsetzung der Vorlesungen über die Grundzüge des gegenwärtigen Zeitalters“ (1804/5 VII 1—256) ankündigte. Den dazwischen liegenden Zusammenbruch Preußens deutet er so, daß nunmehr die Periode der Selbstsucht durch ihre vollständige Entwicklung ihr Ende gefunden: diese Selbstsucht hat sich selbst vernichtet, indem sie ihr Selbst, ihre Selbständigkeit schließlich verspielte. Sie hatte nachgerade nicht bloß die Untertanen, sondern auch die Regierungen ergriffen. Die deutschen Staaten, besonders Preußen, haben Oesterreich (1805) im Stiche gelassen, damit sie nicht aus ihrer trägen Ruhe aufgestört würden, und sie gaben sich, solange sie nur nicht in ihren eigenen Grenzen angegriffen wurden, der ihrer Selbstsucht schmeichelnden Täuschung hin, daß sie Frieden hatten. Dazu wurde die Regierung im Innern weichlich geführt: „Humanität, Liberalität, Popularität galt — zu deutsch: Schlaffheit und Würdelosigkeit“ (VII 270 f.).

Auch die Bande zwischen dem einzelnen und dem Staate waren zerrissen. Eine so schlaffe Regierung vermochte Furcht und Hoffnung nicht mehr einzuflößen. Die Verstandesaufklärung hat die jenseitige Vergeltung und ebenso Ruhmesliebe und Nationalehre als „täuschende Trugbilder begriffen“ (VII 272 f., 278).

Rettung aus diesem Verderben ist nur durch Erschließung einer „neuen Welt“, der Welt des Uebersinnlichen, des Göttlichen möglich. Aber nicht Gott kann uns helfen, wir allein müssen uns helfen. Das einzige Rettungsmittel ist „eine gänzliche Veränderung des bisherigen Erziehungswesens“. Dadurch allein kann die Nation, ja die Menschheit, zu einem ganz neuen Leben erweckt

[1] A. Buchenau, D. philos. Grundlagen der F.'schen Erziehungslehre 1913; E. Bergmann, Fichte, D. Erzieher z. Deutschtum, 1915; P. Vogel, Fichtes philos.-päd. Ansichten in ihrem Verh. z. Pestalozzi, 1907.

werden. „Bisher wurde die Menschheit, was sie eben wurde und werden konnte; mit diesem Werden durch das Ohngefähr ist es vorbei"; denn es hat zum Nichts geführt. „Soll sie nicht bleiben bei diesem Nichts, so muß sie von nun an zu allem, was sie noch weiter werden soll, sich selbst machen. Dies ist die eigentliche Bestimmung des Menschengeschlechts auf der Erde" und es ist „zu allernächst den Deutschen anzumuten, die neue Zeit, vorangehend und vorbildend für die übrigen, zu beginnen".

Die bisherige Erziehung überließ im allgemeinen die Zöglinge ihrer natürlichen Selbstsucht. Sie suchte ihn zur Arbeit zu bringen durch den Hinweis, wie nützlich dies für sein künftiges Fortkommen sei; sie suchte ihn für Staat und Volk zu interessieren durch den Hinweis, daß deren Wohlergehen ihm selbst nütze. Vielleicht erzog man so brauchbare oder wenigstens unschädliche Bürger, aber die Menschen blieben innerlich schlecht; „denn darin eben besteht die Schlechtigkeit, daß man nur sein sinnliches Wohlsein liebt (VII 283). Auch wird man es jetzt sehr nützlich finden, sein Deutschtum preiszugeben.

Soll die deutsche Nation fortdauern, so muß an die Stelle der Selbstliebe die Liebe des Guten um seiner selbst willen, nicht um einer Nützlichkeit willen treten. Der Zögling muß von einer heißen Liebe zur sittlichen Weltordnung ergriffen werden, von einem glühenden Affekt, der zum Tun treibt, und vor dem die Selbstsucht abfällt, wie welkes Laub.

Die bisherige Erziehung hat auch ihre Ohnmacht zugestanden, indem sie natürliches Talent „Genie"), wie man das nannte, als Bedingung ihres Erfolges forderte; also das Erziehungsergebnis abhängig dachte von dem Zufall der Naturanlage, dieser „dunklen und nicht zu berechnenden Kraft". Jetzt soll die Erziehung unter die Herrschaft einer „besonnenen Kunst" gebracht werden, die „in allen ohne Ausnahme einen festen und unfehlbar guten Willen hervorbringt". Bisher mutete man der Erziehung nur zu, sie solle dem Zöglinge lediglich das Rechte zeigen und ihn getreulich dazu ermahnen; ob er der Ermahnung auch folge, sei Sache seines „freien Willens", den ihm die Erziehung nicht nehmen könne. Aber auch hierin liegt ein Bekenntnis der Ohnmacht.

Die neue Erziehung darf es nicht belassen bei einem freien Willen, der unentschieden zwischen Gut und Böse schwankt, sie muß das innere Leben und dessen Auswirkung „nach Regeln sicher und unfehlbar bilden", sie muß strenge Notwendigkeit der Entschließungen hervorbringen, also einen Willen, auf den man sich verlassen kann, ein „festes, bestimmtes und beharrliches Selbst”, das „nicht anders sein kann, denn so wie es ist”.[1] Die seit-herige Erziehung hat wesentlich an das Gedächtnis sich gewendet, also an ein aufnehmendes, leidendes Verhalten des Zöglings; man hat ihn dabei über die tatsächliche Wirklichkeit unterrichtet, ohne ihm diese Ordnung der Dinge zu begründen. Die neue Er-ziehung soll die geistige Selbsttätigkeit entfesseln und einführen „in eine ganz neue Ordnung der Dinge” — wie sie nämlich nach der Vernunft sein s o l l.

Bisher hat man die breiten Volksschichten bei der Erziehung vernachlässigt, sie dem blinden Ungefähr überlassen: die neue Er-ziehung wird sich ihrer annehmen, aber sie wird nicht bloß „Volks”-erziehung,[2] sondern „deutsche Nationalerziehung”. Standesunter-schiede mögen bleiben, aber in der Bildung des sittlichen Willens und des Gemeinseins soll kein Unterschied bestehen (VII 280—295).

Damit die Jugend von der herrschenden Sittenverderbnis nicht angesteckt werde, muß sie abgesondert von dem „vergiftenden Dunstkreis” der Erwachsenen, lediglich mit ihren Lehrern und Vor-stehern in ländlichen Erziehungsanstalten aufwachsen (VII 293, 422), und zwar Knaben und Mädchen beisammen. Eine Trennung nach Geschlechtern „würde zweckwidrig sein und mehrere Haupt-stücke der Erziehung zum vollkommenen Menschen aufheben. Die Gegenstände des Unterrichts sind für beide Geschlechter gleich; der in den Arbeiten[3] stattfindende Unterschied kann, auch bei Gemein-schaftlichkeit der übrigen Erziehung leicht beobachtet werden. Die kleine Gesellschaft, in der sie zu Menschen gebildet werden, muß, ebenso wie die größere, in die sie einst als vollendete Menschen eintreten sollen, aus einer Vereinigung beider Geschlechter be-stehen; beide müssen erst gegenseitig ineinander die gemeinsame Menschheit anerkennen und lieben lernen, und Freunde haben und Freundinnen, ehe sich ihre Aufmerksamkeit auf den Geschlechts-unterschied richtet, und sie Gatten und Gattinnen werden. Auch muß das Verhältnis beider Geschlechter zueinander im ganzen, starkmütiger Schutz von der einen, liebevoller Beistand von der

---

[1] Mag immerhin F. die Bedeutung der Naturanlage verkennen und die Kraft der Erziehung überschätzen, jedenfalls wird ein Erzieher aufs stärkste wirken, der von der Liebe zum Guten so mächtig ergriffen, daß ihm jedes unentschiedene Schwanken unmöglich scheint.

[2] Volk im Sinne von „niederem und gemeinem Pöbel” soll es gar nicht mehr geben (139).

[3] Es ist an Handwerke, Ackerbau gedacht.

anderen Seite, in der Erziehungsanstalt dargestellt und in den
Zöglingen gebildet werden (VII 422).

Diese Anstalten sollen gleichsam kleine Idealstaaten darstellen —
und zwar möglichst „geschlossene Handelsstaaten". „Das Grundgesetz dieser kleinen Wirtschaftsstaaten sei dieses, daß in ihm kein
Artikel zu Speise, Kleidung usw. noch so weit dies möglich ist,
irgendein Werkzeug gebraucht werden dürfe, das nicht in ihm
selbst erzeugt und verfertigt sei." Die Zöglinge müssen jedenfalls
in dem Glauben leben, daß die Anstalt sich selbst erhalte, damit
jeder sich verpflichtet fühlt, mit aller Kraft hierzu beizutragen. Der
Einzelne hat kein Eigentum, er rechnet nicht mit dem Ganzen ab;
er soll wissen, „daß er sich dem Ganzen ganz schuldig ist", und er
soll mit dem Ganzen genießen oder darben. Dadurch wird die ehr-
gemäße Selbständigkeit des Staats und der Familie, in die er einst
treten soll, und das Verhältnis ihrer einzelnen Glieder zu ihnen,
der lebendigen Anschauung dargestellt und wurzelt unaustilglich
ein in sein Gemüt" (VII 425).

Es soll in diesen Erziehungsstaaten eine möglichst ideale Ge-
meinschaftsordnung herrschen; die Jugend soll diese Ordnung als
von der „Vernunft" gefordert, d. h. „in der Natur der Dinge",
nämlich in den Zwecken des Ganzen gegründet, klar einsehen, sie
lieb gewinnen und dadurch den Antrieb empfangen, sie einmal
später auch im Staatsleben zu verwirklichen (VII 292 f).

Was der Einzelne um des Ganzen willen unterlassen muß, dessen
Unterbleiben ist streng ohne jede Weichlichkeit — nötigenfalls
durch Strafen — zu erzwingen. Daß die Furcht hier wirke, ist
unbedenklich, da sie ja nicht zum Guten antreiben, sondern nur
vom Bösen abhalten soll. Auch muß im Unterricht über die Verfassung des Erziehungsstaates verständlich gemacht werden, daß
der moralisch noch sehr niedrig steht, der das Schlechte nur aus
Furcht vor Strafe, nicht aus Liebe zum Guten unterlasse.

Aber der Einzelne muß auch die Gelegenheit haben, positiv für
das Ganze etwas zu leisten. Wer beim Unterricht oder sonst (bei
körperlichen Uebungen, beim Ackerbau, im Handwerk) sich irgendwie hervortut, der wird dazu herangezogen, die anderen darin
unterrichten zu helfen und mancherlei Aufsicht und Verantwortlich-
keiten zu übernehmen. Aehnlich wenn irgendeiner eine Ver-
besserung findet oder eine vom Lehrer vorgeschlagene zuerst be-
greift. Alle solche besonderen Leistungen bleiben aber völlig freiwillig. Der Einzelne kann sie ablehnen; übernimmt er sie, so

erhält er dafür keine Belohnung, nicht einmal Lob. Nur die
Freude an seinem Tun und etwa an dessen Gelingen darf ihn lohnen.
In den Gemeinwesen muß es selbstverständlich sein, daß darin
„jeder eben nur seine Schuldigkeit tut". Gerade die Tüchtigeren
werden dann oft wachen, wenn die anderen schlafen, und nachdenken, wenn andere spielen. Die Zöglinge, die sich so bewähren,
können ruhig in die Welt entlassen werden; „in ihnen ist die Liebe
angezündet und brennt bis in die Wurzel ihrer lebendigen Regung
hinein" (VII 295).

Angestrebt wird durch die neue Erziehung, zunächst die g e i s t i g e,
d. h. die intellektuelle Tätigkeit zu entfalten. Es kommt dabei
nicht sowohl auf die Summe der Erkenntnisse an, als darauf hinzu-
wirken, daß „der Geist ebenso der Belehrung durch andere
empfänglich als des eigenen Nachdenkens fähig ohne Unterlaß
bleibt" und imstande ist, „sein ganzes Leben hindurch jedwede
Wahrheit, deren Erkenntnis ihm notwendig wird, zu fassen. Vor
allem gilt es dabei, die Lust an der Erkenntnis, rein als solcher
hervorzubringen. Dann nämlich „treibt ihn eine Liebe, die durchaus nicht auf irgendeinen sinnlichen Genuß ausgeht, indem dieser,
als Antrieb, gänzlich schweigt, sondern auf die geistige Tätigkeit
um der Tätigkeit willen, und auf das Gesetz derselben, um des
Gesetzes willen" (VII 291). In dieser formalen Beschaffenheit
stimmt die Liebe zur geistigen Tätigkeit überhaupt mit dem sittlichen Willen überein; darum ist diese geistige (intellektuelle) Bildung die unmittelbare Vorbereitung für die s i t t l i c h e und die
r e l i g i ö s e, die das eigentliche Ziel ist.

Dazu muß er selbsttätig ein Bild sich schaffen von jener sittlichen
Weltordnung, „die da niemals ist, sondern ewig werden soll" —
nämlich durch menschliche Selbsttätigkeit. Aber noch weiter muß
sein Blick dringen zu deren Grund „jener übersinnlichen Weltordnung, in der nichts wird und die auch niemals geworden ist,
sondern die da ewig nur ist". Er wird durch deren Erkenntnis
inne werden, „daß nichts wahrhaftig da sei", außer dem „geistigen
Leben", und daß alles übrige nur Schein sei. „Er wird ferner einsehen, daß jenes allein wahrhaft daseiende geistige Leben, in den
mannigfaltigen Gestaltungen, die es nicht durch ein Ohngefähr,
sondern durch ein in Gott selber gegründetes Gesetz erhielt,
wiederum Eins sei, das göttliche Leben selber, welches göttliche
Leben allein in den lebendigen Gedanken da ist und sich offenbar
macht. So wird er sein Leben als ein ewiges Glied in der Kette
der Offenbarung des göttlichen Lebens und jedwedes andere geistige

Leben als eben ein solches Glied erkennen und heilig halten lernen; und nur in der unmittelbaren Berührung mit Gott.. Licht und Seligkeit, in jeder Entfernung aber aus der Unmittelbarkeit Tod, Finsternis und Elend finden" (VII 297 f.).

Eine Religion des „Einwohnens unseres Lebens in Gott" soll in der neuen Zeit herrschen; abgetan soll dagegen sein die Religion der alten Zeit, die das geistige Leben (durch die Lehre von einer willkürlichen „Schöpfung" und von einem „Sündenfall") vom Göttlichen abtrennte „und welche Gott als Faden braucht, um die Selbstsucht noch über den Tod des sterblichen Leibes hinaus in andere Welten einzuführen".

„Die bisherige Erziehung hat nicht bloß angenommen, sondern auch ihre Zöglinge von früher Jugend an belehrt, teils, daß dem Menschen eine natürliche Abneigung gegen Gottes Gebote beiwohne, teils daß es ihm schlechthin unmöglich sei, dieselben zu erfüllen." Dies mußte den Einzelnen dazu führen, sich „in seiner radikalen Sündhaftigkeit und Schlechtigkeit anzuerkennen" und sich in die „nun einmal nicht abzuändernde Natur" zu ergeben. Dagegen ist es „allererste Voraussetzung der neuen Erziehung, daß in der Wurzel des Menschen ein reines Wohlgefallen am Guten sei und daß dieses Wohlgefallen so sehr entwickelt werden könne, daß es dem Menschen unmöglich werde, das für gut Erkannte zu unterlassen und statt dessen das für bös Erkannte zu tun (VII 307).

Von dieser richtigen Voraussetzung her erfaßt die neue Erziehung den Menschen, „den wirklichen lebendigen Menschen bis an die Wurzel seines Lebens hinein", und indem er seinen Verstand zur Klarheit, seinen Willen zur Reinheit führt, bildet sie „den ganzen Menschen durchaus und vollständig zum Menschen". Von einem Geschlecht, das so zur innersten Lebendigkeit erzogen wird, zu einem Leben in und mit Gott erhofft Fichte auch erst ein wirkliches Verständnis seiner Philosophie: „nur auf Lebendiges wirkt Lebendiges" (VII 309). Der Grundgedanke dieser Philosophie ist ja, daß die Sinnenwelt nur eine wertlose Scheinwelt, die wahrhaft wertvolle Welt dagegen eine übersinnliche, nur im Denken zu erfassende sei. In diese soll aber auch die neue Erziehung die Jugend einführen; „an diese Welt allein will sie seine ganze Liebe und sein ganzes Wohlgefallen binden, so daß ein Leben allein in dieser Welt des Geistes bei ihm notwendig entstehe und hervorkomme." Damit erzeugt diese Erziehung aber auch zugleich im Zögling „die höhere Vaterlandsliebe, das Erfassen seines irdischen Lebens als eines ewigen und des Vaterlandes als des Trägers dieser Ewigkeit".[1] „Aus dieser Liebe folgt der mutige Vaterlandsverteidiger und der ruhige und rechtliche Bürger von selbst." Ja, der ganze Mensch wird nach allen seinen Teilen vollendet, in sich selbst abgerundet, nach außen zu allen seinen Zwecken in Zeit und Ewigkeit mit vollkommener Tüchtigkeit ausgestattet.

Anknüpfen soll die neue Erziehung an das, was Johann Heinrich Pestalozzi[2] in seinen pädagogischen Schriften lehrt und in seiner Erziehungsanstalt zu verwirklichen sucht. Dieser Mann ist für Fichte ein Beweis, daß das „deutsche Gemüt",[3] dessen Grundzüge sich an ihm darstellen, „in seiner ganzen wunderwirkenden Kraft in dem Umkreis der deutschen Zunge noch bis auf diesen Tag walte" (VII 402). Ein mühevolles Leben hindurch, im Kampfe mit allen möglichen äußeren und inneren Hemmnissen wurde er aufrecht erhalten und getrieben „durch einen unversiegbaren und allmächtigen und deutschen Trieb, die Liebe zu dem armen verwahrlosten Volke". Und diese Liebe blieb nicht unbelohnt. „Er wollte bloß dem Volke helfen; aber seine Erfindung, in ihrer ganzen Ausdehnung genommen, hebt das Volk, hebt allen Unterschied zwischen diesem und einem gebildeten Stande auf, gibt statt der gesuchten Volkserziehung Nationalerziehung, und hätte wohl das Vermögen, den Völkern und dem ganzen Menschengeschlechte aus der Tiefe seines dermaligen Elends emporzuhelfen" (VII 403).

Als wahre Grundlage des Unterrichts und der Erkenntnis fordert er ein „Abc der Empfindungen". „Wie das Kind anfängt Sprechtöne zu vernehmen und selbst notwendig zu bilden, müßte es geleitet werden, sich vollkommen deutlich zu machen: ob es hungere oder schläfrig sei (ob es schmecke oder rieche usw., ob es Rosen oder Nelken rieche), ob es die mit mit dem oder dem Ausdrucke bezeichnete, ihm gegenwärtige Empfindung sehe oder ob es vielmehr dieselbe höre usf., oder ob es wohl gar bloß etwas hinzu denke; wie die verschiedenen durch besondere Wörter bezeichneten Eindrücke auf denselben Sinn, z. B. die Farben, die

---

[1] Die nähere Begründung dieser religiösen Deutung des Vaterlandes gibt die 8. Rede; vgl.

[2] Eine Empfehlung Pestalozzi enthalten bereits die Dialoge „Der Patriotismus und sein Gegenteil" von 1807 (N. W. III 221—74; vgl. besonders 266 ff.).

[3] Der Ausdruck bedeutet in dem damaligen Sprachgebrauch das ganze Geistes- und Seelenleben.

Schalle der verschiedenen Körper usw., verschieden seien, und in
welchen Abstufungen; alles dies in richtiger und das Empfindungs-
vermögen selbst regelmäßig entwickelnder Folge".[1] Zu diesem deutlichen Erfassen dessen, was es eigentlich empfindet, muß nun dem
Kinde das Sprechen helfen, das es im lebendigen Verkehr mit
seiner Umgebung lernt. Das dumpfe Chaos der äußeren Eindrücke
und inneren Bedürfnisse kann es nur klären mit Hilfe der verschiedenen Ausdrücke, die ihm die Sprache bietet. „Es wird genötigt, nach Anleitung jener Unterscheidungen, mit Zurückziehung
und Sammlung auf sich zu merken; das, was es wirklich fühlt, zu
vergleichen und zu unterscheiden von anderem, das es wohl auch
kennt, aber gegenwärtig nicht fühlt. Hierdurch sondert sich erst
ab in ihm ein besonnenes und freies Ich."

An dieses Abc der Empfindungen (das Pestalozzi noch nicht
in seiner Eigenart klar erkannt hat) ist dessen Abc der Anschauung, d. h. die Lehre von den Zahl- und Maßverhältnissen,
anzuschließen, denn die «an sich leeren Formen des Maßes und
der Zahl erlangen ihren deutlich erkannten inneren Gehalt" erst
durch die Empfindungen (VII 404). „An diese Anschauung kann
ein beliebiger Teil der Sinnenwelt geknüpft werden, sie kann ein-
geführt werden in das Gebiet der Mathematik, so lange bis an
diesen Vorübungen der Zögling hinlänglich gebildet sei, um zu
einer Entwerfung einer gesellschaftlichen Ordnung und zur Liebe
dieser Ordnung als dem zweiten und wesentlichen Schritte seiner
Bildung[2] angeführt zu werden."

Indessen muß „die Entwicklung der körperlichen Fertigkeit" mit der geistigen Hand in Hand gehen. Pestalozzi fordert
mit Recht auch ein „Abc der Kunst", d. h. des körperlichen
Könnens. „Schlagen, Tragen, Werfen, Stoßen, Ziehen, Drehen,
Ringen, Schwimmen usw. seien die einfachsten Uebungen der
Kraft" Er hat aber dieses Abc selbst nicht geliefert. „Dazu bedarf
es eines Mannes, der in der Anatomie des menschlichen Körpers
und in der wissenschaftlichen Mechanik auf gleiche Weise zu Hause,
mit diesen Kenntnissen ein hohes Maß philosophischen Geistes ver-
bände" (VII 410).

---

[1] „Der Patriotismus" usw. 272. Hinzugefügt wird: „Indem gerade
diese Merkmale das eigentliche und letzte Objektive und Reale an der
ersten Erscheinungswelt sind, dagegen der Raum und zumal die Schemen
noch höherer Abstraktion lediglich schemat.sche Formen sind jener
Objektivität."
[2] Gemeint ist damit die sittliche Bildung, für die ja (vgl. S. 123)
alle geistige vorbereiten soll.

Was nun den zweiten, wichtigsten Teil der Erziehung betrifft: die sittliche (oder wie Fichte auch sagt: bürgerliche) und die religiöse Erziehung, so sind deren Ziele bereits besprochen. Für das Verfahren gilt allenthalben in der Erziehung, daß mit dem Erkenntnisvermögen immer zugleich die Liebe zum Erkannten angeregt werde; denn ohne Liebe ist die Erkenntnis tot, freilich auch ohne Erkenntnis die Liebe blind.

Neben der Liebe zur Klarheit und Ordnung, die im theoretischen Unterricht entwickelt wird, und die uns „an die Welt des Gedankens knüpft, „es gibt noch eine andere Liebe, diejenige, welche den Menschen an den Menschen bindet und alle Einzelnen zu einer einigen Vernunftgemeinde verbindet. Wie jene die Erkenntnis, so bildet diese das handelnde Leben und treibt an, das Erkannte an sich und anderen darzustellen" (VII 413).

Wäre der Grundtrieb des Kindes die Selbstsucht (wie man gewöhnlich annimmt), so könnte keine Erziehung es wirklich versittlichen; denn auch im Geistigen gilt, daß sich nicht aus Nichts Etwas machen läßt. Tatsächlich aber lehrt philosophische Spekulation wie psychologische Beobachtung, daß der ursprünglichste Trieb des Kindes der nach Achtung sei, „und daß diesem Triebe erst das Sittliche, als einzig möglicher Gegenstand der Achtung, das Rechte und Gute, die Wahrhaftigkeit, die Kraft der Selbstbeherrschung, in der Erkenntnis aufgehe. Dieser Trieb zeigt sich im Kinde als sein Wunsch, den Beifall der Eltern, besonders den des Vaters, zu finden und von ihnen, wie den Erwachsenen überhaupt, geachtet zu werden. Von deren Achtung hängt seine Selbstachtung ab. „Dieses Vertrauen auf einen fremden und außer uns befindlichen Maßstab der Selbstachtung ist auch der eigentümliche Grundzug der Kindheit und Unmündigkeit, durch den Erziehung überhaupt erst möglich wird. Bisher blieben auch die meisten — wenige starke Charaktere ausgenommen — zeitlebens Kinder, sofern sie in ihrer Selbstachtung vom Beifall ihrer Umgebung abhängig blieben. Dagegen hat der wirklich „mündige" Mensch den Maßstab seiner Selbstschätzung in ihm selber, und will von andern geachtet sein, nur inwieweit sie selbst erst seiner Achtung sich würdig gemacht haben; und bei ihm nimmt dieser Trieb die Gestalt des Verlangens an, andere achten zu können und Achtungswürdiges außer sich hervorzubringen". Die „Mündigkeit" in diesem Sinne hervorzubringen ist das eigentliche Ziel der Erziehung.

Der Trieb nach Achtung darf beim Kind nur durch sittliche

Betätigung sein Ziel erreichen. Dagegen das Lernen führt seinen
Reiz in sich und muß als selbstverständlich angesehen werden; auch
das schnellere und bessere Lernen des fähigen Kopfes muß „als
bloßes Naturereignis" gelten, „das ihm selber zu keinem Lobe
oder Auszeichnung dient, am allerwenigsten aber andere Mängel
verdeckt"[1] (VII 417). Also nur sittlich Bedeutsames darf Aeußerungen der Achtung hervorrufen. „Die Wurzel aller Sittlichkeit aber
ist die Selbstbeherrschung, die Unterordnung der selbstsüchtigen
Triebe unter den Begriff des Ganzen." Die Unterordnung ist
eine doppelte. Zunächst muß dem Gesetz, das um der bloßen Ordnung des Ganzen willen gelten muß, gehorcht werden. Dieser
Gehorsam verdient noch kein Lob; fehlt er, so tritt Tadel oder gar
Strafe ein. Sodann gibt es eine Unterordnung, die zu freiwilligen
Leistungen für die Forderung des Ganzen führt. (S. oben S. 124.)
Diese verdient tätige Billigung, wirkliche Anerkennung ihrer Ver-
Verdienstlichkeit, keineswegs zwar öffentlich, als Lob, was das
Gemüt verderben und eitel machen, und es von der Selbständigkeit
ableiten könnte, sondern im geheim und mit dem Zögling allein"
(VII 419). Das Kind soll sich nämlich unter den Erziehern und
Erzieherinnen „frei und so wie sein Vertrauen und Gefühl es
treibt", einen „zum besonderen Freund und gleichsam Gewissens-
rat" wählen. Dieser mag ihm zu immer größerer Selbstüber-
windung und Opferwilligkeit emporhelfen und darf darf ihm auch
Beifall spenden.

Für die gesamte sittliche Erziehung aber gilt: „Durch eignes
Tun und Handeln schließt sich uns am klarsten der Umfang der
sittlichen Welt auf, und wenn sie also aufgegangen ist, dann ist sie
wahrhaftig aufgegangen. Ein solcher weiß nun selbst, was in ihr
enthalten ist, und bedarf keines fremden Zeugnisses mehr über sich,
sondern vermag es, selbst ein richtiges Gericht über sich zu halten
und ist von nun an mündig." Damit hat auch die den Grundtrieb
der Menschen ausmachende Liebe (die sich als Trieb nach Achtung
offenbart) ihren wahren Gegenstand gefunden: das Rechte und
Gute als Selbstwert. (VII 419 f.).

Die persönliche und sittliche Selbständigkeit des Menschen ist
durch das gegründete Vertrauen bedingt, „daß man sich stets durch
eigne Kraft werde durch die Welt bringen können und für seinen
Unterhalt keiner fremden Wohltätigkeit bedürfe". Darum muß

---

[1] Man denke daran, wie die ganze Achtung, die der Zögling von seiten
der Lehrer genießt, sich vielfach noch in erster Linie auf seine intellektuellen Fähigkeiten und Leistungen gründet.

den Zöglingen als „allererster Grundsatz der Ehre" eingeprägt werden, „daß es schändlich sei, seinen Lebensunterhalt einem andern, denn seiner Arbeit verdanken zu wollen. Zur sittlichen gehört also auch wirtschaftliche Erziehung; mit dem Lernen ist stets wirtschaftliche Arbeit zu verbinden. Schon Pestalozzi hat Stricken, Spinnen u. dgl. vorgeschlagen, doch bleibt die Hauptsache die Ausübung des Acker- und Gartenbaus, der Viehzucht und derjenigen Handwerke, deren man in dem kleinen Schulstaate bedarf (s. oben S. 124). Dabei sollen die Zöglinge möglichst das, was sie treiben, in seinen Gründen verstehen. Das bereitet sie auf ihren künftigen Beruf vor und vergeistigt und veredelt die mechanische Arbeit (VII 425).

Auch die künftigen Gelehrten müssen durch die allgemeine Nationalerziehung hindurch gehen. „Nur dem Knaben, der eine vorzügliche Gabe zum Lernen und eine hervorstechende Hinneigung nach der Welt der Begriffe zeigt, kann die neue Nationalerziehung erlauben, diesen Stand zu ergreifen; jedem aber, der diese Eigenschaften zeigt, wird sie es ohne Ausnahme und ohne Rücksicht auf einen vorgeblichen Unterschied der Geburt, erlauben müssen; denn der Gelehrte ist es keineswegs zu seiner eignen Bequemlichkeit, und jedes Talent dazu ist ein schätzbares Eigentum der Nation, das ihr nicht entrissen werden darf" (VII 426). Der Gelehrte ist bestimmt, „das Menschengeschlecht nach einem klaren Begriff und mit besonnener Kunst weiter zu bringen". „Dazu bedarf es einer klaren Uebersicht des bisherigen Weltzustandes, einer freien Fertigkeit im reinen und von der Erscheinung unabhängigen (d. i. philosophischen) Denken, und damit er sich mitteilen könne, des Besitzes der Sprache bis in ihre lebendige und schöpferische Wurzel hinein." Der künftige Studierende wird sich an den körperlichen Uebungen zu beteiligen haben, auch „die allgemeinen Kenntnisse des Ackerbaus, anderer mechanischer Künste und der Handgriffe dabei, die schon dem bloßen Menschen anzumuten sind", wird er erlernen, endlich wird er an dem allgemeinen Unterricht wie die übrigen teilnehmen, aber die Stunden, in denen die anderen wirtschaftlich arbeiten, werden für ihn wissenschaftliche Lehrstunden sein.

Die neue Nationalerziehung zu verwirklichen, ist nach Fichte in erster Linie der Staat berufen (vgl. S. 89). Sollte der Staat versagen, so müßten „freiwillige Verbindungen gut gesinnter Bürger in den Städten" und große Gutsbesitzer sich der Sache annehmen (VII 428 ff.). Taugliche Lehrer und Erzieher wird die

Schule Pestalozzis stellen können. Zu wünschen ist, daß „angehende Gelehrte, denen es ihre Lage verstattet, den Zeitraum, der ihnen zwischen der Universität und ihrer Anstellung in einem öffentlichen Amte übrig bleibt, dem Geschäfte, über die Lehrweise an diesen Anstalten sich zu belehren und an denselben selbst zu lehren, widmen".

Seine Ansichten über die Bildung und Erziehung der Gelehrten hat Fichte besonders eingehend in seinem „Deducierten Plan einer zu Berlin zu errichtenden höheren Lehranstalt" (1807; III 95—204) dargelegt. Die Universitäten sollen das oberste Glied im Gesamtorganismus der Nationalerziehung bilden; sie sollen nicht nur Lehr-, sondern auch Erziehungsanstalten sein. Eine tüchtige philosophische Schulung soll für alle Studierende die Grundlage des Fachstudiums sein. Lehrvorträge, soweit sie nur den Inhalt gedruckter Bücher wiederholen, sind überflüssig, ja schädlich. Die Studierenden sollen durch wissenschaftliche Betätigung zur Wissenschaft, zur „Kunst des wissenschaftlichen Verstandesgebrauchs" erzogen werden. Dazu muß der Unterricht vorwiegend Unterredung sein; der Schüler muß antworten und fragen lernen und sich in wissenschaftlicher Untersuchung und Darstellung durch Bearbeitung von Aufgaben üben. Ferner müssen die Studierenden sich ganz der Wissenschaft widmen können; sie sollen darum „von der allgemeinen Masse des gewerbtreibenden und dumpf genießenden Bürgertums" völlig abgesondert und auch dem Druck der gewöhnlichen Lebenssorgen enthoben werden. Die Bedingungen hierfür sind in kleinen Universitätstädten günstiger als in großen. Wie alles Leben, so muß auch das wissenschaftliche aus sich selbst sich fortpflanzen. Dazu bedarf es einer Pflanzschule künftiger Universitätslehrer, eines „Professorenseminars", das aus den „Regularen" hervorgehen soll.

Aus der Masse der Studierenden sollen nämlich die durch Leistung Bewährten als die „Regularen" herausgehoben werden. Sie bilden eine zusammenlebende Genossenschaft mit gemeinsamem Haushalt, die mit den Universitätslehrern in enger Wechselbeziehung steht. Ihnen wird auf Staatskosten ein sorgenfreies Dasein gewährt; sie sollen auch ein den Professoren gleiches Ehrenkleid tragen.

Wer die abschließende Prüfung durch Abfassung einer tüchtigen wissenschaftlichen Arbeit bestanden hat, wird „Meister der Kunst". Diese Würde allein gibt Anspruch auf die höheren Staatsämter.

Die Professoren selbst aber bilden ihrerseits die Pflanzschule „ausübender Künstler", d. h. die Staatsmänner sollen aus den Professoren hervorgehen. Auch können solche, die das Lehramt aufgeben, als „Akademiker" sich ganz der Forschungstätigkeit widmen.

Die Aufgaben der „Gelehrten" hat Fichte sowohl in seinen Vorlesungen „über die Bestimmung des Gelehrten" (gehalten in seinem 1. Jenaer Semester 1793, erschienen 1794, VI 289—346) als auch in seinen Erlanger Vorlesungen „über das Wesen des Gelehrten" (erschienen 1806, VII 347—448) behandelt.[1]
In der ersten Schrift erörtert er zunächst die Bestimmung des Menschen für sich allein und in der Gesellschaft und die Verschiedenheit der Stände. Er betont dabei: „daß jeder Stand notwendig ist, jeder unsere Achtung verdient; daß nicht der Stand, sondern die würdige Behauptung desselben das Individuum ehrt.. daß der Gelehrte Ursache hat, am allerbescheidensten zu sein, weil ihm ein Ziel aufgesteckt ist, von dem er stets gar weit entfernt bleiben wird." Und welches ist dieses Ziel?
Die Vervollkommnung der Menschheit fordert die Kultur aller ihrer Anlagen, anders ausgedrückt: „die Befriedigung jedes natürlichen, auf einen im Menschen ursprünglich liegenden Trieb gegründeten Bedürfnisses." Dafür ist Voraussetzung die Kenntnis der menschlichen Anlagen und Bedürfnisse und die Wissenschaft, sie zu entwickeln und zu befriedigen. Das erste, die Kenntnis des menschlichen Wesens, bezeichnet Fichte als „philosophisch", weil sie sich „auf reine Vernunftsätze gründet"; er meint also das Wesen der Menschen, nicht wie es sich in der Erfahrung tatsächlich darstellt, sondern wie es sein soll und wie es also den Zweck alles menschlichen Strebens darstellen soll. Die Kenntnis der Mittel zur Verwirklichung dieses Zweckes nennt er „philosophisch-historisch". „Man muß wissen, auf welcher bestimmten Stufe der Kultur diejenige Gesellschaft, deren Mitglied man ist, in einem bestimmten Zeitpunkt stehe — welche bestimmte Stufe sie von dieser aus zu ersteigen und welcher Mittel sie sich dafür zu bedienen habe." Man muß endlich dazu — und das ist eine rein „historische" Aufgabe — den bisherigen geschichtlichen Verlauf und den gegenwärtigen Zustand erforschen.

---

[1] Fünf Vorlesungen über die Bestimmung der Gelehrten, gehalten zu Berlin 1811, sind N. W. III 144—208 veröffentlicht. Zu vergleichen sind auch die hierhergehörigen Abschnitte der Sittenlehre von 1798 (IV, 1—365).

„Die drei Arten der Erkenntnis, vereinigt gedacht — und außer der Vereinigung stiften sie nur geringen Nutzen —, machen das aus, was man Gelehrsamkeit nennt, oder wenigstens ausschließend nennen sollte." „Einzelne mögen sich einzelne Teile jenes Gebietes abstecken; aber jeder sollte seinen Teil nach jenen drei Ansichten: philosophisch, philosophisch-historisch und bloß historisch,[1] bearbeiten".

Kulturhistorisch interessant, freilich nicht erfreulich, ist, daß heute für einen „Gelehrten" die Philosophie überflüssig erscheint und innerhalb der Gelehrsamkeit ein beschränktes Spezialistentum wuchert. Dazu kommt die rein theoretisch-passive Haltung, ja Weltfremdheit, des Durchschnittsgelehrten gegenüber den großen praktischen Aufgaben der Zeit. Auch diese ist durchaus nicht im Sinne Fichtes. Wissen ist ihm nicht Selbstzweck, sondern Mittel zum Zweck, „alle Anlagen der Menschheit zu entwickeln". „Von dem Fortgang der Wissenschaften hängt unmittelbar der ganze Fortgang des Menschengeschlechtes ab. Wer jenen aufhält, hält diesen auf." Daraus folgert er: „Die wahre Bestimmung des Gelehrtenstandes ist die oberste Aufsicht über den wirklichen Fortgang des Menschengeschlechtes im allgemeinen und die stete Beförderung dieses Fortganges." Die Gelehrten sind ihm so die Lehrer und Erzieher der Menschheit, berufen, die geistigen F ü h r e r auf allen Gebieten der Kultur zu sein (V 326—334).

Darum lehnt er auch R o u s s e a u s grundsätzliche Verwerfung der Kultur ab, obwohl er dessen Kritik der Zeit berechtigt findet. So gewiß der Mensch kein Tier ist, so gewiß ist er nicht bestimmt, im „Naturzustand" zu verbleiben. Das „goldene Zeitalter" liegt v o r, nicht h i n t e r uns, und „durch Sorge, Mühe und Arbeit" müssen wir uns ihm nähern. Rousseau kennt nicht den t ä t i g e n Geist; „er schildert durchgängig die Vernunft i n d e r R u h e, aber nicht im Kampfe; er schwächt die Sinnlichkeit, statt die Vernunft zu stärken" (VI 335—346).

In den 1805 gehaltenen Vorlesungen über das „W e s e n d e r G e l e h r t e n" tritt der religiöse Charakter, den Fichtes Welt- und Lebensanschauung schon in der Schrift über die „Bestimmung der Menschen" so deutlich offenbart, stark hervor. Er geht von dem Satze aus, daß der gesamten Sinnenwelt „etwas Höheres und

---

[1] Das „historische" Wissen umfaßt nach dem damaligen Sprachgebrauch die Erkenntnis des Tatsächlichen überhaupt, also auch die der N a t u r - tatsachen.

Verborgenes" zugrunde liegt, das er (in Uebereinstimmung mit Plato) als „die göttliche Idee" bezeichnet.[1] Ein bestimmter Teil ihres Inhalts ist „dem ausgebildeten Nachdenken" zugänglich gemacht und soll „durch die freie Tat des Menschen an der Sinnenwelt herausgebildet und in ihr dargestellt werden". Jene Erkenntnis der göttlichen Idee zu erringen, ist Aufgabe der w a h r e n „Gelehrten". Sie sind also „der Sitz eines höheren und geistigeren Lebens in der Welt, und eine Fortentwickelung der Welt, so wie sie zufolge der göttlichen Idee erfolgen sollte".

Auch hier betont Fichte die praktisch-sittliche Aufgabe aller Gelehrsamkeit. Freilich kann das Verhältnis des Gelehrten zu den praktischen Aufgaben ein doppeltes sein. „Entweder ist der nächste Zweck desselben der, die Ideen, in deren lebendige Erkenntnis er sich hineinversetzt hat, anderen mitzuteilen, und sodann ist sein nächstes Geschäft: die Theorie der Ideen im allgemeinen und besonderen — er ist ein Lehrer der Wissenschaft." Aber praktische Aufgaben hat er dabei doch: er hat „Sinn und Geist des Menschen zu gestalten und zu erheben". Oder der nächste Zweck des Trägers gelehrter Bildung ist die Welt nach der göttlichen Idee zu gestalten: „etwa die Gesetzgebung — das ganze rechtliche und gesellschaftliche Verhältnis der Menschen untereinander — oder auch die die Menschen umgebende und auf ihr würdiges Dasein einfließende Natur nach der göttlichen Idee des Rechtes oder der Schönheit, soweit es in dem gegebenen Zeitalter und unter den gegebenen Bedingungen möglich ist, auszubilden." In diesem Zusammenhang bekennt sich Fichte auch zu dem Gedanken Platos, daß die Philosophen die berufenen Herrscher seien. Er erklärt: „Niemand sollte in die eigentliche L e i t u n g und A n o r d n u n g der menschlichen Angelegenheiten eingreifen, der nicht ein Gelehrter im wahrhaften Sinne des Wortes wäre, d. h., der nicht durch gelehrte Bildung der göttlichen Ideen teilhaftig geworden. Mit Zuträgern und Handlangern ist es ein anderes: ihre Tugend besteht in pünktlichem Gehorsam und der Vermeidung alles Selbstdenkens und über ihr Geschäft Selbsturteilens."

In Uebereinstimmung mit dieser Grundansicht über den Beruf des Gelehrten hat Fichte in dem Verlauf dieser Vorlesungen nicht bloß die Aufgaben des angehenden Gelehrten, des Studierenden, des Lehrers an Universitäten und höheren Schulen und des Schrift-

---

[1] Näher ist der Begriff der „Idee" und ihr Verhältnis zur Sinnenwelt in der 2. Vorlesung erörtert.

ſtellers, ſondern auch die der Regenten behandelt. Es ſtimmt das
damit überein, daß er in der Erziehung ja ſchließlich die höchſte
Aufgabe des Staates erkannt hat.

VI. Kapitel.

Geſchichtsphiloſophie.[1]

Kant hat bereits inſofern die Eigenart der Geſchichte im Vergleich mit der Natur erkannt, als er einſieht: in der Geſchichte
handelt es ſich um die Verwirklichung von Werten (die wir
als Kultur zuſammenfaſſen), während wir bei Betrachtung der
Wirklichkeit als Natur von Werten ganz abſehen. Indeſſen
bleibt Kant noch in den Schranken der rationaliſtiſchen unhiſto-
riſchen Denkweiſe der Aufklärungszeit als er lediglich das Allgemeine ſchätzt und das Individuelle und Einmalige nicht als
ſolches würdigt, ſondern nur, ſofern es Träger und konkrete Verwirklichung des Allgemeinen iſt; es bleibt für ihn ſozuſagen nur
Exemplar der Gattung.

Fichte teilte zwar anfangs auch die rationaliſtiſche Tendenz, das
Einmalige aus dem Allgemeinen ableiten zu wollen, ſpäter aber
erkannte er,[2] daß das Konkrete in ſeiner Beſtimmtheit und Ein-
maligkeit das „abſolut Zufällige", das „bloß Empiriſche" unſrer
Erkenntnis darſtelle, das nicht aus allgemeinſten Einſichten
rational abgeleitet, nicht „deduziert" werden könne.[3] So erkennt
Fichte denn auch — und darin geht er über Kant hinaus —, daß
das Ganze der Geſchichte eine einmalige eigentümliche Entwicklung darſtelle.[4] Das einzige Individuum wird dabei gewertet,
ſofern es ſich in das Ganze eingliedert, aber zugleich gilt es doch
als unerſetzliches und unvertauſchbares Glied, als „ein Gedanke
der Gottheit" oder „als Offenbarung des ſittlichen Endzwecks von
einer neuen bis jetzt durchaus unſichtbaren Seite", als Schauplatz
göttlichen Lebens, wie es lediglich in ihm und ſeiner Individualität
ſich entwickeln kann und ſoll. Entſprechend werden auch die einzelnen Völker und ihre Kulturen als beſondere Erſchließungen des

---

[1] Emil Lask. Fichtes Idealismus u. die Geſchichte, 1902.
[2] Lask. a. a. O. S. 71 u. 114 f.
[3] I 489 f. II 302.
[4] Lask. 203 f.

Göttlichen gewertet.[1] Damit löſt auch Fichte die alte Verquickung
von empiriſch und individuell einerſeits und überempiriſch und
allgemein anderſeits auf; auch ein Ueberempiriſches, das Göttliche,
erſchließt ſich in den individuellen Bildungen der einzelnen Menſchen und Völker. Das Volk aber als überindividuelles G a n z e s
iſt als konkret, völlig verſchieden von überindividuellen All-
gemeinheiten.

Der einmalige geſchichtliche Prozeß geht nun — wie in den
„G r u n d z ü g e n   d e s   g e g e n w ä r t i g e n   3 e i t a l t e r s”
(VII 1—256) näher dargelegt wird — durch fünf Stufen hin-
durch, in denen ſich ein „W e l t p l a n”[2] verwirklicht. Dieſer
ergibt ſich aus dem Satze, daß „der 3weck des Erdenlebens
der Menſchheit der iſt, daß ſie in demſelben alle ihre Ver-
hältniſſe mit Freiheit nach der Vernunft einrichte” (VII 7).
So ſcheiden ſich zunächſt zwei Hauptepochen, eine erſte, in
der die Vernunft noch als „Inſtinkt” und ſomit ohne Freiheit
der Wahl und Entſcheidung herrſcht, und eine zweite, in der
die Vernunft als klare Einſicht, als „Wiſſenſchaft” freie Menſchen leitet. Denn „der Inſtinkt iſt blind, ein Bewußtſein ohne
Einſicht der Gründe. Die Freiheit als der Gegenſatz des Inſtinkts
iſt daher ſehend und ſich deutlich bewußt der Gründe ihres Ver-
fahrens” (II 9).

3wiſchenglieder zwiſchen dieſe beiden Hauptepochen ſchieben ſich
dadurch ein, daß zunächſt „die Reſultate des Vernunftinſtinkts
von den kräftigeren Individuen der Gattung... zu einer äußerlich gebietenden Autorität gemacht und mit 3wangsmitteln aufrecht
erhalten werden”, und daß ſich dagegen die Vernunft als Trieb

---

[1] VII 381 ff. u. oben S. 88. Damit wird der atomiſierende „Welt-
bürgerſinn” der Aufklärung überwunden, die Nation mit ihrer nationalen Kultur wird als wertvolles, unerſetzbares Mittelglied zwiſchen
dem Einzelnen und der Menſchheit erfaßt.

[2] Noch recht ſkeptiſch äußert ſich F. über den Gedanken eines göttlichen Weltplans in ſeiner Schrift über die franzöſiſche Revolution
(1793). „Man könnte mit ungleich größerer Wahrſcheinlichkeit in dem
bisherigen Gange der Schickſale der Menſchheit den Plan eines böſen
menſchenfeindlichen Weſens zeigen, das alles auf das höchſtmögliche
ſittliche Verderben und Elend derſelben angelegt hätte. Aber das
wäre auch nicht wahr. Das einzig Wahre iſt wohl folgendes: daß ein
unendlich Mannigfaltiges gegeben iſt, welches an ſich weder gut noch
böſe iſt, ſondern erſt durch die freie Anwendung vernünftiger Weſen
eines von beiden wird, und daß es in der Tat nicht eher beſſer werden
wird, als bis w i r beſſer geworden ſind.” (VI 67.) Eine tief wahre
Einſicht!

nach perſönlicher Freiheit erhebt und zunächſt negativ, auflöſend
wirkt, bis ſie allmählich wieder poſitiv aufbauend ſich betätigt.

So konſtruiert Fichte ſchließlich fünf Grundepochen. Es ſind
folgende: 1. die „ber unbedingten Herrſchaft der Vernunft durch
den Inſtinkt. der Stand der Unſchuld des Menſchen-
geſchlechts. 2. Die Epoche, ba der Vernunftinſtinkt in eine
äußerlich zwingende Autorität verwandelt iſt: das Zeitalter poſi-
tiver Lehr- und Lebensſyſteme, die nirgends zurückgehen bis auf
die letzten Gründe, und deswegen nicht zu überzeugen vermögen,
dagegen aber zu zwingen begehren unb blinden Glauben und unbedingten Gehorſam fordern: der Stand der anhebenden
Sünde. 3. Die Epoche der Befreiung, unmittelbar von der gebietenden Autorität, mittelbar von der Botmäßigkeit des Vernunftinſtinkts und der Vernunft überhaupt in jeglicher Geſtalt...:
der Stand der vollendeten Sündhaftigkeit.
4. Die Epoche der Vernunftwiſſenſchaft: das Zeitalter, wo
die Wahrheit als das Höchſte anerkannt und am höchſten geliebt
wird: der Stand der anhebenden Rechtfertigung.
5. Die Epoche ber Vernunftkunſt:[1] das Zeitalter, da die
Menſchheit mit ſicherer und unfehlbarer Hand ſich ſelber zum
getroffenen Abdruck der Vernunft aufbauet: der Stand der
vollendeten Rechtfertigung und Heiligung"
(VII 11 f.). Dieſe Epochen können bei den verſchiedenen Völkern zu verſchiedenen Zeiten auftreten unb auch in demſelben
können zur ſelben Zeit Vertreter verſchiedener Epochen neben-
einander leben. Das Zeitalter charakteriſiert ſich jeweils nicht
nach „allen dermalen lebenden Individuen", ſondern nur nach
denjenigen, „die da wirklich Produkte ihrer Zeit ſind und in denen
dieſe Zeit ſich am klarſten ausſpricht" (VII 13).[2] —

In der ſog. «Staatslehre» von 1813 wird in ſachlicher
Uebereinſtimmung mit dem „Weltplan" der „Grundzüge" als Sinn
der Geſchichte die Verwirklichung der Freiheit bezeichnet[3] (IV 487).

---

[1] D. h. der Fähigkeit, die vernünftige Einſicht auch zu verwirklichen;
vgl. den Ausdruck „Künſtler" oben S. 75.

[2] Daß es dieſe 5 Epochen und nur dieſe gebe, iſt nach F. unabhängig
von Erfahrung (a priori) einzuſehen; in welche Epoche jeweils die tatſächliche Geſchichte gehöre, das muß auf Grund von Welt- und Men-
ſchenbeobachtung (alſo aus Erfahrung) entſchieden werden.

[3] Zur Verwirklichung der Freiheit wird gegebene Natur voraus-
geſetzt. „Die Maſſe liefert die Natur, das bewegende Prinzip der

Und wenn dort ihr Verlauf aus der Hauptepoche der Instinkt-
und Autoritätsherrschaft zum Zeitalter der Vernunftwissenschaft
und -kunst verfolgt wird, so werden hier „Glaube und Verstand
als die beiden Grundprinzipien der Menschheit" aufgewiesen, aus
deren Wechselwirkung sich die Geschichte erzeuge. Beide sind notwendig, der Glaube als die erhaltende (konservative), der Verstand
als die bewegende (fortschrittliche) Tendenz. „Nur in der Vereinigung der beiden Prinzipien wird ein wahrhafter Fortgang
gewonnen, dadurch eben, wenn der Glaube in Verstand sich auf-
löst, der Verstand dagegen an einem Glauben sich hält." „Das
aber ist der Fortgang der Geschichte, daß immerfort der Verstand
Feld gewinne über den Glauben solange, bis der erste den letzten
ganz vernichtet und seinen Inhalt aufgenommen hat in die edlere
Form der klaren Einsicht" (IV 493).

Die Entwicklung von Autorität zur Freiheit und zu der sie leiten-
den Vernunfteinsicht zeigt sich auch im Uebergang vom Altertum
zum Christentum.[1]

„Gott ist nach dem Altertum ein qualitativ unbegreiflicher Ge-
schichts- und Naturanheber" — nach unserer Weise angesehen,
grundlose Willkür, der man sich fügen muß: eine Zwangsgewalt.
Nach dem Christentum ein durch sein inneres Wesen bestimmter
Heiliger, ohne „alle Willkür, sittlicher Gesetzgeber der Freiheit".
Und während nach der alten Welt Gott willkürlich einen gegebenen
Zustand derselben fordert: Ungleichheit, Beherrschung von Men-
schen durch Menschen, ist das Christentum „das Evangelium der
Freiheit und Gleichheit, „Aufhebung aller Oberherrschaft und
bürgerlichen Ungleichheit" (IV 522 f., 529).

Nicht also Glaube an eine unverstandene Autorität fordert das
recht verstandene Christentum; vielmehr ist es „durchaus eine
Sache des Verstandes, der klaren Einsicht: und zwar des individuellen Verstandes eines jeden Christen, keineswegs etwa eines
stellvertretenden. Denn schlechthin jeder soll gehorchen dem v o n
i h m s e l b st als solchen verstandenen Willen Gottes... er soll
Christ sein zufolg freier Einsicht" (IV 524 f.). Das Christentum ist
aber natürlich nicht bloß „L e h r e", sondern „Verfassung", „durch-
greifende historische Umschaffung des Menschengeschlechtes bis
hinein in die Wurzel. Bestimmung des wirklichen Seins des

Geist." Der Stoff der Geschichte liegt darum „in der Mitte zwischen
dem absolut Gegebenen und dem Produkte absoluter Freiheit, ein Ver-
einigungsglied etwa der beiden" (IV 460 ff.).
[1] Wie Fichte es auffaßt; vgl. oben S. 94.

Menschengeschlechtes". „Das Sein des Menschen nach dem Christentum besteht aber darin, daß er durchaus keinen Herren habe außer Gott, kein Gesetz anerkenne als das göttliche, das da sich richtet nur an seine Freiheit" (IV 527).

VII. Kapitel.

Religionsphilosophie.

Fichtes Erstlingsschrift „Versuch einer Kritik aller Offenbarung" (V 9—174) enthält noch wenig Eigenes; überwiegend ist sie durch den Einfluß Kants bestimmt. Dies zeigt sich besonders darin, daß das Wesentliche aller Religion in der Moral gesucht wird. Fichtes Eigenart verrät sich aber bereits in der Methode der „Deduktion", d. h. in dem Bemühen, die Gedanken aus einem Prinzip zwingend abzuleiten.

Nach Kant postulieren wir aus unserem sittlichen Bewußtsein heraus das Dasein Gottes, d. h. wir fordern, daß ein Gott in einem Jenseits die gerechte Vergeltung übe, die wir im Diesseits so oft vermissen. Aber diese Forderung, ein Gott müsse existieren und der damit vernünftig begründete Glaube an Gott ist nur subjektives Bedürfnis, nicht objektiv gültige Pflicht. Darin stimmt Fichte Kant zu: „Zur Religion, d. i. zur Anerkennung Gottes als moralischen Gesetzgebers findet keine Verbindlichkeit statt" (V 53). Wir haubeln darum ebenso moralisch, wenn wir lediglich unserem sittlichen Bewußtsein (unserem „Gewissen") gehorchen, als wenn wir Gott gehorchen. In dem folgenden Gedankengang aber geht Fichte über Kant hinaus: Solange ich das Sittengesetz nicht als Gebot Gottes auffasse, erscheint es sozusagen als meine Privatsache, als ein Gesetz, zu dem ich mich verpflichte; das ich befolge, um mich selbst zu achten. Verstoße ich dagegen, so kann ich mich nicht mehr so hoch achten. Ich schädige meine persönliche Würde; aber einen anderen geht das nichts an. Denken wir jedoch das Sittengesetz zugleich als von Gott geboten, so steht es nicht lediglich bei uns, ob wir uns von seiner Befolgung entbinden wollen; durch Pflichtverletzung versagen wir zugleich Gott unsere Achtung. Wir geben also dem Sittengesetz stärkere Verpflichtungskraft, indem wir es auf Gott beziehen. Das abstrakte Sittengesetz macht für sich weniger Eindruck, als wenn es auf ein „lebendes selbständiges

Wesen" zurückgeführt wird. „Wir suchen also in unserem Gesetzgeber Substanzialität, Willen, Freiheit und alles das können wir
auf ein Abstraktum nicht übertragen. Wir müssen also den Begriff der Vernunft hypostasieren [d. h. als ein besonderes Wesen
denken], und das ist dann der Begriff von Gott. Es ist der Logos
[d. h. die Vernunft].[1]

Wenn nun Menschen, die so völlig unter dem Einfluß ihrer
sinnlichen Triebe stehen, daß sie das moralische Gesetz in sich nicht
mehr vernehmen, der Moralität nicht gänzlich unfähig werden
sollen, so müssen dieser ebenfalls sinnliche Antriebe zu Hilfe kommen. Somit ist eine „O f f e n b a r u n g" notwendig, d. h. eine
durch Gott in der Sinnenwelt bewirkte Erscheinung, durch die
dieser sich als moralischer Gesetzgeber ankündigt (V 79 ff.). Zweck
jeglicher Offenbarung ist also stets die Hebung der Sittlichkeit,
und ob ein Bedürfnis dafür vorliegt, kann immer nur nach der
geschichtlichen Zeitlage beurteilt werden. Eine Offenbarung, die
solchem Bedürfnis entspricht, „kann von Gott sein" (V 113); ich
d a r f an ihre Göttlichkeit glauben, m u ß es aber nicht. „Mit
theoretischen Beweisen hat eine Offenbarung es überhaupt nicht
zu tun und sobald sie sich auf diese einläßt, ist sie nicht mehr
Religion, sondern Physik" (V 138), d. h. theoretische Wissenschaft
von der Natur.

Ein „W u n d e r" im Sinne einer Durchbrechung der Natur-
gesetze ist auch eine Offenbarung nicht. „Nach den Gesetzen der
Natur müssen sich alle Erscheinungen in der Sinnenwelt erklären
lassen, denn sonst könnten sie nie Gegenstand der Erkenntnis werden" (V 108), daran hält Fichte mit Kant fest, aber er geht über
ihn hinaus, wenn er betont: die Tatsachen der Offenbarung müssen
zwar n a c h Naturgesetzen sich erklären lassen, jedoch nicht a u s
Naturgesetzen. Hier liegt der Keim für die später von Fichte voll-
zogene Trennung der Geschichte von der Natur. Kant sah in der
Wirklichkeit lediglich die Natur, d. h. ein Sein und Geschehen
nach allgemeinen Gesetzen, Fichte erkannte schließlich, daß die e i n -
m a l i g e Kette der geschichtlichen Ereignisse (die zwar nach),

---

[1] So Fichte in einem von Kabitz veröffentlichten Entwurf zur Offenbarungskritik (Kant-Studien VI 202). Wenn Fichte das „eigentliche
Prinzip der Religion" in einer „Entäußerung" unseres Wesens, in der
„Uebertragung eines Subjektiven in ein Wesen außer uns" erblickt,
so stimmt in diesem Grundgedanken mit ihm die (freilich ganz anders —
naturalistisch-atheistisch — gerichtete) Religionsphilosophie Feuerbachs
überein. (Vgl. meine Gesch. d. Philos. III 3. A. S. 98 ff.)

aber nicht aus Naturgesetzen erklärt werden kann) Gegenstand einer besonderen, nämlich der historischen Wissenschaft ist.[1]

In der Aenesideums-Recension (Ende 1793 verfaßt) wird das „reine Ich" Gott gleichgesetzt und zum Gegenstand eines unmittelbaren, evidenten Vernunftglaubens gemacht.

Neuerdings ist man aufmerksam geworden auf zwei Vorlesungen Fichtes über Gott und Unsterblichkeit, die er wohl im Sommer 1796 gehalten hat.[2] Er lehnt es darin schroff ab, daß die Religion dem Genuß- und Glückseligkeitsstreben des Menschen diene. „Wer da Genuß will, ist ein sinnlicher, fleischlicher Mensch, der keine Religion hat und keiner Religion fähig ist ... Wer Glückseligkeit erwartet, ist ein mit sich selbst und seiner ganzen Anlage unbekannter Tor. Es gibt keine Glückseligkeit, es ist keine Glückseligkeit möglich; die Erwartung derselben und ein Gott, den man ihr zufolge annimmt, sind Hirngespinst."

Damals hält Fichte noch an der Persönlichkeit Gottes fest; bald darauf aber ist er zu einer pantheistischen Anschauung übergegangen. Seine Grundanschauung, daß Gott Geist, unendlicher Geist sei, erscheint ihm jetzt unvereinbar mit der Ansicht, daß er Person sei, da diese nur individuell und nur geistig-körperlich sich denken lasse. Das erste Zeugnis dieses pantheistischen Standpunktes (den Fichte dann nicht mehr verlassen hat) ist der Aufsatz über den Grund unseres Glaubens n eine göttliche Weltregierung vom April 1798. —

Eine zweite Entwicklungsstufe von Fichtes religionsphilosophischen Ansichten zeigen seine Schriften aus den Jahren 1798 bis 1800, die zu dem sog. „Atheismusstreit" in Beziehung stehen.[3]

---

[1] Vgl. Fritz Medicus, J. G. Fichte, Berlin 1905. S. 48.

[2] Vgl. Heinr. Scholz, Ein neues Dokument zu Fichtes religionsphilosophischer Entwicklung. Kant-Studien 22 (1918) S. 390 ff. Für Fichtes Religionsphilosophie kommen ferner in Betracht E. Hirsch, Fichtes Religionsphilosophie im Rahmen der philosophischen Gesamtentwicklung Fichtes, Göttinger Dissertation 1914. H. G. Hauck, J. G. Fichtes Theologie. Borna-Leipzig 1914.

[3] Die wichtigsten sind in der Lebensbeschreibung genannt; ferner kommen in Betracht: „Rückerinnerungen, Antworten, Fragen", V 335 bis 373, und „Aus einem Privatschreiben", V 375—396. Vgl. H. Rickert, F.'s Atheismusstreit 1899 und F. Paulsen, F. im Kampf um d. Freiheit d. Denkens, in „Philosophia militans" 1901. Heinrich Scholz, Die Religionsphilosophie des Als Ob. Sonderdruck aus Annalen der Philosophie, Bd. I 1919.

In der Offenbarungskritik wird Gott postuliert, um die Verpflichtungskraft des Sittengesetzes zu stärken, nunmehr wird er deduziert als Bedingung der Sittlichkeit; ohne ihn gibt es überhaupt keine Sittlichkeit. Denn das sittliche Tun, der eigentliche Kern meines Ich, würde sinnlos sein, wenn es keine Folgen hätte, wie das Säen sinnlos wäre, wenn es bloß geschähe um zu säen, und nicht die Folge einträte, daß der Same aufginge und Früchte trüge (V 388). Diese Folgen aber liegen nicht in der Sinnenwelt; es ist charakteristisch für das sittliche Tun, daß zwar die Sinnenwelt „das Material" der Pflicht ist, aber nie Zweck wird, und daß es auf die Folgen in ihr gar nicht ankommt. Das sittliche Tun erlöst von aller Abhängigkeit und erhebt uns in eine sich selbst genügende Ordnung. Diese Unabhängigkeit von allen Folgen in der sichtbaren Welt bedeutet für uns Seligkeit (V 206 f.). Freilich auch diese Seligkeit darf nicht Motiv unseres sittlichen Handelns sein, sonst wäre es nicht sittlich, sondern egoistisch. Seinem Wesen nach darf es nicht um eines Zweckes willen geschehen, aber es muß einen Zweck, d. h. eben wertvolle Folgen haben, und diese müssen übersinnlicher Art sein. Wie die Folgen des Säens kraft der Naturordnung eintreten, so müssen die übersinnlichen guten Folgen des sittlichen Tuns kraft einer sittlichen Ordnung eintreten. Und diese ist nach Fichte eine lebendige, tätige Ordnung[1] — Gott.

„Moralität und Religion sind so absolut eins; beides ein Ergreifen des Uebersinnlichen, das erste durch Tun, das zweite durch Glauben." Das Tun muß dabei vorangehen: „Erzeuge nur in dir pflichtmäßige Gesinnung, und du wirst Gott erkennen" (V 209 f.). Gott wird dabei nicht mehr wie in der Erstlingsschrift als ein „substantielles" Wesen gefaßt, ja es wird ihm nicht einmal ein „Sein" zugesprochen. Nach Fichtes damaligem Begriffssystem und Sprachgebrauch kommt nur den sinnlichen Dingen „Sein", „Substantialität" zu (später sagt er dafür: „Dasein") . . . Für die W. L. ist „alles Sein notwendig ein sinnliches, denn sie leitet den ganzen Begriff erst aus der Form der Sinnlichkeit ab" (I 472).

So ist das „Sein" der Welt für ihn kein reales, sondern lediglich ein Sein im Bewußtsein, ein Vorgestelltsein. Man versteht,

---

[1] Ordo ordinans, nicht ordo ordinatus. — Wenn übrigens aller „Sinn" nur von Folgen abhinge, so müßte dies auch wieder von jenen Folgen gelten und so ins Unendliche. Sollte nicht das vom Gewissen Gebotene, das wir im sittlichen Handeln verwirklichen, S e l b s t w e r t sein? (Vgl. meine „Ethik", Leipzig 1918, S. 43 ff., 87 ff.)

wie Fichte in der „Appellation" sagen konnte: „Es ist sonderbar, diese Philosophie der Abläugnung der Gottheit zu bezüchtigen, da sie vielmehr die Existenz der Welt in dem Sinne, wie sie vom Dogmatismus behauptet wird, abläugnet" (IV 378). Tatsächlich leugnet Fichte eher die Welt als Gott; er vertritt eher Akosmismus als Atheismus. Packend dargestellt ist der Gedanke, daß der Mensch Bürger zweier Welten, einer sinnlichen und einer übersinlichen, sei und daß sein sittliches Handeln unfehlbar Folgen in der übersinnlichen habe, auch in der „B e s t i m m u n g d e s M e n s c h e n" (1800. II 165—319; vgl. besonders 278—285 und oben S. 51 f.).

Für die Fortbildung der religionsphilosophischen Grundanschauung Fichtes war besonders die Vertiefung in das J o h a n n e s - Evangelium bedeutsam, dessen Einfluß bereits in der W. L. v o n 1 8 0 4 zu bemerken ist. Noch stärker tritt er hervor in der „A n w e i s u n g z u m s e l i g e n L e b e n" von 1806. War Fichte in der Zeit des Atheismusstreites überzeugt, daß der religiöse Glaube aus dem sittlichen Tun folge, daß also der Mensch zu Gott kommen müsse, damit die Religion in ihm entstehe, so schloß er sich jetzt der Lehre des Johannes (6,65) an, der Jesus sprechen läßt: „Niemand kann zu mir kommen, es sei ihm denn von dem Vater gegeben." Freilich kommt Gott nur dann zum Menschen, wenn dieser sich selbst vermöge seiner Freiheit von der Natur losgerissen hat. —

Die „A n w e i s u n g z u m s e l i g e n L e b e n[1] beginnt mit der Bemerkung, daß der Titel etwas Ueberflüssiges enthalte; denn Leben sei „notwendig selig"; unselig sei nur „Tod und Nichtsein". Freilich nur wahrhaftiges Sein und Leben vermöge dazusein, es könne also keinen reinen Tod geben; alles unvollkommene Sein sei lediglich eine Vermischung des Toten mit dem Lebendigen. [Man erkennt leicht, daß Fichte mit Leben (Sein) wertvolles Leben meint, mit Tod (Nichtsein) das Gegenteil.]

Was aber jedem Individuum den besonderen Charakter seines Lebens gilt, das ist seine L i e b e. Offenbare nur, was du wahrhaftig liebst... und du hast mir dadurch dein Leben gedeutet" (V 403). Wer nicht liebt, lebt auch nicht. Das (wahre) Leben liebt das eine, wahrhaft Seiende, Ewige, Unveränderliche — Gott. Das Scheinleben versucht zu lieben das Vergängliche in seiner Ver-

---

[1] Die Fortsetzung lautet: „oder auch die Religionslehre. In Vorlesungen gehalten zu Berlin 1806" (V 395—580).

gänglichkeit, — die Welt (V 406). Auch im Scheinleben wirkt die
Sehnsucht nach dem Ewigen, aber sie verfehlt ihr Ziel und verfällt
so der inneren Leere und Unseligkeit, der wahrhaftig Lebende hat
dagegen das Ewige ergriffen, das unaufhörlich uns nur gibt und
sich uns darbietet, und ist selig in der Vereinigung mit dem Ge-
liebten. Wer die Seligkeit hier nicht schon findet, findet sie auch
nicht jenseits des Grabes; „durch das bloße Sich-begrabenlassen
kommt man nicht in die Seligkeit" (IV 409). Das Ewige aber
kann allein durch das Selbstbewußtsein ergriffen werden; so ist
das Element des wahren Lebens der Gedanke. „Wahrhaftig leben
heißt wahrhaftig denken und die Wahrheit erkennen." „Nur an
dem höchsten Aufschwung des D e n k e n s kommt die Gottheit
und sie ist mit keinem anderen Sinn zu fassen; nicht mit dem
G e f ü h l, das die gröbsten und die feinsten Genüsse umschließt,
das von Ungefähr abhängt und stets dunkel bleibt und nicht durch
eine rein weltliche T u g e n d[1] (IV 410). So macht auch das
Christentum zur Bedingung des wahren Lebens und der Seligkeit
den Glauben, d. h. eben den „Gedanken", „die einzig wahre An-
sich unseres Selbst und der Welt in dem unveränderlichen göttlichen Wesen" (IV 412, vgl. 418 f.).

Die „Anweisung zum seligen Leben" läßt sich darum zusammenfassen in den Rat, unsere Liebe von dem Mannigfaltigen, Hin-
fälligen, Nichtigen auf das Eine, Ewige, wahrhaft Wertvolle zu
wenden. Das Seligwerden ist Sammlung des Gemüts, Einkehr
in sich, Ernst, Tiefsinn (V 412 f.). Schon hienieden kann uns
Friede, Ruhe, Seligkeit zuteil werden; aber keine äußere Macht
kann sie uns geben, auch nicht durch ein Wunder, sondern wir
selber müssen sie uns schaffen (IV 44 f.). Zum seligen Leben gehört notwendig nur 1. „daß man überhaupt (fest) stehende Grundsätze und Annahmen über Gott und unser Verhältnis zu ihm
habe", und zwar nicht als bloß auswendig Gelerntes, sondern als
Lebendiges und Tätiges; 2. daß diese lebendige Religion uns vom
eigenen Nichtsein und von unserem „Sein lediglich in und durch
Gott" innigst überzeuge (V 448 f.).

„Gott i s t nicht nur innerlich und in sich verborgen, sondern er
ist auch d a und äußert sich" (V 449). Mithin ist „Sein"[2] und

---

[1] Diese Bemerkungen gehen wohl gegen Schleiermacher, der im
Gefühl, und gegen Kant, der in tugendhaftem Handeln das Organ für
Gott erblickte.
[2] „Sein" bedeutet also hier zunächst nur so viel wie „Wesen"; was
Gott ist, ist ja unterscheidbar davon, daß er ist. Das letztere, das

Dasein scharf zu scheiden. Unmittelbar und in der Wurzel ist „Dasein des Seins" das „Bewußtsein oder die Vorstellung des Seins" (V 440, vgl. 509). Gottes Dasein ist also notwendig Bewußtsein (V 539), Wissen, und dies Wissen ist ebenso Eins, wie das Sein selbst. Woher aber die Mannigfaltigkeit?

Das Wissen, das Begreifen, ist im tiefsten Grunde Unterscheiden und zugleich Charakterisieren des Unterschiedenen. Dabei muß das, was charakterisiert wird, fixiert, d. h. als festes und ruhendes Sein gedacht werden. Was ich als A denke, muß ich (nach dem obersten Denkgesetz der Identität) als A festhalten. So wird durch den Begriff zu einem „stehenden und vorhandenen Sein", einem „Objektiven", „dasjenige, was an sich unmittelbar das göttliche Leben im Leben ist" (V 454). Um also das wahre Sein, das Fichte mit „Leben" und „Gott" identifiziert (vgl. V 402—9); zu begreifen (wodurch es „offenbar" wird, zum „Dasein" gelangt) müssen wir es durch unsere starren Begriffe gleichsam ertöten.[1] „Die Verwandlung des unmittelbaren Lebens in ein stehendes und totes Sein ist der . . Grundcharakter derjenigen Verwandlung, welche der Begriff mit dem Dasein vornimmt." Dieses tote Sein kommt aber der Welt zu; „der Begriff ist daher der eigentliche Weltschöpfer"; denn „nur für den Begriff und im Begriff ist eine Welt, als die notwendige Erscheinung des Lebens im Begriffe; jenseits des Begriffes aber, d. h. wahrhaftig und an sich ist nichts und wird in alle Ewigkeit nichts, denn der lebendige Gott in seiner Lebendigkeit" (IV 454).

Anders ausgedrückt: Sofern zum „Sein" das „Dasein" hinzutritt, d. h. Gott sich im Wissen und für dieses offenbart, läßt der Begriff ihn zur „Welt" erstarren (V 457). Da nun das begriffliche Wissen (das Fichte auch als „Reflexion") bezeichnet, seinem Wesen nach Unterscheiden ist, so muß die Welt für die mit absoluter Freiheit ins unendliche fortgehenden Reflexion in einer un-

---

„Dasein", faßt F. als „Aeußerung", Offenbar-werden des Wesens, als ein Bewußtwerden. Insofern ist freilich das „Dasein" nur in unserem Bewußtsein, also „durch uns" vom „Sein" unterschieden; aber „an sich und in ihm" ist Gottes Sein nicht von seinem Dasein verschieden, sondern „dieses Dasein ist ursprünglich vor aller Zeit und ohne alle Zeit bei dem Sein, unabtrennlich vom Sein und selber das Sein" (V 480). Vgl. zu der Scheidung von Sein und Dasein oben S. 51.

[1] Vgl. oben S. 55. Denselben Gedanken vertritt neuerdings Bergson; vgl. meine „Philosophie d. Gegenwart", 3. Aufl. 1920, Kap. 6, § 2.

endlichen Fülle besonderer Gestalten sich darstellen.[1] Die freie Reflexion erzeugt also die unendliche Mannigfaltigkeit in der Welt (wobei diese jedoch dieselbe bleibt, da der Begriff in seinem Grundcharakter derselbe ist) (V 456 f.).

Wenn sich aber im „Dasein" (d. h. im Bewußtsein) das „Sein" d. h. das göttliche Leben) notwendig in eine feste, fertige Welt unzähliger Gestalten verwandelt, so ist damit das unmittelbare göttliche Leben doch nicht ausgetilgt; „es ist unb bleibt da, wo es allein sein kann: im verborgenen und dem Begriffe unzugänglichen — Sein des Bewußtseins; in dem, was allein das Bewußtsein trägt und es im Dasein erhält und es im Dasein möglich macht" (V 457, vgl. 463). Wie sich nur für das Auge der eine, farblose Aether in mannigfachen Farben bricht, so wird auch das eine göttliche Sein zu einem Mannigfaltigen gebrochen und gestaltet; aber das Denken vermag sich über diesen „Schein" zu erheben.

Freilich gelangen wir nicht zu einem „bestimmten" Begriff, zu einer eigentlichen „Erkenntnis" von Gottes Wesen, wir fassen ihn nur „als dasjenige, durch welches wir uns unb unsere Welt denken und verstehen", als „ein außer uns befindliches, an das wir lediglich uns hingeben und anschmiegen in inniger Liebe". Die Welt verliert so im Lichte des Göttlichen ihr selbständiges Sein, das wir ihr zunächst zuschrieben; sie wird „lediglich zur Erscheinung und Aeußerung des in sich verborgenen göttlichen Wesens in dem Wissen" (V 461). (Man benkt unwillkürlich an Goethes Wort: Alles Vergängliche ist nur ein Gleichnis.)

Nun ist mit jener Spaltung der Welt in die Mannigfaltigkeit der Objekte, eine andere verknüpft, vermöge beren wir in f ü n f - f a c h e r Weise die unendliche Welt innerlich ansehen unb verstehen.

Die e r s t e , niedrigste, oberflächlichste und verworrenste Weise

---

[1] Auch die Spaltung in Individuen gehört „zur absoluten, durch die Gottheit selbst nicht aufzuhebenden Grundform des Daseins"; deshalb „kann kein wirklich gewordenes Individuum jemals untergehen". So· mit lehrt Fichte hier die Unsterblichkeit der Seele. (IV 530; vgl. 520 f.); im Zusammenhang damit auch das unaufhebbare Recht der Individualität: „Das eine und unveränderliche göttliche Wesen erscheint in jedem in einer anderen und ihm allein eigentümlichen Gestalt" (V 531). Später in den „Tatsachen d. Bewußtseins" 1810/1 (vgl. oben S. 62) vertritt Fichte im Zusammenhang mit seiner Lehre von einer Folge von Welten (vgl. oben S. 51) die Ansicht, daß in die folgenden Welten „nur solche Individuen eintreten, die in den ersten sich losgerissen haben von der unsittlichen Natur und einen heiligen Willen in sich erzeugt" (II 678 f.).

die Welt zu nehmen ift die, wenn man dasjenige für die Welt und das wirklich Daseiende hält, was in die äußeren Sinne fällt: „dies für das Höchste, Wahrhafte und für sich Bestehende". Diese Weltansicht wurzelt nicht in logischem Denken, sondern im Herzen, in der Liebe: wer nur das Sinnliche liebt, für den ist es auch allein wirklich (IV 466; vgl. 436).

Die z w e i t e Ansicht der Welt ift die, daß man sie faßt „als ein Gesetz der Ordnung und des gleichen Rechtes in einem System vernünftiger Wesen" (V 466). Danach ift ein Gesetz das Erste, was warhaft i ft, um deffen willen alles andere ift. Freiheit und Menschengeschlecht ift das Zweite, lediglich vorhanden, weil ein Gesetz (für die Freiheit) sein Wesen vorausfetzt. Eine Sinnenwelt ift das Dritte, da ein freies Handeln eine Sphäre von Objekten des Handelns seinem Wesen noch fordert.

Diese Weltansicht vertritt Kant in seinen Werken bis einschließlich der Kritik d. prakt. Vern. (nur durch das im Menschen waltende Sittengesetz, wird dieser ja nach Kant „etwas an sich", erhält er wahre Realität und Selbständigkeit). Ebenso bezeichnet Fichte diese Weltansicht als den Standpunkt seiner Rechts- und Sittenlehre (V 467 f.).

Diese „bloß formale Gesetzmäßigkeit ift zwar keine Unseligkeit, aber auch ebensowenig Seligkeit, sondern reine Apathie, uninteressierte Kälte und absolute Unempfänglichkeit für allen Genuß des Lebens", wie sich das typisch bei den Stoikern zeigt (V 523; vgl. 504 f.).

Die d r i t t e Ansicht der Welt ift die „der wahren und höheren Sittlichkeit". Auch für sie ift „ein Gesetz für die Geisterwelt das Höchste, Erste und absolut Reale", aber das Gesetz gilt gar nicht (wie auf der zweiten Stufe) als ein das V o r h a n d e n e, durch Beseitigung des Widerstreits o r d n e n d e s, sondern als ein das N e u e innerhalb des Vorhandenen s c h a f f e n d e s. Das Gesetz treibt hier die von ihm Ergriffenen an, die Menschheit zum getreuen Abbilde des einen göttlichen Wesens zu machen. Das Heilige, Gute, Schöne, gilt hier als das Erste und wahrhaft Reale; die Menschheit, sofern sie bestimmt ift, jenes in sich darzustellen, als das Zweite; das Gesetz als das Mittel ihre innere und äußere Ordnung und Ruhe zu schaffen als das Dritte; die Sinnenwelt als die Sphäre des freien Schaffens als das Vierte und Letzte. Diese Weltansicht ift vor allem vertreten in der christlichen Religion; „unter den alten Philosophen mag Plato

eine Ahndung derselben haben, unter der neueren Jacobi[1] zu-
weilen an diese Religion streifen" (IV 469 f.).

Die v i e r t e Weltansicht ist die vom Standpunkt der Religion.
Sie erkennt klar, daß jenes Heilige, Gute und Schöne nicht unsere
Ausgeburt, sondern „die Erscheinung des inneren Wesens Gottes
in uns, als dem Lichte, unmittelbar sei". „Gott allein ist und
außer ihm ist nichts." Dieser Grundsatz aller religiösen Anschauung sagt uns nicht, w a s Gott sei. Aber Gott tritt (wie das
oben gezeigt wurde) „in seinen wirklichen, wahren und unmittelbaren Leben in uns ein; oder strenger ausgedrückt: wir selbst sind
dieses sein unmittelbares Leben". Aber von diesem „wissen" wir
nicht; denn „mit dem ersten Schlage des Bewußtseins schon verwandelt es sich in eine tote Welt". „Mag es doch immer Gott
selber sein, der hinter all diesen Gestalten lebet; wir sehen nicht
ihn, sondern immer nur seine Hülle; wir sehen ihn als Stein,
Kraut, Tier, sehen ihn, wenn wir uns höher schwingen, als Naturgesetz, als Sittengesetz, und alles dieses ist doch immer nicht Er.
Immer verhüllt die Form uns das Wesen; immer verdeckt unser
Sehen selbst uns den Gegenstand." Erhebe dich aber zum Standpunkt der Religion, und alle Hüllen schwinden, und „die Gottheit
selbst tritt wieder in dich ein, in ihrer ersten und ursprünglichen
Form, als Leben, als dein eigenes Leben, das du leben sollst und
leben wirst". In dem, was der heilge Mensch tut, erscheint Gott",
nicht mehr im Schatten und verhüllt, sondern in seinem eigenen,
unmittelbaren und kräftigen Leben. Die Frage, was ist Gott?
findet hier die Antwort: Gott „ist Dasjenige, was der ihm Ergebene und von ihm Begeisterte t u t". In diesem Tun und Leben
schaust du Gott (IV 471 f.).

Die f ü n f t e, höchste Ansicht der Welt ist die vom Standpunkt der
„W i s s e n s c h a f t", d. h. „der einen, absoluten in sich selber vollendeten" (die eben Fichte in seiner „Wissenschaftslehre" geben will[2]).

---

[1] Ueber Plato vgl. meine Geschichte d. Philos. I (4. A. 1920). Friedr.
Heinr. J a c o b i (1743—1819) schrieb u. a. Ueb. d. Lehre d. Spinoza
1785. D. Hume üb. d. Glauben od. Idealismus u. Realismus 1787,
Jacobi an Fichte 1799, V. den göttl. Dingen 1811. (Vgl. A. F r a n k,
Jacobis Lehre v. Glauben (Halle Dissert. 1910.)

[2] Das Verhältnis der religiösen Grundanschauung Fichtes in seiner
„Johanneischen" Periode (seit 1804) zu den Grundsätzen der W. L.
von 1794) charakterisiert Medicus („Fichte" S. 213 a) also: „Das
absolute Ich des ersten Grundsatzes ist selbstverständlich Gott; das der
Form nach unbedingte Nicht-Ich, diese „negative Größe", die im zweiten
Grundsatz entgegengesetzt wurde, ist genau die b l o ß e Erscheinung,

Sie geht über die religiöse Ansicht, „d a ß schlechthin alles Mannigfaltige in dem Einen gegründet und auf dasselbe zurückzuführen
fei, hinaus zur Einsicht des W i e dieses Zusammenhanges: für sie
wird g e n e t i s ch,[1] was für die Religion nur ein absolutes Faktum ist" (V 472). Die Wissenschaft verwandelt den religiösen
Glauben in ein Schauen (d. h. eine in sich evidente Einsicht). Das
„selige Leben" ist schon auf dem Standpunkt der Religion möglich,
aber der vollendete Mensch soll zu jener allseitigen Klarheit gelangen, die „zum Bilde und Abdrucke Gottes gehört".

Religion wie Wissenschaft (d. h. Philosophie) sind an sich lediglich
„betrachtend und beschauend", aber sie halten doch das Leben der
von ihnen Ergriffenen im Gebiete des echt moralischen Handelns
(der dritten Stufe) fest. Eine nur beschauliche, über andächtigen
Gedanken brütende Religiosität ist träumender und schwärmender
Mystizismus. Durch lebendige Tätigkeit unterscheidet sich wahre
Religiosität hiervon. Diese ist nicht bloßes, andächtiges Träumen,
sie ist „überhaupt nicht ein für sich bestehendes Geschäft, das man
abgesondert von anderen Geschäften etwa in gewissen Tagen und
Stunden treiben könnte, sondern sie ist der innere Geist, der alles
unser, übrigens seinen Weg ununterbrochen fortsetzendes Denken
und Handeln durchdringt, belebt und in sich eintaucht". „So
jemand in diesem Glauben sein Feld bestellt oder das unscheinbarste
Handgewerbe mit Treue treibt, ist dieser höher und seliger, als ob
jemand, falls dies möglich wäre, ohne diesen Glauben die Menschheit auf Jahrtausende hinaus beglückseligte" (V 474). —

Den wesentlichen Inhalt seiner Religionslehre faßt Fichte also
zusammen: „Es gibt durchaus kein Sein und Leben, außer dem
unmittelbaren göttlichen Leben.[2] Dieses Sein wird in dem Bewußtsein nach den eigenen unaustilgbaren und in dem Wesen desselben gegründeten Gesetzen dieses Bewußtseins auf mannigfaltige

---

das t o t e Dasein; das quantitätsfähige endliche Ich, das die tätige
Auseinandersetzung mit dem Nicht-Ich aufgenommen hat, von der der
dritte Grundsatz handelt, ist das l e b e n d i g e Dasein." Das Individuum
hat die Aufgabe, die leere Antithese in sich zu überwinden. Aber aller
positiver Gehalt, den es dabei erreicht, stammt nicht aus dem Individuum,
sondern aus dem absoluten Ich, „aus der ewigen Thesis, dem unbegreiflichen Grunde alles Lebens".

[1] Gemeint ist damit nicht ein z e i t l i c h e s Werden, sondern ein zeit-
los l o g i s c h e s, eine logische Ableitung. Gott ist das absolute Ich,
die Voraussetzung für die Scheidung von Ich und Nicht-Ich.

[2] Die Welt ist „das bloße, reine durch und durch Nichts" heißt es
in der W. L. von 1801 (II 86).

Weise verhüllt und getrübt; frei aber von jenen Verhüllungen und nur durch die Form der Unendlichkeit modifiziert, tritt es wieder heraus in dem Leben und Handeln des gottergebenen Menschen. In diesem Handeln handelt nicht der Mensch; sondern „Gott selber in seinem ursprünglichen inneren Sein und Wesen ist es, der in ihm handelt und durch den Menschen sein Werk wirket" (V 475).

In eben dieser Lehre sieht Fichte auch die des **Christentums**, wenigstens wie sie „in seiner ächtesten und reinsten[1] Urkunde in dem Evangelium Johannis vorgetragen werde". Nur mit Johannes kann der Philosoph zusammengehen, denn dieser allein habe Achtung vor der Vernunft und berufe sich auf den Beweis, der allein vor dem Philosophen Geltung habe, den innern, die absolute Evidenz der Lehre, während die andern auf die äußere Beweisführung durch Wunder[2] aufbauten; auch gäben sie nicht eigentlich eine Religionslehre, sondern lediglich Moral, „welche bei uns nur einen sehr untergeordneten Wert hat" (V 477). Sie sind ihm auch noch zu jüdisch, selbst Paulus sei ein halber Jude.[3]

Einen besonderen Vorzug des Johannes sieht Fichte darin, daß er die Annahme einer „Schöpfung" ablehne. Diese widerstreite der „absoluten Einheit und Unveränderlichkeit des göttlichen Wesens"; sie lasse sich „gar nicht ordentlich denken", höchstens „träu-

---

[1] Nach dem Urteil der modernen historisch-kritischen Bibelforschung gebührt vielmehr dem Marcus-Evangelium diese Bezeichnung. Vgl. Religionsgeschichtliche Volksbücher (Verlag Mohr, Tübingen): Wernle, die Quellen des Lebens Jesu; Bousset, Jesus; Schmiedel, das vierte Evangelium gegenüber den drei ersten.

[2] Fichte erklärt, das Christentum als „reiner und vollendeter Ausdruck der Vernunft, außer welcher es keine Wahrheit gibt, müsse sich selbst beweisen" (V 476). Darum lehnt er auch (in der Staatslehre v. 1813) Wunder als Beweise göttlicher Offenbarung ab. Glaube an Wunder sei „grober heidnischer Aberglaube unwürdig des christlichen Vaters im Himmel" (IV 554). „Gott ist der Herr des Geistigen, nicht des Sinnlichen... Zeichen und Wunder mag der Fürst der Welt tun, Beelsebub, der Oberste der Teufel" (IV 547). „Mit der Sinnenwelt hat der wahre Gott unmittelbar gar nichts zu tun; seine Sphäre ist der Wille des Menschen und durch diesen erst wirkt er mittelbar auf jene" (IV 554). „Wer es anders will und Wunder begehrt, der will sich seiner Pflicht entziehen" (IV 547).

[3] Ueber die Juden hat Fichte sehr ungünstig geurteilt. — In den Gedanken, die er bei seiner gelegentlich gewaltsamen Deutung des Johannes-Evangeliums entwickelt, ist er abhängig von Schelling („Vorlesungen über die Methode des akademischen Studiums" 1803), der seinerseits unter dem Einfluß protestantischer Mystiker (Jacob Böhme, Sebastian Franck u. a.) steht. Vgl. Medicus, Fichte 224 f.

mend phantasieren"; sie sei der absolute Grundirrtum aller fal-
schen Metaphysik und Religionslehre und insbesondere das Ur-
prinzip des Juden- und Heidentums" (V 479).

Die Bedeutung Jesu erblickt Fichte darin, daß er zuerst „die
tiefste Erkenntnis, welche der Mensch erschwingen könne", be-
sessen habe, „die Einsicht in die absolute Einheit des menschlichen
Daseins mit dem göttlichen". Darin liege in der Tat „ein un-
geheures Wunder", und darum sei Jesus in ganz vorzüglicher, einzig-
artiger Weise der „eingeborene und erstgeborene Sohn Gottes"
(V 483 f.). Der Philosoph findet zwar, „soviel er weiß [d. h. soweit
ihm bewußt ist], ganz unabhängig vom Christentum" dieselbe Wahrheit, aber alle unsere philosophischen Untersuchungen sind doch auf dem
Boden des Christentums erwachsen, das auf die mannigfaltigste
Weise unsere ganze Bildung beeinflußt hat, und so bleibt es auch
wahr, „daß man nur durch Jesus zur Vereinigung mit Gott kommt".
Aber falls Jesus in die Welt zurückkehrte, so würde er ganz zu-
frieden sein, wenn wirklich das Christentum in den Gemütern
herrsche, „ob man nun sein Verdienst dabei preisete oder über-
ginge". „Ist nun jemand wirklich mit Gott vereinigt und in ihm
eingekehrt, so ist es ganz gleichgültig, auf welchem Wege er dazu
gekommen." Insofern kann man sagen, daß der Glaube an den
historischen Christus und an sein Verhältnis zu Gott (Gottessohn-
schaft im wörtlichen Sinne) zur Seligkeit nicht notwendig ist.
Die Hauptsache bleibt doch, daß wir jene metaphysische Grund-
wahrheit von der Wesenseinheit Gottes und der Menschen erfassen und im Leben verwirklichen. Es gilt also: „Nur das
Metaphysische, keineswegs aber das Historische macht selig; das
Letztere macht nur verständig" (IV 485, vgl. 567 ff.). So gilt es
denn auch bei der Erklärung des Evangeliums, das historisch Be-
dingte, das einer bestimmten Zeitlage gemäß Ausgesprochene auf
reine und absolute Wahrheit zurückzuführen.

Wir können diese Erklärung im einzelnen hier nicht wieder-
geben, ebensowenig die nähere Beschreibung des „seligen" Lebens.
Nur das sei noch betont: die Seligkeit des echt religiösen Lebens
ist völlig verschieden von jeder sinnlichen Glückseligkeit (V 499 ff.).
Nur der erlangt sie, der für sich nichts sein[1] oder haben will, sondern sich völlig hingibt dem göttlichen Willen. Auch alle
„äußeren Begegnisse sind ihm nichts anderes als die notwendige
und unveränderliche äußere Erscheinung des in seinem Innern

---

[1] „Alles eigene Sein ist nur Nichtsein und Beschränkung des wahren
Seins" (V 523).

sich vollziehenden göttlichen Werkes ... Alles was da kommt, ist der Wille Gottes mit ihm, und darum das Allerbeste was da kommen konnte" (V 522). Aber indem der Mensch so „durch die höchste Freiheit die eigene Freiheit und Selbständigkeit aufgibt", wird er des göttlichen Seins und aller Seligkeit, die in diesem enthalten ist, teilhaft (V 524). Denn Erscheinung des unmittelbaren göttlichen Wesens ist das, „was schlechthin durch sich selber, und zwar in dem höchsten, allen anderen Grad des Gefallens unendlich überwiegendem Grade gefällt", anders ausgedrückt: das Göttliche ist das absolut Wertvolle, was uns darum auch am tiefsten befriedigt (V 526). Um dies noch durch Beispiele zu verdeutlichen, läßt sich sagen: „Gottes inneres und absolutes Wesen tritt heraus als Schönheit; es tritt heraus als vollendete Herrschaft der Menschen über die ganze Natur; es tritt heraus als der vollkommene Staat und Staatenverhältnis; es tritt heraus als Wissenschaft" (V 526). Wer wirklich Talent besitzt, die Ideen des Schönen, Wahren usw. zu verwirklichen, der braucht dazu nicht getrieben zu werden durch ein Gesetz, einen kategorischen Imperativ; ganz von selber richtet er alle seine Kräfte auf seinen Gegenstand, er verfolgt damit auch keinen äußeren Zweck, sondern findet „den wahren und ihn ausfüllenden Lebensgenuß nur in seinem Tun". „Und so erhebt schon das bloß natürliche Talent sowie über die schimpfliche Bedürftigkeit des Sinnlichen, ebenso über die genußlose Apathie des Stoikers weit hinweg und versetzt seinen Besitzer in eine ununterbrochene Reihe höchst seliger Momente." „Der Genuß einer einzigen mit Glück in der Kunst oder in der Wissenschaft verlebten Stunde überwiegt bei weitem ein ganzes Leben voll sinnlicher Genüsse" (V 528). So steht also der künstlerisch, wissenschaftlich, politisch, technisch schaffende Mensch schon auf der Stufe der „höheren Moralität" (vgl. S. 148) und hat teil an der „Seligkeit", aber „solange die Freude an dem Tun sich noch mit dem Begehren des äußeren Produktes dieses Tuns vermischt, ist selber der höher moralische Mensch in sich selber noch nicht vollkommen im Reinen und Klaren; und sodann ist in der göttlichen Oekonomie das äußere Mißlingen seines Tuns das Mittel, um ihn in sich selbst hineinzutreiben und ihn auf den noch höheren Standpunkt der eigentlichen Religiosität, d. i. des Verständnisses, was das eigentlich sei, das es liebe und anstrebe, heraufzuerheben" (V 529 f.).

Daß aber der Mensch schon auf der Stufe der höheren Moralität seinen eigenen Willen gegen den Gottes aufgibt, bedeutet nicht,

daß nun seine Individualität ausgetilgt werde, daß er gleichsam
sich zu einem abstrakten, schematischen Menschen mache. Die
Spaltung in die Individuen gehört notwendig zum Dasein Gottes.
Und jeder kann seinen nur ihm eigentlichen Anteil am göttlichen
Sein und damit seine eigentümliche höhere Bestimmung nur „unmittelbar in sich selber finden"; er kann sie nicht erdenken oder
logisch ableiten oder von einem anderen sich mitteilen lassen.
„Geht sie ihm auf, so ergreift sie ihn mit unaussprechlicher Liebe
und mit dem reinsten Wohlgefallen." Er will dann „nichts anderes sein, als dasjenige, was er und nur er, zufolge seiner
höheren Natur, d. i. des Göttlichen in ihm sein soll." Gerade
wenn er den „eigenen Willen" aufgegeben hat, will der Mensch
eben gar nichts als das, „was er recht im Grunde wirklich will"
(V 532).[1]

So vertritt Fichte hier mit aller Bestimmtheit, das Recht, ja die
Notwendigkeit einer i n d i v i d u e l l e n Ausgestaltung des menschlichen Ideals. Individualität ist ihm nicht mehr (wie Kant) etwas
Abzutuendes, zu Ueberwindendes; sie ist ihm nicht gleich Sub-
jektivität, sondern etwas objektiv Gültiges, weil im Wesen der
Gottheit Wurzelndes.[2] Er vergleicht auch die „durch wollende
Freiheit erzeugte Tugend mit dem natürlichen Talent und seiner
beseligenden Kraft, denn diese Tugend ist die höchste Genialität;
sie ist unmittelbar das Walten des Genius, d. h. derjenigen Gestalt, welche das göttliche Wesen in unserer Individualität angenommen" (V 532 f.). Sich zwingen zu Zwecken, die uns durch
die eigene Natur nicht aufgegeben sind, ist „Werkheiligkeit", ja
Empörung gegen die göttliche Ordnung.

Auch der Mensch, der zur Stufe der eigentlichen Religiosität
(vgl. S. 149) gelangt ist, wünscht noch den äußeren Erfolg, sofern

---

[1] Man erinnere sich an das Wort Nietzsches „Werde, der du bist".

[2] Fichte hat selbst früher mit seinem Meister Kant und der Aufklärungszeit die einseitige Hochschätzung des Allgemeinen und die Mißachtung
des Individuellen geteilt. So vertritt er z. B. in seinen Vorlesungen
„über die Bestimmung des Gelehrten" (aus dem Jahre 1794) die Forderung, „daß alle die vernünftigen Wesen auch unter sich gleichförmig
gebildet werden sollen". Er ist nämlich überzeugt, daß die Vollkommen-
heit das letzte Ziel der Menschen „nur auf e i n e Art bestimmt: sich selbst
völlig gleich sei". Daraus folgert er: „Könnten alle Menschen vollkommen werden, könnten sie ihr höchstes und letztes Ziel erreichen, so
wären sie alle einander völlig gleich" (Reclamsche Ausg. S. 30 u. 25).
Ueber die Bedeutung der Würdigung des Individuellen für Fichtes
Geschichtsphilosophie vgl. oben S. 136 f.

strömen und diese banach zu gestalten sucht, aber er will den Erfolg „nicht unbedingt und schlechthin, und es stört darum auch seinen Frieden und seine Seligkeit keinen Augenblick, wenn derselbe ausbleibt" (V 535).

Was ihn aber erfüllt und beseligt, das ist die Liebe Gottes, jene Liebe, in der im Grunde Gott sich selber liebt, weil die Liebe „unmittelbar das Sichtragen und Sichzusammenhalten des Absoluten ist"[1], während die Reflexion (b. h. Gottes Dasein im Bewußtsein, vgl. V 539 und oben S. 146 f.) sich in sich selber spaltet. „Die unaustilgbare Liebe ist es zu dem hinter aller Reflexion sich verbergenden unb darum notwendig in alle Unendlichkeit hinter aller Reflexion aufzusuchenden, reinen und realen Absoluten"[2] Insofern ist „die Liebe höher denn alle Vernunft und sie ist selbst die Quelle der Vernunft" (V 541); sie führt uns auch hinaus „über alles erkennbare unb bestimmte Dasein und über die ganze Welt der absoluten Reflexion", weil sie „durch kein Dasein auszufüllen ist". Uud so gilt das Johannes-Wort: „Wer in der Liebe bleibet, der bleibet in Gott und Gott in ihm." Das moralische Handeln aber ist bloß die Erscheinung ber Liebe; „es hat kein eigenes Prinzip, sondern es entfließt still und ruhig ber Liebe"; und „nur in der Liebe geht uns die moralische Welt auf" (V 544).

Der moralisch Religiöse aber will Moralität unb Religion allgemein verbreiten. Seine Menschenliebe ist nicht „jenes gepriesene immer gut sein und alles gut sein lassen". Das ist vielmehr „absolute Flachheit und innere Zerflossenheit eines Geistes, der weder zu lieben vermag noch zu hassen". Auch die sinnliche Glückseligkeit der Menschen ist nicht sein Ziel (außer die Sorge dafür sei sein besonderer Beruf). „So wie Gott will, daß keiner Friede und Ruhe finde außer bei ihm, und daß jeder bis zur Vernichtung seiner selbst und der Einkehrung in Gott immerfort geplagt und genagt sei: so will es auch der Gott ergebene Mensch (V 546). Die Liebe zu seinen Mitmenschen aber offenbart sich darin, „daß

---

[1] Die Liebe ist Gottes „Sichselbsterhalten im Dasein", ja, sie ist selbst Gott. (V 543.) Auch für Spinoza, der in so vielem den Gegenpol zu Fichte bildet, ist doch die Gottesliebe des Menschen nichts anderes als die Liebe, mit der Gott sich selber liebt. Spinozas Philosophie gipfelt ebenso wie die Fichtes in der Gottesliebe.

[2] D. h. dem „Sein", dessen „durchaus unerfaßbare Form", höchstens „als reines Leben und Tat" zu beschreiben ist (V 539).

er schlechthin nie und unter keiner Bedingung es aufgibt an ihrer Veredlung zu arbeiten". So wird ihm die Liebe eine fort und fort rinnenden Quelle von Glauben an Menschen und Hoffnung auf Menschen, auf ihre Veredlung. Dadurch erhebt er sich über alle Entrüstung und allen Jammer, womit die Betrachtung der Wirklichkeit ihn erfüllen kann. Seine Seligkeit besteht „in der Liebe und in der ewigen Befriedigung der Liebe" (V 548 f.).